축복된
삶

The blessed life copyright ⓒ 2002 Gateway Church.
Published in English by Regal Books from Gospel Light Ventura, California, USA
All rights reserved.
Korean Translation Copyright ⓒ 2015 by Tabernacle of David

이 책의 한국어판 저작권은 다윗의장막미디어에 있습니다.
저작권법에 의해 한국에서 보호받는 저작물이므로 무단전재와 무단복제를 금합니다.

축복된 삶

지은이 _ 로버트 모리스
펴낸이 _ 김혜자
옮긴이 _ 김영우

개정판 1쇄 _ 2015년 15월 28일

등록번호 _ 제16-2825호
등록일자 _ 2002년 10월
발행처 _ 다윗의장막미디어
주소 _ 서울시 강남구 역삼로 98길 28
전화 _ (02) 3452-0442
www.ydfcmaill.com
www.tofdavid.com

ISBN 978-89-92358-90-3 03230 (CIP 2015011490)

※ 잘못된 책은 바꿔 드립니다.

다윗의장막미디어는 영적 부흥과 영혼의 추수를 위해 책, CD, TAPE, 영상물 등의 매체를 통해
하나님 나라가 가정 · 사업 · 정부 · 교육 · 미디어 · 예술 · 교회으로 확장되는 비전으로 나아가고 있습니다.

축복된 삶

로버트 모리스 지음_김영우 옮김

다윗의장막

추천의 글 _ 6

서문 _ 10

감사의 글 _ 14

머리말 _ 18

Chapter 1 뜻밖의 모험 _ 21

Chapter 2 하나님을 최우선으로 모셔야 한다 _ 37

Chapter 3 율법이 아니라 생명 _ 59

Chapter 4 배가의 법칙 _ 81

Chapter 5 맘몬의 영을 파하기 _ 93

Chapter **6** 마음의 변화가 필요하다 _ 119

Chapter **7** 올바른 일을 하라 _ 145

Chapter **8** 구제의 은사 _ 163

Chapter **9** 선한 청지기에게 상 주시는 하나님 _ 187

Chapter **10** 필요, 탐욕, 또는 씨앗 _ 203

Chapter **11** 후하게 드리는 자에게 상 주시는 하나님 _ 221

Chapter **12** 재정적인 축복의 보장 _ 245

부록 _ 258

미주 _ 272

●●●● 저자는 깊고 높고 폭넓은 목자의 마음으로, 하나님의 사랑이 얼마나 깊고 높고 넓은지를 우리가 깨닫도록 도와주고 있다. 『축복된 삶』을 읽어 보면 참으로 좋은 책임을 알게 될 것이다. 그런데 이 책의 내용을 적용해 보려고 할 때 당신은 거룩한 땅에 서는 경험을 하게 될 것이다! 하나님이 당신을 감동하사 이 책을 읽게 하시기를 바란다. 그리고 이에 그치지 않고 이 말씀들을 오늘날의 삶에 적용하게 하시기를 바란다. 그리하여 당신도 축복된 삶에 들어가기를 바란다!

웨인 코르데이로(Wayne Cordeiro)
『꿈을 이루는 사람』(The Dream Releasers)의 저자
뉴 호프 크리스천 펠로우십 담임목사

●●●● 로버트 모리스는 모든 사람과 가정으로 하여금 진정한 풍성함을 누리게 해 주시는 하나님의 뜻을 훌륭히 나타내 보여주고 있다. 나는 여러 해 동안 로버트가 이 책『축복된 삶』에서 쓴 것을 그대로 실천하며 사는 것을 보아왔다. 그는 더 높은 믿음의 수준에서 살도록 나에게 감동을 주었고, 내가 이전에 알았던 것보다 더 큰 축복을

하나님이 주실 것에 대한 믿음을 가질 수 있게 해 주었다. 자신의 삶을 향한 하나님의 최선의 축복을 원하는 모든 사람들에게 이 책을 강력히 추천한다.

지미 에반스(Jimmy Evans)
트리니티 펠로우십 교회 담임목사

●●●● 로버트 모리스는 이 놀라운 책 『축복된 삶』에서 '베푸는 영성'(spirit of giving)이 무엇인지를 잘 깨달을 수 있게 해 준다. 당신은 풍성히 드리는 마음이 물질의 문제가 아니라 관계의 문제임을 알게 될 것이다. 로버트는 이 문제에 관하여 지금까지 양극단으로 나뉘어 있던 견해들에 균형을 찾아주고 있다. 이 책을 적극 추천한다.

윌리 조지(Willie George)
역동하는 교회 담임목사

●●●● 우리들 대부분은 자신의 모든 설교와 대화에 알게 모르게 스며드는 중심 메시지를 가지고 있다. 이것은 우리의 삶에서 불가결한 메시지이다. 로버트 모리스의 중심 메시지는 '드림'(giving)이다. 당신은 단순한 교훈 이상의 것을 얻게 될 것이다.

더들리 홀(Dudley Hall)

성공적인 기독교적 삶과 사역(SCLM) 대표

●●●● 로버트 모리스는 자신의 헌신된 목회 사역에 부어진 성령의 축복을 통해 교회에 설득력 있는 메시지를 전해왔다. 헌금에 대한 그의 가르침은 원래 이 재물의 주인이 되신 그분 — 하나님 — 에 초점을 두고 있다. 그의 약속과 목적은 우리로 하여금 이 베풂의 은혜를 배우고 그 안에서 자라게 해 주는 것이다. 당신은 이 책 『축복된 삶』을 읽고 많은 교훈을 얻어 그것들을 행동으로 옮기기를 권한다.

더치 쉬츠(Dutch Sheets) 박사

『하늘과 땅을 움직이는 중보기도』(*Intercessory Prayer*)의 저자

스프링스 하비스트 펠로우십 담임목사

●●●● 로버트 모리스는 믿는 자들이 가난과 결핍에서 벗어나도록 도와주는 진리를 열어 주고 있다. 그의 간증은 믿음을 불러일으키고 소망을 가져다준다. 당신은 자신을 새로운 재정적 자유와 기쁨으로 나아가게 하는 해답을 발견하게 될 것이다. 축복을 받기 원하고 다른 사람을 위한 축복의 통로로 주님께 쓰임받기 원하는 모든 사람들에게 이 책 『축복된 삶』을 적극 천한다.

바바라 웬트로블(Barbara Wentroble)

『예언적 중보기도』(Prophetic Intercession), 『권세를 가지고 기도하라』의 저자

국제 돌파 선교회 창립자

●●●● 로버트 모리스는 자신이 가르치는 대로 사는 사람이다! 독자들을 완전히 달라지게 할 정도로 하나님의 감동이 배어 있는 책은 흔하지 않다. 『축복된 삶』은 바로 그런 책이다.

클라크 위튼(Clark Whitten)

갈보리 교회 담임목사

●●●● 달라스와 포트워스 지역의 게이트웨이 교회에서 목회하고 있는 로버트 모리스 목사님이 헌금에 관하여 참으로 실제적이며 성경적으로 정확하게 잘 가르치고 있다는 소식을 들었을 때, 나와 나의 아내 베티는 마치 신선한 바람을 쐬는 느낌이었다. 나는 로버트 목사님이 정확하게 과녁을 맞추었고 문자 그대로 하나님의 마음의 중심을 사로잡았다고 믿는다.

솔직히 말해서, 나는 어떤 단체들이 헌금을 모으기 위해 사람의 마음을 움직이는 수단을 사용하는 것을 보고 실망하기도 하고 충격을 받기도 했다. 그래서 주님께 물질을 드리고 주님의 축복을 받는 일에 관한 나의 깊은 확신을 사람들에게 말하기가 망설여졌던 것이 사실이다.

추수의 법칙은 반론을 제기할 수 없는 진리이다. 우리가 심은 대로 거둔다는 것도 분명한 사실이다. 그러나 나는 사람들이 헌금을 드리는 삶의 기쁨을 누리며 나누어 주기를 즐겨하는 것을 먼저 배우는 것이 중요하다고 본다. 이 과정 없이, 헌금을 드리면 축복을 받는다는 것에만 초점을 맞추는 것은 옳지 않다고 본다. 예수님도 "주는 것이 받는 것보다 복이 있다"(행 20:35)라고 분명히 말씀하셨다. 그래서 나는 목사님들이나 복음전도자들이 축복을 받는 것에만 강조를 두는 것을 들으면 혼란을 느끼곤 한다. 이런 설교를 들으면 나는 성도들이 헌금을 드리거나 믿음의 씨앗을 심는 일이 자기 집 뒷마당에 돈이 열리는 나무를 심는 것과 같다고 생각하게 되지 않을까 우려한다. 이는 마치 영적인 빙고 게임이나 로또와 같은 것이다.

아내와 나는 지난 40년의 결혼 생활을 통해 헌금을 드리는 삶의 감격과 기쁨을 체험해왔다. 내가 솔직하게 말할 수 있는 것은, 우리가 어떤 사람이나 사역 단체, 혹은 필요한 곳에 헌금을 하면서 그 대가로 얻게 될 축복을 계산한 적은 한 번도 없었다. 돌아오는 것이 없다 하더라도, 우리가 헌금을 드리는 것 자체가 기뻤고, 그것으로 말미암은 긍정적인 결과를 보는 것 자체가 기쁨이었다. 이 때문에 우리는 더 많은 것을 드리고 싶은 마음을 가지게 되었다.

올바른 동기와 바른 마음으로 헌금을 드리는 사람들이 축복을 받는 경우가 많다는 사실을 부인할 수 있는가? 그런 사람이 복을 받는 것은 분명하다. 문제는 중심의 초점이다. 우리의 보물이 있는 곳에 우리의 마음도 있다(마 6:20-21 참조).

하나님은 농부의 마음을 창조하는 데 관심이 있으시다. 농부는 땅을 준비하고 밭을 갈아서 씨앗을 심은 후 심겨진 씨앗을 보호하는 데 신경을 쓴다. 그러면서 농부는 때가 되었을 때 하나님께서 많은 수확을 주실 것을 기대한다. 자기가 기대한 때에 열매가 맺히지 않아도, 농부는 때가 되면 반드시 열매가 열릴 것임을 안다. 우박이 떨어지고 비가 내리고 폭풍이 몰아치고 가뭄이 와도 농부는 포기하지 않고 농사를 계속 짓는다. 이것이 농부의 마음이다. 많은 사람들은 "백 배의 결실"(마 13:8, 23)의 약속에 대해 말을 한다. 그러나 솔직히 말하면 모든 농부들이 다 백 배의 축복을 받게 되지는 않는다.

우리가 때로는 주님에 대한 믿음을 지키면서 견디기 힘든 시련과 시험과 환란을 겪는다. 그러나 우리는 우리가 가진 모든 것이 하나님의 것이며 우리는 다만 청지기에 불과함을 인정해야 한다. 원래 남에게 속한 것을 원소유주에게 돌려주는 것은 쉬운 일이다. 그러나 우리가 어리석은 부자의 태도로 그것을 지키고 붙잡고 챙기고 소유하며 우리 자신에 대해서만 생각한다면 하나님의 마음을 전혀 알지 못하는 것이다.

당신이 헌금을 드리는 일에 자유함을 얻고, "주라 그리하면 너희에게 줄 것이니 곧 후히 되어 누르고 흔들어 넘치도록 하여 너희에게 안겨 주리라"(눅 6:38)는 말씀의 진리를 정말 발견하기 원한다면, 로버트 목사님이 이 책 전체에서 나누고 있는 말씀을 잘 읽어보라. 기억하라. 초점은 하나님과 다른 사람들에게 있다. 나 자신에게 있는 것이 아니다.

이것은 우리가 헌금을 드리고 그에 따른 축복을 받지 못해도 좋다는 말인가? 아니면, 우리가 다시 받기를 기대해서는 절대로 안 된다는 뜻인가? 농부는 추수를 소원한다. 그리고 때가 되면 농사지은 것의 열매를 거두게 될 것을 농부는 분명히 안다. 이와 같이 추수는 정말 중요하다. 그러나 초점은 여기에 있는 것이 아니다. 우리는 자기중심으로 보는 시각을 버리고, 마치 강물과 같이 자신의 것을 드리고 나누어 주는 삶의 가치를 이해해야 한다.

어느 성공한 사업가가 오찬 모임에 모인 몇 명의 사람들에게 이런 말을 했다. "나는 강이 된 것 같은 느낌입니다. 내가 아무리 많이 나누어 줄지라도 결코 나는 부족해지지 않습니다. 내가 아무리 많이 받아도 더 많이 가지게 되지는 않습니다." 그는 자신에게 오는 것을 하나님의 일을 위해 흘려보내는 사람이다. 그렇다고 해서 이 사람이 더 좋은 차, 더 비싼 옷, 더 큰 집을 가질 수 없다는 것은 아니다…. 그것이 의미하는 바는 그가 하나님이 맡겨 주신 재물에 의해 통제 당하지는 않는다는 것이다. 그는 하나님이 주신 것을 계속 흘려보낸다. 이와 같이 그는 하나님의 사랑의 통로가 되고 표현이 되었다.

이 책을 읽는 당신에게 하나님의 축복이 임하시기를 기도한다.

제임스 로비슨(James Robison)
라이프 아웃리치 설립자 겸 대표

감사의 글

●●●● 제이크스 모텔의 12호실에서 반항심 많은 한 젊은이의 마음을 만지시고 구원하셨던 그분 – 주 예수 그리스도 – 께 감사를 드립니다.

항상 제 곁에서 나를 지원해 주는 나의 가장 좋은 친구인 데비 – 나의 귀한 아내 – 에게 감사를 드립니다. 아내는 내가 아는 사람들 중에서 예수 그리스도의 모습을 가장 잘 보여주는 사람입니다. 나는 당신이 없으면 아무것도 아니며, 아무 일도 할 수 없을 것입니다.

나의 귀한 아이들 조쉬, 제임스, 엘레인에게 고마움을 전합니다. 애들아, 아빠는 어떤 일이 있더라도 영원히 그리고 항상 너희들을 마음을 다해 사랑한단다. 너희들이 믿음과 주님의 사랑 안에서 자라는 모습을 보며 아빠는 너희들이 정말 자랑스럽단다.

나의 부모님이신 절 모리스와 로잘리 모리스 두 분께 감사드립니다. 두 분이 저보다 앞서 살아주셨던 삶 때문에 오늘의 제가 존재할 수 있었습니다.

이 책에 나오는 말들은 두 분이 삶으로 제게 가르쳐 주셨던 원리들을 반영하고 있습니다.

20년이 넘는 세월 동안 아내와 나를 사랑하고 돕고 격려해 주었던 제임스와 베티 로비슨에게 감사드립니다. 가능하면 많은 사람들이 이 말씀을 받을 수 있게끔 책을 쓰도록 나를 격려해 주신 것을 감사합니다. 두 분의 경건한 모범과 섬김의 마음에 감사드립니다. 오늘날의 세계에 존재하는 굶주린 사람들 – 육적으로 영적으로 – 을 먹이심을 감사합니다.

아내와 저를 게이트웨이 교회로 인도해 주신 지미와 캐런 에반스에게 감사드립니다. 두 분은 우리의 성장을 북돋워주시고 영향력을 끼치는 사람이 되도록 인도해 주셨습니다. 두 분이 저희의 삶에 투자해 주신 것에 대해 말로 다할 수 없는 감사를 드립니다. 저의 멘토이면서도 친구가 되어주심에 감사드립니다.

올랜과 사이블 그리핑에게 감사드립니다. 두 분은 자신들의 삶을 우리에게 투자해 주셨고 우리가 오늘날 지표로 삼고 있는 삶의 원리들 중 많은 것들을 가르쳐 주셨습니다. 두 분의 본이 있었기 때문에 우리는 예수님을 영원히 풍성하게 섬길 수 있게 되었습니다.

스티브와 멜로디 덜린의 사랑과 지지와 우정에 감사드립니다. 두 분은 내가 아는 사람들 중 '드리는 자'의 가장 훌륭한 모델입니다. 두 분은 이 책의 열매를 함께 나누어 갖게 될 것입니다.

조지와 잰 그럽스의 친밀한 우정과 지속적인 격려에 감사드립니다. 하늘에서 두 분의 상이 클 것입니다.

릭과 캐미 패터슨에게 감사드립니다. 나는 당신들처럼 하나님께 즉각적으로 잘 순종하는 사람들을 본 적이 없고, 당신들처럼 주님을 기쁘시게 하고자 하는 열망이 강한 사람들을 본 일이 없습니다.

제프와 제니 드로트에게 감사드립니다. 당신들이 없었다면 데비와 나는 지금 하고 있는 일을 할 수 없었을 것입니다. 당신들은 게이트웨이 교회와 저희들에게 너무도 귀중한 분들입니다.

케빈과 린다 그로브에게 감사드립니다. 당신들의 모범과 우정은 저희에게 말할 수 없이 큰 의미가 있었습니다.

데이빗과 트레이시 홀랜드에게 감사드립니다. 당신들은 내 마음에서 나온 말들을 들어주었고 내가 그것을 표현할 수 있도록 도와주었습니다. 당신들이 없었으면 그렇게 할 수가 없었을 것입니다.

브래디와 팸 보이드, 토마스와 메리 베트 밀러, 프레스톤과 할리 모리슨, 마커스와 렉사 브레친, 토드와 블린다 레인, 켄과 메리 잭슨, 폴과 레다 루퍼트, 돈과 주디 우드리프, 브랜든과 칼라 레더스, 마브리 잭슨, 프랭크와 테리 루겐하임, 하비와 패티 콕스, 스티븐과 캐런 앤드라, 브랙스턴과 리사 콜리, 그리고 제이슨 탬에게 감사드립니다. 여러분들은 이 세상 어떤 목사도 갖기 힘든 훌륭한 사역팀입니다.

게이트웨이 교회의 성도들에게 감사드립니다. 나는 여러분들처럼 주님께 갈급하고 말씀을 잘 받으며 말씀 안에서 잘 행하는 사람들을 본 일이 없습니다. 여러분들은 이 진리를 받아들였고, 하나님께서 여러분의 마음에서 큰일을 행하시도록 자리를 내어 드렸습니다. 제가 이 과정을 지켜보며 은혜를 받았습니다. 여러분들은 전 세계 그리스도인들 가운데 본이 되는 사람들입니다. 저는 매일 여러분들로 인하여 하나님께 감사를 드립니다.

주님이 저를 여러분들의 목사로 택해 주신 것을 정말 감사드립니다.

여기에 언급된 모든 분들 덕택에 저는 참으로 복된 삶을 살고 있습니다!

머리말

●●●● 당신이 이 책을 읽는 것을 사탄이 원하지 않는다는 것을 나는 확실하게 말할 수 있다. 의심할 여지 없이, 당신의 영혼의 원수는 재물의 청지기로 살며 주께 드리면서 축복을 받는 삶의 원리를 발견하지 못하게 하려고 온갖 수단을 다 동원할 것이다. 왜 그럴까? 일단 당신이 이 원리를 발견하면 당신의 삶이 훨씬 좋아질 것이며, 그것이 당신에게 재정적인 축복을 확실히 가져다 줄 것이기 때문이다. 이뿐이 아니다. 그것은 하나님 나라에 영향을 주게 될 것이기 때문이다.

아시다시피, 필자가 이 책에서 제시하고자 하는 간단한 원리들을 모든 믿는 자들이 다 이해하고 적용한다면, 말 그대로 전 세계에 부흥이 올 것이다. 필요한 교회 시설들이 모두 다 건축될 것이다. 하나님께 부르심을 받고 자원하는 심령으로 헌신한 모든 선교사들이 파송을 받고 풍성한 지원을 받게 될 것이다. 복음이 지구상의 모든 문화권에 스며들게 될 것이다.

그렇다. 하나님의 백성이 번성할 때, 재물이 하나님 나라로 들어오게 된다.

그런데 더 중요한 것은 우리의 마음이 변화를 받는 것이다!

그래서 필자는 당신이 이 책을 읽게 되는 것이 너무도 기쁘다(물론 마귀는 싫어할 것이다!). 이러한 진리를 통해 하나님은 당신의 마음에 놀라운 일들을 행하실 것이다. 주님은 당신을 확실히 바꾸어 주실 것이다. 필자가 장담하건대, 당신은 그 변화를 기뻐하게 될 것이다.

태어날 때부터 헌금을 잘하는 사람은 없다. 우리 모두는 천성적으로 받는 데 익숙하다. 우리는 타락한 죄의 속성을 가지고 이 땅에 태어났다. 이 타락한 본성의 중심에는 이기심으로 쏠리는 성향이 있다. 반면 하나님은 '주시는 분'(giver)이다. 가장 유명한 성경 구절에서는 이렇게 말씀하고 있다.

"하나님이 세상을 이처럼 사랑하사 독생자를 주셨으니"(요 3:16).

하나님은 우리의 능력으로 상상하는 것 이상으로 풍성하게 주시는 분이다. 그런데 사탄은 이기심과 교만 때문에 천국에서 쫓겨났다.

우리 문화권에서 많은 사람들은 이것을 반대로 알고 있다. 그들은 하나님이 인색한 분이라고 생각하고 마귀는 좋은 것을 베풀어 주는 존재라고 생각한다. 만일 당신이 이 주제에 대해 혹시 혼동되는 점이 있다면, 이것을 기억하라. "'하나님'(God)과 '넉넉함'(generous)은 영어로는 똑같이 G로 시작한다. '사탄'(satan)과 '이기적인 마음'(selfish)은 영어로는 똑같이 S로 시작한다. 이것이 혼동을 바로잡아 주는 데 도움이 될 것이다!

이제 진지하게 이 말을 하고자 한다. 필자는 여러분들로 인해 굉장히 신이 난다. 여러분은 발견의 여행을 막 시작하려고 한다. 내가 개인적인 경험으로 말할 수 있는 것은, 하나님의 백성들에게 허락된 넉넉히 드리는 삶과 풍성한 삶을 사는 것보다 더 큰 모험은 없다는 것이다. 그러나 그 삶을 살고자 결단하는 사람들은 그리 많지 않다. 이것은 보상이 있는 여정이다. '축복된 삶'이 그 보상이다.

계속 읽으라. 이제 모험을 시작하자!

뜻밖의 모험
● The Unexpected Adventure ●

chapter 1

The Unexpected Adventure

●●●● 오클라호마에 있는 작은 주유소에 들어갔을 때 나의 오래된 스테이션 왜건 자동차의 주행기록계는 13만 마일을 가리키고 있었다.

그때는 내가 젊은 전도사로 사역하고 있던 1984년이었다. 당시에 나의 아내 데비와 나는 설교할 수 있는 기회가 주어지면 어느 곳이라도 기꺼이 차를 몰고 갔다. 그날 우리는 두 가지 의미에서 여행을 하고 있는 중이었다. 물론 우리는 복음을 전하기 위한 여행을 하고 있었다. 이 작은 주유소도 우리가 한 달 전에 하기 시작한 것으로 여행 도중에 발견한 중간 기착지 중의 하나였다. 이 여행은 성령이 인도하시는 '드리는 삶'(giving)의 능력과 기쁨 안으로 들어가는 여행이었다. 내가 기름 값을 내기 위해 사무실로 걸어 들어갔을 때 카운터에 앉아 있던 여자 분이 말했다. "다 처리되었습니다." "뭐라고 하셨나요?" 나는 약간 혼란을 느끼며 물었다. "돈을 다 내셨다고요." 하고 그 여자 분은 대답했다. "기름 값을 안 내도 됩니다." 나는 이번에는 진짜로 어리벙벙해졌다. "무슨 말씀이신지요?" 그녀는 당연하다는 듯이 말했다. "손님이 차를 세우셨을 때, 하나님께서 손님이 전도사님이라는 것을 말씀해 주시면서 기름 값을 대신 내 드리라고 말씀하셨어요. 그래서 제가 낸 거예요." 나는 감사함과 놀라움을 함께 느끼며 그녀에게 진심으로 감사를 표한 다음에 다시 출발을 했다.

이 사건은 앞서 내가 언급한 여정에서 작지만 중요한 이정표가 되었다. 나는 하나님의 성령께서 어떤 사람에게 말씀을 주셔서 누군가에게 무엇을 주라고 하실 수 있다는 것은 이미 알고 있었다. 사실 이 사건은 하나님께서 나의 사역과 신앙생활에서 중심이 되는 것을 만들어 가기 시작하신 전형적인 사례였다.

그 다음 단계

당시 순회 전도자로서 나의 수입은 내가 사역한 교회에서 주는 사례비가 전부였다. 나는 어떤 주에는 800달러를 받고, 그 다음 주에는 200달러를 받는 식이었다. 아내와 나는 수입을 예측할 수 없는 삶을 살았다. 그러나 결혼 초기에 우리는 재정에 관해서 하나님을 진작에 신뢰하는 법을 배웠다.

우리는 십일조를 부지런히 드렸다. 하나님께서는 이미 몇 해 전에 십일조의 원리에 대해 우리에게 분명하게 말씀을 해 주신 적이 있었다. 그때부터 우리는 우리에게 들어오는 모든 수입의 십일조를 드림으로써 주님을 공경했고 우리에게 필요한 것은 항상 채워졌다. 때로는 주님께서 기적적인 방법으로 채워주셨다. 우리가 몰랐던 것은 하나님이 우리를 그 다음 단계로 올리려 하고 계셨다는 사실이었다.

앞서 언급한 것처럼, 주유소에서의 놀라운 은혜의 경험이 있기 한 달 전에 하나님은 드리는 삶(giving)에 대해 주목할 만한 교훈을 나에게 주셨다. 나는 어느 교회에서 하루 저녁만 설교를 하기로 했다. 이것은 그 달의 유일한 사역 일정이었다. 재정적인 관점에서 본다면 이는 사례비를 받을 기회가 네 번, 다섯 번, 여섯 번이 아니라 오직 한 번밖에 없다는 것을 의미했다. 아내와 나는 하나님을 신뢰하고 안식하는 법을 이미 배웠지만 그 달의 상황은 재정적으로 큰 압박으로 다가오는 것이 사실이었다.

예배가 끝난 후, 교회에서는 나를 위한 헌금 시간을 가졌다. 그 직후에 목사님은 봉투 하나를 가지고 나에게 오셨다. 그는 이렇게 말했다. "로버트, 이 헌금은 지금까지 우리 교회에서 나온 헌금 중에 가장 큰 액수입니다. 나로서도 기쁘고 놀랍습니다. 이것을 당신에게 전달하게 되어 기쁩니다." 내가 봉투를 열어보니 평소의 한 달 수입에 해당하는 액수의 수표가 들어 있었다. 하나님은 단 한 차례의 집회로 여러 번의 집회를 통해서 나올 수 있는 액수의 헌금이 기적적으로 나오게 하신 것이었다. 이것은 놀라운 교훈이었다. 그런데 이 교훈은 여기서 끝나지 않았다.

내가 놀라움과 감사의 마음이 가득 차서 이 봉투를 들고 서 있었을 때 나의 삶의 진로와 질을 완전히 바꾸어 놓은 어떤 일이 일어났다. 그날 저녁 예배의 앞 순서로 어느 선교사가 간증과 선교 보고를 했다. 나는 거의 텅 비어 있는 교회 예배실 반대편에 이 선교사가 있는 것을 보았다. 그때 주님의 분명한 음성이 내 마음에 왔다. "네가 받은 헌금을 그에게 주어라. 전액을." 그 순간 나의 황홀한 기쁨은 거의 공황 상태로 바뀌고 말았다. '주님, 설마 이것이 주님의 음성은 아니겠지요! 제 말은요… 이 헌금은 주님이 지금 저에게 필요한 것을 채워주시기 위해 기적적으로 허락해 주신 것이잖아요!'

다시 한 번 이 음성이 임했다. 세미하지만 뚜렷한 음성이었다. "네가 받은 헌금을 그에게 주어라."

나는 마치 형이 하는 말을 듣기 싫어하는 동생처럼, 손가락으로 귀를 틀어막고 '라라라…' 노래를 부르면서 '뭐라고요? 잘 안 들리는데요?'라고 말하고 싶은 심정이었다.

"네가 받은 헌금 전부를 그에게 주어라. 나를 신뢰하라."

나는 더 이상 이 음성을 떨쳐버릴 수 없었다. 나는 합리적으로 따져 보려고 했다. 하나님과 협상을 해 보려고 했다. 애원이라도 하고 싶었다. 그런데 이 느낌은 점점 강하게 다가왔다. 결국 나는 백기를 들고 항복했다. "좋습니다, 아버지. 주님을 신뢰하겠습니다."

나는 수표 뒷면에 이서를 한 후 그것을 반으로 접었다. 주변을 돌아보았다. 마침 아무도 없었다. 나는 그 선교사에게 가서 이렇게 말했다. "오늘 밤 간증해 주신 것을 정말 감사합니다. 이 헌금을 드리고 싶습니다. 제가 이렇게 했다고 아무에게도 말하지 말아주세요. 이 수표의 수취인은 제 이름으로 되어 있지만 선교사님이 받으시도록 이서를 했습니다." 나는 그에게 수표를 주고는 다른 곳으로 물러갔다.

1시간 후, 나는 그 교회의 성도들 20여 명과 함께 피자집에 갔다. 내 자리 바로 건너편에 내가 잘 알지는 못하는 정장 차림의 신사가 앉아 있었다(다른 곳에서 잠깐 한 번 만난 적이 있는 사람이었다).

잠시 후 그 신사는 테이블 맞은편에서 내 쪽으로 몸을 숙였다. 그는 내 눈을 똑바로 쳐다보며 충격적일 만큼 개인적인 질문을 했다. "오늘 사례비로 얼마를 받으셨습니까?"

당연히 나는 그의 질문에 당혹감을 느꼈다. 나는 그 전에는 이런 질문을 받아 본 적이 없었다. 하물며 낯선 사람이 이런 질문을 하는 것은 더욱 생각하기 힘든 일이었다. 그렇지만 그가 워낙 대담하게 질문을 했기 때문에 나는 대답을 해 줄 수밖에 없었다. 그래서 나는 사례비 액수를 말해 주었다. 나는 이 대답만 해 주면 끝날 줄 알았다. 그런데, 그게 아니었다.

그는 또 다시 대담하게 다른 질문을 했다. "받으신 수표는 어디에 있습니까?" '세상에!' 나는 이런 생각이 들었다. '이 사람이 도대체 왜 이러는 거야?' 물론 나에게는 그 수표가 없었다. 그러나 그에게 그 말을 할 수가 없었다. 그래서, 설교자인 내가 부끄럽게도 내 입으로 거짓말을 하고 말았다.

"음… 제 아내가 가지고 있어요." 하고 나는 힘들게 말했다. 내 아내는 그때 우리가 앉은 긴 테이블의 끝 쪽에 앉아 있었다. 다행히 아내가 있는 곳과 내 자리는 충분한 거리가 있었다. '이제 이런 이야기는 그만 했으면 좋겠는데?!'

"그 수표를 가져와서 저에게 보여주세요!" 이 남자는 참 집요했다. 나는 달리 어찌할 수가 없어서 아내에게 가서 수표를 달라고 말하는 척했다. 나는 아내에게 가까이 가서 몸을 숙여 귀엣말을 했다. "피자 어때?" 아내는 이상하다는 듯이 나를 쳐다보며 "맛있어요." 하고 대답했다. "좋아. 그 말을 들으니 기쁘군. 그냥 물어보고 싶었어." 나는 이렇게 중얼거린 다음에 내 자리로 돌아왔다.

내 입에서 또 다른 거짓말이 나가는 것을 내 귀가 듣고 있었다. "아내가 그것을 차 안에 뒀대요." 나는 차가 마치 아주 먼 곳에 있는 듯한 느낌을 주려고 애쓰며 이 말을 했다(이 시점에서 나는 내가 받은 헌금 전액을 다른 사람에게 주어 버렸다는 사실을 숨기고 있었다. 이 뿐 아니라, 예수께서 길이요 진리요 생명이라고 저녁 예배 때 선포했던 전도자인 내가 지금 거짓말을 했다는 사실을 또 숨기려 했다).

내 얼굴에는 진땀이 흐르고 있었다. 이 신사는 테이블 건너편에서 몸을 숙이며 내가 불편함을 느낄 만큼 나에게 가까이 접근했다. "그 수표는 차 안에 있는 것이 아니지요, 로버트." 하고 그는 낮은 목소리로 말했다.

"그걸 어떻게 아세요?" 나는 마음이 상한 듯한 느낌을 주려고 애쓰며 이 말을 했다.

"하나님이 말씀하셨거든요. 하나님이 나에게 무언가를 말씀하셨어요."

그 순간 이 신사는 이후의 내 인생에서 항상 천둥소리 같이 계속 울려 퍼질 말을 했다.

"하나님은 당신에게 드리는 삶에 대해 가르쳐 주시고, 그것을 주님의 몸된 교회에 가르치게 하려고 하십니다." 이 말을 하면서 그는 접힌 종잇조각 하나를 테이블 위에 놓고 그것을 내 쪽으로 밀었다. 그것은 수표였다. 그 액수는 내가 한 시간 전쯤에 주어 버렸던 수표 액수의 열 배였다. 한 푼도 오차 없는 열배였다.

열 배 – 한 푼도 오차 없이.

그날 밤이 바로 이 여정이 시작된 밤이었다.

놀라운 공급

"하나님은 당신에게 드리는 삶에 대해 가르쳐 주시고, 그것을 주님의 몸된 교회에 가르치게 하려고 하십니다." 그 후 몇 달간 놀라운 경험들을 하는 가운데 이 말은 항상 나의 뇌리를 떠나지 않았다. 아내와 나는 하나님이 가르쳐 주시고자 하는 모든 것에 마음을 활짝 열고 있었다. 그 결과 우리는 하나님이 우리의 삶에서 놀라운 공급의 기적을 계속적으로 베풀어 주시는 것을 볼 수 있었다.

어떤 때는 주님은 우리가 주님을 신뢰하는 믿음으로 우리의 가진 것을 남에게 주도록 강권하셨다. 주님은 어떤 때는 다른 사람을 사용하셔서 우리가 예상하지 못했던 은혜를 입게 하시기도 했다.

예를 들면, 내 삶이 달라지게 만든 그날 밤의 경험이 있은 지 얼마 지나지 않아서 아내와 나는 어느 가정에서 열린 성경공부 모임에 참여했다. 이곳에서 우리는 선교 여행을 떠나려고 하는 어느 부부와 대화를 하게 되었다. 그들은 자신들이 떠나기 전에 기도를 해 달라고 우리에게 부탁했다. 그들은 특히 재정을 위한 기도를 부탁했다. "우리는 선교 여행에 필요한 경비 전액을 아직 채우지 못했어요." 하고 그들은 말했다. 그들은 정확한 액수를 말해 주지는 않았다. 그러나 기도 중에 나는 그 액수가 800달러라고 하는 강한 느낌을 받았다.

그 당시 우리에게 800달러는 엄청난 액수로 느껴졌다. 그렇지만 우리에겐 800달러가 있었다. 피자집에서 받은 열 배의 축복 때문이었다.

그날 밤 모임이 끝난 후, 우리는 우리 차를 세워 둔 곳으로 가서 수표를 썼다. 우리는 그 부부가 차를 몰고 떠나기 전에 그들을 세워서 수표를 전달했다. 물론 그 액수는 그 부부가 선교 여행을 떠나기 위해 채워야 할 액수와 정확히 일치했다.

솔직히 말해서, 이 일은 나에게는 어떤 일보다 더 흥미진진한 일이었다. 우리 부부는 하나님이 시키시는 대로 헌금을 전달하는 일이 얼마나 흥미로운지를 속히 배워가고 있었다.

그때부터 몇 주가 지나지 않아서 우리는 이 장의 앞부분에서 언급한 주유소에서의 만남의 사건을 경험했다.

그 직후에 우리는 새로운 밴을 구입한 어떤 사람과 함께 식사를 하러 갔다. 우리는 그 밴을 타고 식당으로 가서 대화를 하며, 그 밴이 참 멋있다는 것과 그가 새 차를 가지게 되어서 우리도 기쁘다는 말을 했다. 우리가 그의 차로 돌아갔을 때 그는 말했다. "저의 밴에서 짐을 꺼내는 일을 도와주실래요?" 그래서 나는 그의 카세트테이프와 그가 지정하는 물건들을 모으기 시작했다. 몇 차례 짐을 옮긴 후 나는 그에게 물었다. "이 우산도 치울까요? 그런데, 이 물건들을 왜 차 밖으로 치우고 계신가요?"

그는 이렇게 대답했다. "이 차를 당신에게 드리려고요. 그렇지만 이 우산은 내게 필요하답니다." "뭐라고 하셨나요?" 하고 나는 물었다. 그는 되풀이하여 말했다. "이 밴을 당신에게 드린다고요. 하나님이 그렇게 하라고 하셨어요."

당연히 우리는 너무 놀라고 감사하고 흥분했다. 새로 나온 밴은 2만5천 달러 정도의 가격이었다!

물론 그 축복은 또 다른 질문을 제기하게 했다. 이제 우리에게 이 밴이 생겼는데, 지금까지 몰고 다닌 스테이션 왜건은 어떻게 할까? 그 차는 겉으로는 별로 멋있어 보이지 않았지만 그래도 꽤 좋은 것이었다.

기도를 해 본 후, 우리는 주님께서 이것을 자동차가 없는 어느 가정에 주기를 원하신다는 느낌을 받았다.

그런데, 그 직후에 우리가 알지도 못하는 어떤 사람이 또 다른 차량 하나를 우리에게 주었다! 그 차를 준 사람은 "하나님이 그렇게 하라고 하시네요."라는 친숙한 표현을 쓰며 그 차를 준 이유를 설명했다.

기도를 좀 더 한 다음, 우리는 이 차도 다른 사람에게 주었다. 그러자 얼마 있지 않아서 또 다른 차가 우리에게 와서 그 자리를 채웠다. 그런 다음에는 또 다른 차가 왔다. 새로운 차가 우리집의 진입로에 들어오기만 하면 우리는 그것을 또 다른 사람에게 주었다. 일단 차를 주고 나면 또 다른 차가 와서 그 자리를 대신했다.

이렇게 놀라운 일들이 연이어 일어나는 가운데 하나님은 우리를 어리둥절하게 하는 일도 행하셨다. 우리가 받은 차들 중의 하나를 어떻게 처리할 것인지를 묻는 기도를 할 때 주님은 이런 지시를 하셨다. "이 차는 다른 사람에게 주지 말고 그냥 팔아라."

처음에는 우리가 하나님의 음성을 잘못 들은 줄 알았다. 주님의 뜻을 알기 위해 다시 기도했다. "주님, 이 차를 정말로 팔라는 말씀이십니까? 우리는 그냥 다른 사람에게 주는 것이 좋은데요."

분명한 응답이 돌아왔다. "아니다. 나는 너희가 이 차를 팔기를 원한다. 이 차를 1만2천 달러에 팔기를 원한다."

그 주말에 교회에서 어떤 남자가 나에게 걸어와서 말했다. "로버트, 나에게 그 밴을 팔지 않겠어?" 나는 좀 놀랐다. 그리고 이렇게 말했다, "사실, 저도 이 차를 팔려고 했어요." 그러자 그는 이렇게 말했다. "내 생각에는 내가 자네에게 1만2천 달러를 주고 이 차를 사기를 주님이 원하시는 것 같은데, 어때, 괜찮을까?" 당연히 나는 그 차를 그에게 팔았다.

그 다음 주에 우리는 코스타리카로 선교 여행을 떠날 예정이었다. 그래서 1만2천 달러를 일단 은행에 예치했다. 그리고 이 돈을 어떻게 쓸 것인지에 대한 주님의 지시를 기다렸다.

며칠 후, 우리는 코스타리카에 가서 우리가 지원하는 선교사의 낡은 밴을 타고 다니며 사역을 시작했다. 나는 그 낡은 차로 목적지까지 무사히 갈 수 있을지 정말로 걱정이 되었다.

그래서 나는 선교사에게 질문을 했다. "새로운 차를 사실 계획이 없으세요?

이 차는 이제 수명을 다해서 주님 나라에 갈 때가 된 것 같은데요!"

"사실은, 곧 새로운 밴을 가지게 될 거예요!" 하고 선교사는 신이 나서 말했다. "지난 주에 자동차 매매 시장을 지나는데 주님이 저에게 차를 세우라고 하시더군요. 그리고 밴 한 대를 보여 주시며 이렇게 말씀하셨어요. '나는 너에게 저 차를 주기 원한다. 그러니 저 차를 갖기 위해 기도해라.' 그래서 저는 기도했지요. 주님이 어떤 방법으로 저 차를 주실지는 아직 모르겠어요." 그는 이렇게 계속 말했다. "하지만 주실 것은 확실히 알지요."

나는 주님의 손길을 느끼며 그에게 이렇게 물었다. "저 차를 살리면 얼마가 필요하지요?" 당신은 그 답을 벌써 알았을 것이다. 1만2천 달러였다. 나와 아내는 너무도 기뻤다. 우리는 집에 돌아온 후 즉시 1만2천 달러짜리 수표를 써서 그에게 보냈다.

하나님께 더 많이 드릴 수 있는가?

일정 기간 동안 많은 것을 나누어 주는 경험을 하며 우리는 엄청난 축복을 받았다. 우리의 수입도 급증했다. 우리가 더 많이 줄수록 하나님도 우리에게 더 많이 주시는 것 같았다. 옛 말대로, '하나님께 아무리 많이 드려도 하나님은 우리에게 더 많이 주신다(You can't outgive God)'는 것을 체험했다.

이렇게 18개월이 지나면서, 우리는 모두 9대의 자동차를 나누어 줄 수 있었다. 더 신나는 것은 우리는 총 수입의 70%를 헌금할 수 있었다는 사실이다. 우리는 이전에 우리 수입의 90%

> 당신은 하나님이 주신 것보다 더 많은 것을 하나님께 드릴 수 없다.

로 생활할 때보다 훨씬 더 풍요롭게 살 수 있었다.

우리는 어디를 가든지 하나님의 축복을 경험할 수 있었다. 삶의 중요한 단계마다 우리는 성령이 인도하시는 드림(giving)의 능력에 대한 새로운 교훈을 배웠다. 이만하면 엄청나게 많이 드리는 것이라고 생각할 때마다 하나님은 우리가 그보다 더 많이 드릴 수 있다는 것을 알게 하셨다.

예를 들면, 그 18개월의 기간이 끝날 무렵, 주님은 우리에게 있던 차량 두 대를 모두 다 남에게 주라고 말씀하셨다. 주님은 이렇게 말씀하셨다. "차 두 대를 다 주어라. 어느 부부에게 차를 줄 것인지 내가 알게 해 주겠다. 그리고 너의 집도 다른 사람에게 주어라. 은행 계좌에 남아 있는 잔고도 모두 털어서 다른 사람에게 주어라."

말할 필요도 없이, 우리는 이 문제를 가지고 씨름을 해야 했다. 우리는 이렇게 기도했다. "주님, 우리가 소유한 것 모두를 다 주어 버리라고요? 이것이 정말 주님의 말씀인가요?" 주님은 계속 응답하셨다. "물론, 물론이다."

그래서 우리는 말씀대로 순종했다. 누구에게 차를 줄 것인지를 주님이 알게 하셨을 때, 우리는 즉시 그 차를 그에게 주었다. 은행 계좌에 남아 있는 돈을 다 인출해서 주어 버렸다. 집을 누구에게 줄 것인가에 대해서는 더 부지런히 주님 뜻을 구하며 그 음성을 듣기 위해 힘써야 했다. 사실은 그전부터 우리의 마음속에서는 이 집이 우리 것이 아니라는 생각으로 살았었다. 그러나 이제는 실제로 그 집을 완전히 내놓아야 했다. 우리가 어느 가정에 이 집의 문서와 열쇠를 줄 것인지를 알기만 하면 되었다.

이제 우리는 교통수단도 없고 필요한 것을 살 수 있는 돈도 없었다. 집 안에 앉아 있으려니(물론 이제는 내 집이 아니지만), 솔직히 말하면 육적인 생각들이 떠올랐다.

나는 혼자 이렇게 생각했던 것으로 기억한다. '이제는 내가 이겼다. 이제는 주님을 따라잡았다.'

나는 하나님과 아주 솔직하고 정직한 대화를 했던 것으로 기억한다. 나는 이렇게 말했다. "주님, 아시다시피 이번에는 주님이 제게 줄 수 있는 것보다 제가 더 많은 것을 드린 것 같아요. 제가 다른 사람에게 차를 줄 때마다 주님은 다른 차를 저에게 주셨지요. 이번에는 제가 차 두 대를 모두 주어 버렸고 돈도 다 주어 버렸어요! 제가 이긴 것 같네요. 주님이 저에게 주실 수 있는 것보다 더 많은 것을 제가 드린 것 같아요."

내가 이 말을 하고 있을 때, 내 마음속에서 주님이 이런 말씀을 하시는 것이 느껴졌다. "오, 그래?" 이 순간 전화벨이 울렸다. 나에게 전화를 한 사람은 이렇게 말했다. "로버트, 하나님이 나에게 말씀을 하셨는데, 자네의 교통수단을 도와주라고 하셨어(독자들이 알아야 할 것은, 아내와 내가 가진 것을 나누어 주었을 때, 받은 사람들 이외에는 우리가 무엇을 누구에게 주었는지 전혀 알지 못했다는 것이다. 전화를 한 이 사람도 우리가 차량을 남에게 주었다는 사실을 알지 못했다).

이때 내게 즉시 떠오른 생각은 이것이었다. '큰 축복이로군. 이 사람이 우리에게 자동차를 줄 모양이야.' 지금까지 보아왔던 방식대로, 하나님이 또 역사하시려나 보다 하고 생각했다. 솔직히 나는 이런 생각을 했다. '그런데 주님, 그가 우리에게 차를 준다고 해도, 그걸로 다 되는 것은 아니에요. 이번에 저희가 준 차는 두 대거든요. 가진 돈도 다 주었고요. 결국 우리 집까지 주어 버렸잖아요. 제 생각에는 주님이

'축복'을 받는다는 것은 초자연적 능력이 당신을 위해 역사한다는 뜻이다.

제게 주실 수 있는 것보다 제가 더 많이 드린 것 같아요.'

그래서 나는 전화를 한 그 사람에게 물었다. "주님이 뭐라고 말씀을 하셨나요?" 그는 이렇게 대답했다. "주님이 자네에게 비행기를 사 주라고 말씀하시더군." 나는 할 말을 잊었다.

그는 계속 말했다. "사실은 오늘 내가 비행기를 샀어. 그리고 공항에 그 비행기를 세워 놓았지. 또 비행기 격납고 요금도 내가 낼 거야. 연료비도 내가 지불할 것이고. 보험료와 비행기 유지비도 내가 지불할 거야. 또 비행기 조종사도 고용했어. 조종사 월급도 내가 부담할 거야. 그러니 어디든지 갈 일이 있으면 조종사에게 전화만 하면 비행기로 갈 수 있어. 비용은 다 내가 책임질게!"

나는 너무 놀라서 말을 잇지 못하고 서 있었다. 그때 주님의 세미한 음성이 내 영혼 속에 들려왔다. "내가 이겼지."

나의 친구여, 여러분이 아무리 해도 하나님께 더 많이 드리는 것은 불가능하다.

하나님은 지구상에서 유일하게 진정한 재정 보증인이 되어주시는 분이다. 그러나 하나님의 지극히 크신 상급을 체험하기 위해서 우리가 따라야 할 원리들이 있다.

그 원리들이 축복된 삶을 살 수 있게 하는 열쇠들이다.

축복인가 저주인가?

여기서 우리가 계속 읽기 전에 용어의 정의를 확인하고 넘어갈 필요가 있다. '축복된 삶'이란 과연 무엇을 위미하는가? 축복으로 가득 찬 삶은 어떤 삶인가? '축복'을 받는다는 것은 초자연적 능력이 당신을 위해 역사한다는 뜻이다.

이와는 반대로, '저주'를 받는 삶이란 초자연적 능력이 당신을 대적하는 방식으로 나타난다는 뜻이다.

축복을 받은 사람의 하루하루는 하나님이 허락하신 '우연'과 하늘에 속한 의미있는 일들로 가득 차 있다. 축복받은 사람은 세상의 기준으로 보면 부유할 수도 있고 그렇지 않을 수도 있다. 그러나 그는 억만장자들도 부러워할 정도로 질이 높은 삶을 누린다.

신명기에서도 하나님은 자신에게 순종하는 사람들을 위해서는 그들이 손을 대는 모든 것에 복을 주시겠다고 네 차례나 말씀하신다(14:29; 15:10; 23:20; 28:8, 12 참조). 이것이 바로 축복을 받은 삶이다. 당신이 손을 대는 모든 것이 잘 될 것이다.

축복은 삶의 모든 분야인 건강, 관계, 직장, 가정, 정서, 그리고 생각의 영역에까지 스며든다.

그렇게 되면 정말 좋지 않겠는가? 계속 이 책을 읽으라. 당신은 곧 축복된 삶을 사는 방법을 발견하게 될 것이다.

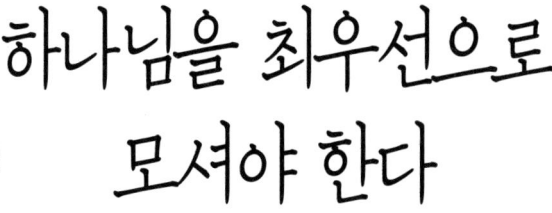

하나님을 최우선으로 모셔야 한다

• God Must Be First •

chapter 2

God Must Be First

●●●● 우리가 흔히 듣는 격언 중에 이런 것이 있다. '소중한 것을 먼저 하라.'

다소 진부해 보이는 이 짧은 말에 성경적인 진리가 많이 들어 있다. 복된 삶을 살고자 할 때 이 '소중한 것'이란 무엇인가? 이것을 생각해 보자. 성경에는 기도에 관한 구절이 500개 이상 있고 믿음에 관한 구절도 거의 500개나 있다. 그런데 돈과 소유에 대한 말씀은 2천 개가 넘는다.

예수님이 가르치신 38개의 비유들 중 16개가 돈에 관한 것이다. 성경적 관점에서 볼 때, 우리가 돈에 대해서 더 잘 이해하고 돈을 다루는 방법을 더 잘 배워야 할 필요가 있음은 명백하다. 왜 그런가? 돈은 하나님으로부터 오는 시험이기 때문이다.

돈을 어떻게 다루는가를 보면 그 사람의 우선순위와 충성심과 애정의 분량을 알 수 있다. 사실은 이것을 통해 그 사람이 인생에서 경험하게 될(또는 경험하지 못하게 될) 축복이 무엇인지를 알 수 있다.

당신이 드림(giving)을 이해하려면 첫 번째로 이해해야 하는 원리가 첫 열매의 원리이다. 이것을 다른 말로 하면 초태생 또는 십일조의 원리라고도 할 수 있다.

솔직히 말하면, 그리스도인들 중에서 십일조와 첫 열매의 원리에 대해 잘 모르고 있는 사람들이 너무 많다('나는 십일조에 대해서는 다 들어서 알고 있어'라고 생각하며 내 말을 흘려듣거나 듣지 않고 이 장을 건너뛰는 일이 있지 않기를 바란다. 필자가 지금 하려는 말에는 생명을 주고 자유케 하는 진리가 들어 있다. 놓치지 말라!).

희생 또는 대속

우리는 출애굽기 13장에서 재정 사용의 중요한 선례가 확실하게 세워진 것을 발견한다. 하나님은 이렇게 말씀하셨다.

이스라엘 자손중에서 사람이나 짐승을 막론하고 태에서 처음 난 모든 것은 다 거룩히 구별하여 내게 돌리라 이는 내 것이니라 하시니라(출 13:2).

여기서 하나님은 첫 열매에 대해서는 "내 것이니라" 하고 말씀하신다. 성경을 보면 하나님은 첫 열매가 하나님의 것임을 16번이나 되풀이하여 선포하신다! 예를 들면 출애굽기 13장 12절부터 13절에는 다음의 말씀이 나온다.

너는 태에서 처음 난 모든 것과 네게 있는 가축의 태에서 처음 난 것을 다 구별하여 여호와께 돌리라 수컷은 여호와의 것이니라 나귀의 첫 새끼는

다 어린 양으로 대속할 것이요 그렇게 하지 아니하려면 그 목을 꺾을 것이며 네 아들 중 처음 난 모든 자는 대속할지니라.

초태생의 원리에 관해 이해하는 것은 너무도 중요하다. 구약의 율법에 따르면, 처음 난 것은 희생 제물로 바치거나 대속해야 했다. 제3의 선택의 여지는 없었다. 가축이 첫 새끼를 낳으면 그 새끼는 희생 제물로 바쳐야 했다. 혹시 그 새끼가 부정한 것으로 판명이 나면 그것을 정결하고 흠 없는 어린 양으로 대속해야 했다. 요약하면, 정결한 초태생은 희생 제물로 바쳐야 했고 부정한 것은 대속해야 했다.

이것을 염두에 두고, 세례 요한이 요단 강가에서 예수님을 만나는 신약의 장면에 대해 생각해 보라.

어느 날 요한은 세례를 주고 있다가 예수님이 자기에게 다가오시는 것을 보았다. 이 순간 요한은 소리친다. "보라 세상 죄를 지고 가는 하나님의 어린 양이로다"(요 1:29).

이 영감있는 선포를 통해 요한은 예수께서 성취하려 오신 역할을 완벽하게 규정하고 있다. 예수님은 하나님의 초태생이시다. 예수님은 정결하셨다. 즉, 모든 면에서 완전하시고 흠이 없으셨다. 반면 우리 모두는 부정한 존재로 태어났다. 우리는 죄악의 속성이 활발하게 역사하는 죄인으로 태어났다.

이제 출애굽기에 나오는 초태생의 원리에 대해 다시 생각해 보자. 기억하라. 율법에 따르면 처음 난 것이 정결하면 희생 제물로 바쳐져야 했다. 그러나 처음 난 것이 부정하면 다른 정결한 짐승으로 대속해야 했다.

이것이 상징적으로 의미하는 바가 보이지 않는가? 예수 그리스도는 하나님의 초태생이셨다. 예수님은 정결하게 태어나셨다. 그분은 순결하고 흠 없는 어린 양이셨다. 그러나 우리 모두는 부정한 자로 태어났다. 그래서 예수께서 우리를 대속하기 위하여 희생 제물로 바쳐졌다.

그는 자신의 희생제사로 우리를 대속하여 우리를 다시 하나님께로 데리고 가셨다. 그는 문자 그대로 첫 열매로서 제물이 되셨다. 실로 예수 그리스도는 하나님의 십일조였다.

우리가 믿음을 가지기 이전에도 하나님은 믿음으로 자신의 십일조(예수)를 드리셨다. 우리가 믿기 이전에 이미 하나님이 자신을 우리에게 드리셨음에 주의하라. 로마서 5장 8절은 이렇게 말씀하고 있다.

우리가 아직 죄인 되었을 때에 그리스도께서 우리를 위하여 죽으심으로 하나님께서 우리에 대한 자기의 사랑을 확증하셨느니라.

우리도 이와 마찬가지로 우리의 첫 열매의 제물, 즉 십일조를 드려야 한다. 우리가 하나님의 축복을 보기 전에도 믿음으로 그것을 드려야 한다.

하나님은 믿음으로 예수님을 드리셨다. 이는 "그로 많은 형제 중에서 맏아들이 되게 하려 하심"(롬 8:29)이었다. 이런 의미에서 예수님은 하나님의 십일조이시다. 하나님은 우리가 믿기도 전에 - 심시어 우리기 그 분을 조롱하고 죽어가는 그 분의 얼굴에 침을 뱉고 있을 때 - 먼저 예수님을 우리에게 주셨다.

하나님은 우리가 먼저 변화를 받거나 회개하고 가치 있는 사람이 될 때까지 기다리신 것이 아니었다. 하나님은 소중한 것을 먼저 하는 원리를 아셨다.

예수님은 하나님의 십일조였다.

당신은 하나님께서 출애굽기의 마지막 재앙 때 애굽의 처음 난 자들의 생명을 취하신 일의 정당성에 대해 궁금해 한 적이 있는가? 그 정당성은 처음 난 자들은 하나님의 것이라는 데서 찾을 수 있다. 애굽과 이스라엘의 모든 장자들은 주님께 속했기 때문에 그분은 그들의 생명을 취하실 수 있는 법적인 권리가 있으시다!

그러나 그날 밤에 이스라엘의 장자들은 죽지 않았다. 그 이유는 무엇인가? 그들을 대속하기 위하여 어린 양이 희생 제물로 드려졌기 때문이었다. 흠 없고 온전한 어린 양이 그들 대신 죽은 것이다!

당신은 하나님께서 모세에게 희생 제물이 된 어린 양의 피를 모든 집의 문틀에 바르라고 명하신 것을 기억할 것이다. 그들은 그 피를 문인방(문의 위쪽 틀)과 문설주(문의 좌우 틀)에 발라야 했다(출 12:7 참조).

당신이 그 문의 바깥에서 우슬초를 어린 양의 피에 적시며 서 있는 모습을 상상해 보라. 당신이 직접 그 피를 바르는 광경을 떠올려 보라. 먼저 좌측 문설주에, 그 다음에는 반대쪽인 우측 문설주에 바른다. 그런 다음에는 손을 위로 뻗어 문인방의 가운데 부분에 피를 바른다. 그곳에서 핏방울이 떨어진다.

이런 순서로 피를 바르다 보면 피로 십자가 모양이 만들어지는 것을 알 수 있지 않은가? 이스라엘 사람들은 십자가의 모양을 이룬 어린 양의 피로 구원을 받은 것이다! 우리도 바로 그렇게 구원을 받았다. 하나님은 우리를 똑같은 방식으로 대속하셨다. 즉, 하나님의 장자를 희생 제물로 주심으로써.

이 첫 열매의 원리는 매우 강력하다. 나는 바쳐진 첫 열매는 결코 잃어버린 바 되지 않으며 바치지 않은 첫 열매는 반드시 잃어버리게 된다는 말을 들은 적이 있다. 달리 표현하면, 우리가 하나님께 드리는 것은 결코 잃어버리지 않는다. 하나님이 우리를 위해 그것을 대속해 주시기 때문이다. 그러나 우리가 하나님께 드리기를 꺼리는 것은 잃어버리고 말 것이다. 예수께서도 이 원리를 다음과 같이 말씀하셨다.

> 누구든지 제 목숨을 구원하고자 하면 잃을 것이요 누구든지 나를 위하여 제 목숨을 잃으면 찾으리라(마 16:25).

처음 것은 하나님의 것이다. 우리는 하나님 말씀 전체에서 이 원리를 발견한다. 우리는 하나님께 우리 시간의 첫 부분을 드릴 수 있다. 우리는 재정의 첫 부분을 하나님께 드릴 수 있다. 이렇게 우리의 처음 것을 하나님께 드리는 것이 바로 십일조이다. 십일조를 드리는 것은 "하나님, 저는 주님께 먼저 드립니다. 그리고 나머지는 주님이 대속해 주실 것을 믿습니다."라고 말하는 것과 마찬가지이다.

다른 방식으로 표현하면, 첫 번째 어린 양이 태어났을 때는 어미 양이 앞으로 새끼를 몇 마리 더 낳을 것인지를 아는 것은 불가능하다. 그럼에도 불구하고 하나님은 "어미 양 새끼를 아홉 마리 낳고 나면 그 다음 것은 나에게 바치라."고 말씀하지 않으신다. 하나님은 "처음 난 것을 나에게 바치라."고 말씀하신다.

처음 것을 드리는 데는 항상 믿음이 필요하다. 그리스도인들 가운데 십일조의 축복을 누리는 사람들이 적은 것도 바로 그 때문이다. 십일조를 드리는 것은 당신이 나중에 넉넉하게 갖게 될 보장이 있는지를 확인하기 전에 하나님께 바치는 것을 의미한다. 십일조를 바침으로써 우리는 하나님께 이런 고백을 드리는 것이다. "저는 하나님을 최우선으로 인정합니다. 저는 주님을 제 삶의 최우선으로 놓습니다. 제 삶의 나머지 부분은 주님이 돌보아 주실 것을 믿습니다."

　십일조가 그토록 중요한 이유가 바로 여기에 있다. 십일조는 하나님이 모든 것의 우선이심을 인정하는 방법 중 으뜸이다.

　첫 부분은 대속해야 할 부분이다. 달리 표현하면, 첫 부분이 하나님께 드려졌을 때 나머지는 대속을 받게 된다. 마찬가지로 한 주의 첫날에 교회에 나오는 것은 주님께 당신의 시간의 첫 부분을 드리는 것이다.

　안타깝게도 어떤 사람들은 월요일을 자기 삶에서 한 주의 시작으로 간주한다. 그들은 이렇게 생각한다. '나는 이번 주를 잘 시작해야 해. 몇 가지 일을 함께 처리하고 은행에서 돈도 인출해야지.' 이렇게 함으로써 그들은 한 주의 첫 부분을 돈에게 바치는 것이다.

　또 어떤 사람들은 자신의 한 주가 금요일에 시작되는 것으로 생각한다. 그들은 이렇게 말한다. "좋아. 이번 주말에는 파티를 열고 신나게 즐겨야지." 그들은 자기 시간의 첫 열매를 유흥에 바치는 것이다.

　하나님의 사람들인 우리는 한 주의 첫 부분을 예수님께 바쳐야 한다. 신약의 교회가 일요일에 예배를 드렸던 이유는 예수 그리스도의 부활을 기념하기 위해서였다. 그들은 자기 시간의 첫 부분을 하나님께 예배하는 데 바친 것이다.

처음 것 중의 처음 것

　처음 태어난 것이 하나님께 속할 뿐 아니라 처음 거둔 열매도 하나님께 속한 것이다.

　출애굽기 23장에는 이런 말씀이 있다.

네 토지에서 처음 거둔 열매의 가장 좋은 것을 가져다가 너의 하나님 여호와의 전에 드릴지니라(19절).

이 구절에서는 한걸음 더 나아가서 하나님이 원하시는 것은 처음 익은 열매의 첫 것임을 말씀하고 있다. 이것이 의미하는 바는 당신의 첫 열매의 마지막 것은 받지 않으신다는 것이다. 당신의 첫 열매의 십분의 일이 아니라 첫 열매의 첫 부분을 원하시는 것이다. 이 구절을 다시 읽어 보자.

네 토지에서 처음 거둔 열매의 가장 좋은 것을 가져다가 너의 하나님 여호와의 전에 드릴지니라.

성경에서는 처음 익은 열매를 둘 장소가 "여호와의 전"이라고 지목하여 말하고 있다. 여기서 TV 방송선교를 하는 단체에 첫 열매를 드리라고 말씀하고 있지 않다 – 필자는 좋은 TV 방송선교 단체를 후원하는 것이 참으로 중요하다는 것은 인정한다. 또 첫 열매의 처음 것을 선교사에게 드리라고 나와 있지도 않다 – 물론 필자는 선교사를 지원하는 일이 하나님께서 귀히 여기시는 것임은 인정한다(필자 자신도 그 일을 귀히 여긴다). 말씀에서는 첫 열매의 처음 것을 당신이 원하는 곳에는 어디에나 드릴 수 있다고 되어 있지도 않다. 성경은 분명히 그것을 "너의 하나님 여호와의 전"에 드리라고 말씀하고 있다.
우리는 항상 주님의 집에 먼저 드려야 한다. 이것은 우리가 이해해야 하는 첫 열매의 원리의 한 측면이다. 이 때문에 잠언 3장에서도 다음과 같이 말씀하고 있다.

네 재물과 네 소산물의 처음 익은 열매로 여호와를 공경하라 그리하면 네 창고가 가득히 차고 네 포도즙 틀에 새 포도즙이 넘치리라(9-10절).

이 말씀에서 암시하는 바와 같이 여호와의 집에 십일조를 드리는 것은 곧 우리의 소유와 우리에게 새로 더해지는 모든 것의 첫 열매로 여호와를 공경하는 것이다.

그런데 구약 시대에는 대부분의 사람들이 농업에 종사했다. 그들은 가축을 키우고 농사를 지어서 생활을 했다. 농작물이 수확되고 가축이 새끼를 낳으면 그들의 소유가 증가했다. 오늘날 당신은 은행가, 변호사, 교사, 건축가 등의 직업을 가지고 있을 것이다. 당신의 소유의 증가는 그 분야에서 일하는 가운데 온다.

그 증가가 어떻게 이루어지든 말씀에서는 우리가 우리의 소유 증가분의 첫 열매로 여호와를 공경해야 한다고 제시하고 있다. 우리가 그렇게 할 때 우리의 "창고가 가득히 차고 [우리의] 포도즙 틀에 새 포도즙이 넘치리라"(10절)고 이 구절에서는 말씀하고 있다.

당신은 여호수아에 기록된 여리고 함락 이야기를 기억하는가? 여호와께서 여리고에서 어떤 전리품도 취하지 말라고 엄히 경고하신 것을 기억할 것이다. 주님께서는 그것이 모두 여호와께 속한 것이라고 선포하셨다.

주님께서는 왜 여리고에서 취할 모든 은과 금을 여호와의 곳간에 들이라고 하셨을까? 그 이유는 여리고가 약속의 땅에서 처음 정복된 땅이기 때문이었다. 그것은 첫 열매였다.

하나님은 이렇게 말씀하고 계셨던 것이다. "여리고에서 나올 모든 은과 금은 내 곳간에 들이라. 그런 다음에 너희가 다른 것은 다 취해도 좋다." 주님은 이렇게 말씀하지 않으셨다. "열 개의 성읍을 정복한 다음에 열 번째 성읍에서 나오는 전리품을 다 내게 바쳐라." 주님이 핵심적으로 말씀하신 바는 "나에게 처음 것을 바쳐라. 그러면 나머지는 너희가 가져도 좋다." 이렇게 하는 데는 믿음이 필요했다. 마찬가지로 십일조를 드리는 것에는 믿음이 필요하다.

당신은 또한 이스라엘 중의 한 사람이 하나님의 명백한 명령을 무시했던 것을 기억할 것이다. 이스라엘 사람들은 은과 금을 여호와께 구별하여 드려야 한다는 말씀을 들었다(수 6:19 참조). 그러나 아간이라는 사람이 자기를 위해 일부를 취했고 그 때문에 '화'를 당하게 되었다.

이에 대해 생각해 보라. 전리품이 하나님께 드려질 때 그것들은 '구별'된다. 즉 따로 떼어서 여호와의 것으로 드려지는 것이다. 그러나 어떤 사람이 자기를 위해 일부를 취하게 되면 그것은 약속의 땅을 정복하고자 하는 이스라엘의 수고에 저주를 불러오는 결과가 되는 것이다.

바쳐질 것인가, 아니면 저주를 받을 것인가! 성경에서는 십일조가 바로 이런 것이라고 말씀하고 있다. 십일조는 여호와께 바쳐지고 여호와의 집에 들여 놓아야 하는 것이다. 그러나 우리가 그것을 우리 자신을 위해서 취하면 그것은 도적질이 되어 저주를 자초하는 것이다.

말라기 3장에서 하나님은 우리가 십일조를 우리 자신을 위해 챙기면 하나님의 것을 도적질하는 것이라고 말씀하고 있다. 하나님의 것을 도적질하게 되고 그 결과 저주를 받는다는 것은 생각만 해도 끔찍하지 않은가?

사람이 어찌 하나님의 것을 도둑질하겠느냐 그러나 너희는 나의 것을 도둑질하고도 말하기를 우리가 어떻게 주의 것을 도둑질하였나이까 하는도다 이는 곧 십일조와 봉헌물이라 너희 곧 온 나라가 나의 것을 도둑질하였으므로 너희가 저주를 받았느니라(말 3:8-9).

나는 많은 사람들이 이 성경 말씀을 애써 외면하거나 다른 방식으로 해석하려고 시도하는 것을 보면서 놀라게 된다. 어떤 사람들은 이렇게 말한다. "글쎄, 그건 구약에 나오는 이야기잖아." 그런데 말라기의 바로 같은 장에서 하나님은 다음과 같이 말씀하신다. "나 여호와는 변하지 아니하나니"(6절).

우리는 처음 난 것은 여호와께 속한 것(출 13:2 참조)이며 첫 열매도 주님의 것(출 23:19 참조)임을 주께서 분명히 말씀하시는 것을 이미 보았다. 또한 십일조도 주께 속한 것이라고 말씀하시는 것을 들었다(말 3:8-9 참조).

십일조의 원리가 오늘날에는 적용되지 않는다고 주장하는 사람들에게 내가 하는 질문이 이것이다. 하나님께서 "나 여호와는 변하지 아니하나니"(말 3:6)라고 선포하셨는데 이 원리는 도대체 언제 달라졌다는 말인가? 하나님이 언제 그것을 바꾸셨는가?

십일조와 초태생과 첫 열매는 모두 여호와께 속했다. 이것은 하나의 율법에 불과한 것이 아니다! 이것은 변함이 없으신 하나님께서 세우신 변함없는 원칙이다.

많은 사람들은 말한다. "십일조는 율법 아래 속한 것이다. 그래서 나는 그것을 반드시 행하지는 않아도 된다. 우리는 은혜 아래 있다." 이런 사람들은 율법 시대에 있던 것들 중에서 하나님이 그 이후에도 계속 중요한 원칙으로 유지시키시는 것들이 있음을 알아야 한다.

어떤 사람이 율법 아래에서는 간음이 금지되었기 때문에 은혜 아래 있는 지금에 와서는 허용되었다고 주장한다면 당신은 그 말을 믿겠는가?

어떤 사람이 율법 아래에서는 간음

이 금지되었기 때문에 은혜 아래 있는 지금에 와서는 허용되었다고 주장한다면 당신은 그 말을 믿겠는가? 구약의 율법에서는 도적질이 금지되었기 때문에 새 언약의 은혜 아래 있는 지금에 와서는 도적질이 허용되었다고 하는 주장을 받아들일 수 있는가? 물론 받아들일 수 없을 것이다.

하나님의 말씀 전체를 관통하는 영원한 원리들이 있다. 십일조도 그중의 하나임이 명백하다. 그것은 창세기로부터 요한계시록에 이르기까지 이어지는 원리이다.

십일조는 하나님께 속한 것이다. 처음 난 자는 하나님께 속했다. 첫 열매도 하나님께 속했다.

복음 전도자요 목사로서의 삶을 살아오면서 나는 십일조에 관한 간증들이 한결같이 일관성이 있음을 보며 놀라움을 느꼈다. 20년 이상 사역을 해 오면서 내가 만난 십일조를 드리는 성도들은 모두 비슷한 간증을 했다. 십일조를 드리지 않는 성도들도 모두 비슷한 간증을 했다. 단, 십일조를 드리는 사람들과는 다른 간증이었다(모든 일은 두세 증인들의 입을 통해 확증하라는 성경의 권면을 염두에 두라〈고후 13:1 참조〉).

십일조를 드리는 사람들은 예외 없이 "나는 축복을 받았습니다." 혹은 "하나님이 나를 축복하셨습니다."라고 말한다. 그들은 모두 하나님이 자신들을 축복하고 계시다는 간증을 한다. 반면 십일조를 드리지 않는 사람들은 모두 이렇게 말한다. "나는 십일조를 할 여유가 없어요."

이 두 가지 진술들과 이 두 부류의 사람들에 대해 생각해 보라. 십일조를 드리는 사람들은 모두 자신들이 축복을 받았다고 말한다. 반면 십일조를 드리지 않는 사람들은 십일조를 할 여유가 없다고 말한다.

나는 포레스트 검프(영화 주인공으로서, 매우 어리숙한 사람-역주)와 같은 사람이라도 여기서 규칙을 발견할 수 있을 것이라고 생각한다. 그도 아마 이렇게 말하게 될 것이다. "나는 똑똑한 사람은 아니지만, 십일조를 해야겠네요. 내가 할 말은 그것뿐입니다."

아벨의 제사를 받으심

십일조, 초태생, 그리고 첫 열매의 원리는 성경적인 것이며 영원하다. 당신의 삶과 행동을 이에 맞추어 조정할 때 하나님의 축복이 올 수밖에 없다. 우리는 창세기 4장에서 이에 대한 좋은 예를 본다.

세월이 지난 후에 가인은 땅의 소산으로 제물을 삼아 여호와께 드렸고 아벨은 자기도 양의 첫 새끼와 그 기름으로 드렸더니 여호와께서 아벨과 그의 제물은 받으셨으나 가인과 그의 제물은 받지 아니하신지라 가인이 몹시 분하여 안색이 변하니(3-5절).

많은 사람들이 오랫동안 궁금해 했던 것은, 왜 하나님이 아벨의 제물은 기쁘게 받으시고 가인과 그 제물은 열납하지 않으셨는가 하는 것이다. 말씀에서 분명하게 나타나는 것은 아벨이 가져온 제물은 양의 첫 새끼라는 사실이다. 이 본문에서는 가인이 땅의 소산의 첫 열매를 가져왔다는 언급은 없다.
본문에서 "세월이 지난 후에"라고 말하고 있는 것에 주목하라. 다른 말로 하면, 가인은 일정한 기간 동안 농사를 짓고 나서 '세월이 지난 후에' 여호와께 와서 제물을 드린 것이다. 여기서 함축된 바는 그가 농작물의 첫 열매를 주님께 가져온 것은 아니라는 것이다. 하나님이 가인의 제물을 열납하지 아니하신 이유가 여기에 있을까? 나는 그렇다고 믿는다.

반면 아벨은 자기 양의 첫 새끼를 여호와께 드렸다. 그리고 하나님은 그의 제물을 받으셨다.

여기에 우리를 위한 교훈이 있다. 우리가 하나님께 드릴 때 하나님은 우리의 중심을 보신다. 우리가 첫 열매들 중의 처음 것, 즉 십일조를 드릴 때, 하나님은 그것을 받으시고 그 헌물을 귀히 여기신다. 십일조는 당신의 첫 열매이다. 십일조는 반드시 처음 것이어야 한다. 성경은 이에 대해 명백하게 말씀하고 있다.

그리고 그 땅의 십분의 일 곧 그 땅의 곡식이나 나무의 열매는 그 십분의 일은 여호와의 것이니 여호와의 성물이라(레 27:30).

초태생과 첫 열매가 하나님의 것이듯, 십일조도 하나님의 것이다. 초태생과 첫 열매와 마찬가지로 십일조도 '첫' 것을 드려야 한다. 주님이 선포하신 것처럼 "그리고 그 땅의 십분 일[은]… 여호와의 성물"(레 27:30)이다.

나는 텍사스 주 케롬튼에 있는 언약교회의 목사인 마이크 헤이즈가 탁월한 비유를 통해 이 진리를 설명하는 것을 들은 적이 있다.

1달러짜리 지폐 10장을 쓰려고 하는 상황을 가정해 본다. 그리고 이와 연관된 두 가지 질문을 던진다. 나는 대부분의 그리스도인들이 첫 번째 질문에 대해서는 정답을 말하지만 두 번째 질문을 들으면 머리를 긁적거릴 것이라고 생각한다.

상상해 보라. 내가 당신에게 1달러짜리 지폐 10장을 주면서 그것들을 당신 앞의 테이블 위에 놓았다. 나의 첫 번째 질문은 "이 돈의 십일조는 얼마입니까?"이다. 누구든지 이 질문에 대해서는 쉽게 대답할 것이다. 10달러의 십일조는 당연히 1달러이다. 그 다음으로 조금 어려운 질문이 주어진다. "이 중 어느 지폐가 십일조입니까?" 당신은 이렇게 대답할 수도 있을 것이다. "처음 것이요." 다시 묻는다. 이 지폐들 중 어느 것이 처음 것인가? 왼쪽에 있는 것인가, 오른 쪽에 있는 것인가?

당신이 목요일에 월급을 받아 청구서를 다 갚는다고 가정하자. 그런 다음에 식료품을 사고 그 다음에는 교회에 가기 전에 십일조 수표를 쓴다. 이 경우 당신은 처음 것을 십일조로 드렸는가? 아니다. 10퍼센트를 온전히 드리고도 하나님의 원리에 맞는 십일조를 못한 경우도 있는가? 물론이다.

이해를 돕기 위하여 1달러짜리 지폐 이야기로 다시 돌아가자. 어느 지폐가 십일조인가? 그것을 결정하는 방법을 알려주겠다. 십일조는 처음 사용하거나 드리는 것이다. 당신이 쓴 첫 돈이 당신의 첫 열매를 대표한다. 달리 표현하면, 당신이 월급을 받을 때, 당신이 처음 쓰는 수표는 십일조 수표이어야 한다.

당신이 갚을 돈을 다 갚고 나서 10퍼센트를 드리는 것을 과연 믿음의 행동이라 할 수 있겠는가? 우리가 다른 사람에게 줄 돈을 먼저 다 주고 나서 남는 것이 있으면 하나님의 몫으로 드린다면 이것이 과연 올바른 우선순위라고 할 수 있겠는가?

우리가 쓰는 첫 번째 부분은 반드시 십일조이어야 한다. 그것이 첫 열매이다. 출애굽기 13장에 따르면, 그 첫 부분은 대속의 부분이다. 그 첫 부분은 나머지 부분을 대속하는 능력을 가지고 있다. 이것이 로마서 11장 16절에 나타난 바울의 메시지의 핵심이다.

제사하는 처음 익은 곡식 가루가 거룩한즉 떡덩이도 그러하고 뿌리가 거룩한즉 가지도 그러하니라.

십일조에 동반되는 많은 축복이 있다. 그런데 이 축복이 시작되게 하는 것은 하나님을 가장 먼저 놓는 믿음의 원리이다. 이것이 축복의 물꼬를 튼다.

첫 부분은 나머지 부분을 대속하는 부분이다. 첫 부분이 축복을 동반한다. 당신이 첫 부분을 주택금융 회사에 주기를 원하지 말아야 할 이유가 여기에 있다. 안타깝게도 많은 그리스도인들은 하나님보다도 국세청이나 주택 융자를 해 준 은행을 더 두려워하는 것 같다.

다른 말로 표현하면, 우리가 주님을 공경하기보다 세무서나 은행을 더 존중하는 것 같다. 십일조를 드리는 사람은 이렇게 말한다. "예, 내가 지불해야 할 것이 많이 있습니다. 그러나 나는 먼저 하나님께 드릴 것입니다. 그리고 하나님께서 나머지 '떡덩이'도 축복하실 것을 믿습니다."

아브라함이 처음 난 아들 이삭을 바쳤을 때 돈보다도 훨씬 더 중요한 문제가 걸려 있었다. 아브라함은 10명의 아들이 태어나기를 기다렸다가 아들 한 명을 바친 것이 아니었다. 하나님도 아브라함에게 "네가 네댓 명의 아들을 가지게 된 후에 내가 너에게 와서 그중 한 명을 달라고 요청할 것이다."라고 말씀하지도 않으셨다.

하나님은 아들이 하나뿐일 때 그 아들을 바치라고 하셨다! 아브라함은 아들이 더 있었던 것이 아니라 아들을 주시겠다는 약속만을 받은 상태였다. 아브라함이 이삭을 바치는 데는 믿음이 필요했다. 십일조를 드리는 데는 바로 이 믿음이 필요하다. 그것은 하나님께 믿음으로 처음 것을 드리는 것이다.

하나님께서 처음 태어난 어린 양을 바치라고 하셨을 때, 사람들은 믿음으로 그 양을 드려야 했다. 어미 양이 새끼를 더 낳을 것이라는 약속과 소망을 붙잡고. 많은 사람들은 자신들이 하나님을 첫 자리에 놓는다고 '말한다.' 그러나 진정한 십일조는 현실에서 표현된다. 우리가 말로 한 것을 실행하는 곳이 십일조의 현장이다.

만일 당신이 하나님이 당신의 삶의 최우선 순위라고 나에게 말한다면 나에게 당신의 수표책을 보여 달라. 그것을 보면 우리는 당신의 삶의 최우선 순위가 무엇인지 알 수 있게 될 것이다. 혹시 주택 금융 회사가 당신 삶의 첫 부분에 있다고 당신의 수표책이 말해 주고 있지는 않은가? 당신의 우선순위에서 자동차 회사가 더 높은 순위에 올라 있지는 않은가? 하나님이 최우선이라는 것이 수표책에도 나타나고 있는가?

사탄이 당신을 두려움으로 공격하며 이렇게 말한다고 하자. "너는 파산할 거야. 너의 결혼 생활은 실패할 거야. 너는 병에 걸리게 될 거야." 그때 당신은 당당히 말하라. "아니다. 나는 십일조를 드리는 사람이다. 성경에서 말씀하신 대로, 내가 십일조를 드리기 때문에 하나님이 나를 위해 메뚜기를 없애 주실 것이다. 그렇다. 나를 위해서이다! 하나님은 내 삶의 최우선 순위가 되신다. 하나님은 내 삶의 다른 부분들을 대속해 주시고 보호해 주실 것이다!"

당신은 자신의 수입의 100%를 쓰지만 그 전체가 저주받은 상태에서 쓰기를 원하는가? 아니면 90%를 가지고 살지만 그것이 축복받고 대속받고 하나님으로부터 보호받는 가운데 살기를 원하는가?

이것은 많은 그리스도인들이 스스로에게 해야 하는 질문이다. 최근에 나는 어느 목사님이 충격적인 통계자료를 인용하는 것을 들었다.

1998년에는 전 세계 그리스도인들의 총 수입이 15조 2천억 달러였다. 이 중 교회나 선교단체 등을 통해 주님의 일에 바쳐진 액수는 2천7백억 달러였다. 당신이 수학을 할 줄 안다면 이 액수가 수입의 1.8%에 불과함을 알게 될 것이다.

이 통계 수치에 대해 들었을 때 나에게 처음 떠오른 것은 가난한 나라들이 포함되었기 때문에 그런 낮은 수치가 나왔을 것이라는 생각이었다. 그러고 난 다음에 나는 미국의 통계 수치를 들었다.

미국에서 주님의 몸에 속한 성도들의 1998년도 총 수입은 5조 2천억 달러였다. 그리고 미국의 성도들이 주님의 일에 바친 액수는 920억 달러였다. 총 수입의 1.7%에 해당하는 액수였다.

생각해 보라. 물질적인 축복을 많이 받은 미국의 성도들이 겨우 자기 수입의 1.7%만을 그리스도의 복음을 위해 바치고 있다. 그런데 전 세계 그리스도인들을 대상으로 했을 때 그 수치는 1.8%이다. 우리는 가난한 나라의 성도들보다 더 인색하게 드리고 있는 것이다!1

그런데 하나님이 돈이 필요하시기 때문에 내가 십일조에 대한 진리를 선포하고 있는 것이 아님에 유의하라. 이 진리를 전하는 것은 당신의 유익을 위해서이다. 하나님은 당신이 드리는 것을 필요로 하시는 분이 아니다. 다만 당신이 축복을 받아야 할 필요가 있는 것이다.

우리가 이러한 원리를 알지 못하여 하나님의 축복 안에서 행하고 있지 못히고 있는 현실 때문에, 나의 마음은 찢어지는 듯하는 아픔을 느낀다. 그리스도의 몸에 속한 사람들 중 많은 이들이 하나님의 것을 도적질한 결과로 저주를 받고 있는 것을 보며 내 마음이 상한다. 나는 바로 이 저주 때문에 곤고한 삶을 살며 결혼 생활에 어려움을 겪고 가정에 불화가 있는 사람들에게 늘 상담을 해 주고 있다. 그들은 초태생과 첫 열매와 십일조가 하나님의 것임을 이해하지 못하고 있다.

> **하나님은 당신이 드리는 것을 필요로 하시는 분이 아니다. 다만 당신이 축복을 받아야 할 필요가 있다.**

고린도전서 16장에서는 이렇게 말씀하고 있다.

성도를 위하는 연보에 관하여는 내가 갈라디아 교회들에게 명한 것 같이 너희도 그렇게 하라 매주 첫날에 너희 각 사람이 수입에 따라 모아 두어서 내가 갈 때에 연보를 하지 않게 하라(1-2절).

바울은 재물이 생기는 대로 매주 첫째 날에 헌금을 드리라고 우리에게 말씀하고 있다(New Living Translation 영어 성경에서는 "너희가 수입을 올린 대로"라고 번역하고 있다). 달리 표현하면, 우리는 받은 월급의 액수에 비례하여 하나님께 드려야 하는 것이다.

여기서 바울이 "내가 갈 때에 연보를 하지 않게 하라"(2절 참조)고 말씀하고 있음에 유의하라. 다른 말로 표현하면, 특별헌금은 하지 말라는 것이다. 나는 교회의 모든 성도들이 십일조를 하게 되기를 소원한다. 그리고 그 결과로 교회 입구에서 바자회를 하거나 토요일에 세차 행사를 하는 일이 없어지는 그날을 보기를 간절히 소원한다.

물론 교회가 그 많은 특별헌금을 해야 하는 이유는 우리 수입 중 1.7%만이 하나님께 드려지고 있기 때문이다.

하나님의 백성들이 첫 10%를 신실하게 드리고 나머지 90%를 대속하고 축복받을 때 그들이 이 땅에서 얼마나 엄청난 일들을 이룰 수 있을지를 상상해 보라. 첫 열매를 드릴 수 있는 믿음을 가진 결과로 올 큰 축복을 성도들이 깨닫는다면 이 땅에서 하나님의 계획과 목적이 얼마나 크게 진전될 것인지를 상상해 보라.

하나님의 백성이 그 삶에서 하나님을 첫 자리에 놓기만 한다면!

원리를 전수하라

나는 이 장의 첫 부분에서 언급했던 출애굽기 13장 말씀으로 이 장을 마무리하고자 한다. 우리는 12절과 13절에 주목하며 이 장을 시작했다. 이제는 이 중요한 본문의 그 다음 부분에 나오는 두 구절에 주목하자.

후일에 네 아들이 네게 묻기를 이것이 어찌 됨이냐 하거든 너는 그에게 이르기를 여호와께서 그 손의 권능으로 우리를 애굽에서 곧 종이 되었던 집에서 인도하여 내실새 그 때에 바로가 완악하여 우리를 보내지 아니하매 여호와께서 애굽 나라 가운데 처음 난 모든 것은 사람의 장자로부터 가축의 처음 난 것까지 다 죽이셨으므로 태에서 처음 난 모든 수컷들은 내가 여호와께 제사를 드려서 내 아들 중에 모든 처음 난 자를 다 대속하리니 (14-15절).

여기서 하나님은 이스라엘에게 초태생의 원리를 미래의 세대에게 어떻게 전수할 것인지를 지시하고 계신다. 주님은 말씀하신다. "너의 아들이 '아빠, 우리가 어린양을 희생제사로 바치는 이유가 뭐예요?'하고 물으면 너희는 그 아이를 네 무릎에 앉히고 이렇게 말해 주어라. '우리가 애굽에 있던 시절의 이야기를 해 주마. 내 등의 상처를 보아라. 노예가 된다는 것이 얼마나 끔찍한지 모른단다. 우리는 종살이를 하고 있었지. 우리는 노예였어. 그러나 하나님이 우리를 그 강하신 손으로 구해내셨단다. 그분이 우리를 해방시켜 주셨기 때문에 우리는 하나님을 우리 삶의 첫 자리에 모시고 살겠다는 거룩한 언약을 맺었단다. 그래서 우리는 재물이 생기는 대로 그 첫 부분을 주님께 즐겁게 드리는 거란다.'"

필자의 가정에서도 이것을 새 언약(신약-역주)의 형태로 바꾸어 적용하고 있음을 일러두는 바이다.

우리 아이들 모두는, 내가 십일조로 드릴 수표를 쓰고 있을 때 나에게 와서 자기가 그 헌금을 헌금함에 넣게 해 달라고 말한 적이 있다. 내가 수표를 아이에게 건네주었을 때 예외없이 아이들은 수표의 액수를 보고 "와! 엄청난 돈이네요. 아빠, 우리가 교회에 이렇게 많이 헌금을 해야 하나요?"하고 나에게 묻는다.

그러면 나는 아이들 하나하나에게 이렇게 말해 줄 수 있었다. "얘야. 아빠는 처음부터 주님을 믿은 것이 아니었단다. 아빠는 열아홉 살이 되어서야 그리스도를 알게 되었단다. 내가 주님을 만나기 전에는 나의 삶은 엉망이었지. 죄의 종이 되어서 산다는 것이 얼마나 끔찍한지 너에게 말해 줄 수도 있단다. 그런데 하나님은 그 강하신 손으로 아빠를 구원하셨단다. 그래서 아빠는 하나님이 축복으로 주신 모든 것의 첫 부분을 즐겁게 드리는 것이란다. 이것은 의무감에서 억지로 드리는 것이 아니란다. 아빠는 즐겁게 하나님께 십일조를 드린단다. 왜냐하면 아빠는 주님이 내 삶에서 제일 중요한 분이심을 주님께 알려 드리고 싶기 때문이지. 우리가 우리의 첫 것을 주님께 드리기 때문에 주님은 우리를 축복하시고 보호하시고 필요한 것을 공급하신단다."

우리는 이 진리대로 살아야 한다. 그리고 우리는 자녀들에게 이것을 가르쳐 전수해야 한다.

축복된 삶은 초태생과 첫 열매와 십일조의 원리를 명확히 이해하고 받아들일 때 시작된다. 이에 대한 이해가 없으면 하나님께서 자기를 첫 자리에 모신 사람들을 위해서 예비하신 더 위대한 모험을 향해 나아가는 것은 불가능하다.

율법이 아니라 생명

● Life, Not Law ●

chapter 3

Life, Not Law

●●●●　　　　　　십일조는 율법이 아니라 생명이다.
앞 장에서 설명한 진리의 중요성 때문에 이번 장에서는 이 말을 제일 먼저 앞세워야 할 필요를 느낀다. 여러 해 동안 나는 십일조에 관한 말씀을 전하면 '십일조는 율법의 한 부분'이기 때문에 십일조를 하지 않는다고 반응하는 그리스도인들을 많이 만나왔다. 이들은 의도는 좋지만 잘못된 생각을 하고 있었다.
　나는 당신이 이것을 이해하기를 정말 간절히 바란다. 나에게 십일조는 율법이 아니다. '그것은 생명이다!'
　이것을 다시 말하겠다. 십일조가 구약 율법의 한 부분이기 때문에 실천하는 것이 아니다. 나는 이것이 나와 나의 가족에게 생명과 같은 것이기 때문에 십일조를 한다. 더욱이, 우리가 앞 장에서 살펴본 것과 같이 십일조는 성경 전체를 관통하는 원리이다. 사실 우리는 십일조가 모세의 율법이 생기기 수천년 전부터 있었던 것임을 보았다.
　십일조(또는 첫 열매나 초태생)의 원리는 아브라함이 이삭을 바치라는 말씀을 들었을 당시, 그리고 그가 전리품의 십분의 일을 그리스도의 표상인 멜기세덱에게 바쳤을 때부터 유효했다(창 14:18-20; 히 5-7 참조).

이 원칙의 기원은 창세기의 앞부분에서부터 나온다. 아벨의 제사는 열납되고 가인의 제사는 받아들여지지 않은 그때부터이다. 어떤 의미에서는 그보다도 더 이전으로 거슬러 올라갈 수 있다! 우리는 하나님께서 아담과 하와에게 주신 에덴 동산의 나무에 관한 명령에서 그 원리를 볼 수 있다.

여호와 하나님이 그 사람을 이끌어 에덴 동산에 두어 그것을 경작하며 지키게 하시고 여호와 하나님이 그 사람에게 명하여 이르시되 동산 각종 나무의 열매는 네가 임의로 먹되 선악을 알게 하는 나무의 열매는 먹지 말라 네가 먹는 날에는 반드시 죽으리라 하시니라(창 2:15-17).

아담과 하와에게 에덴 동산의 관리를 맡기시면서 하나님은 한 나무를 제외한 모든 나무의 과실을 마음대로 먹도록 허락하셨다. 동산 관리자로서의 직분을 성실히 이행하는 것은 그 나무에는 손을 대지 않는 것이었다. 그들은 자기를 위하여 그 실과를 따서 먹어서는 안 된다는 명을 받았다. 신실한 청지기(steward)가 되는 것은 아담과 하와에게는 '생명'과도 같은 것이었다. 그 나무의 실과를 따서 먹는 쪽을 선택함으로써 그들은 '청지기'가 아닌 '주인'처럼 행동하고 말았다.

우리에게 적용되는 십일조의 원리도 이와 똑같지 않은가? 하나님은 우리 자신의 삶에 대한 청지기의 책임을 우리에게 주셨다. 모든 것이 주님의 것이지만, 주님은 우리에게 모든 것을 주사 풍성히 누리게 하신다(딤전 6:17 참조). 그러나 그는 우리에게 첫 열매는 손대지 않도록 명하셨다. "십일조와 첫 열매는 나의 것이다"라고 주님은 말씀하신다.

우리는 하나님께 십일조를 드림으로써 우리가 청지기 직분을 성실히 행하고 있음을 – 우리는 소유주가 아니라 관리자임을 – 보여드리는 것이다.

앞서 언급한 사례들이 보여주듯 십일조는 구약의 율법의 범주를 완전히 뛰어넘는다. 그러나 이는 놀랄 만한 일은 아니다. 십일조 이외의 다른 원리들 중에도 영원한 것들이 많기 때문이다.

어느 주일 아침에 당신이 내가 목회하는 교회를 방문했다고 가정하자. 내가 설교를 하는 도중에 갑자기 총을 꺼내서 교인들 중의 한 명을 쏘았다고 하자. 그러자 당신이 나서서 "왜 그랬습니까? 성경에서는 살인을 하지 말라고 했는데요." 하고 나에게 따질 때 "글쎄요, '살인하지 말지니라.'는 말씀은 율법의 한 부분이잖아요. 나는 율법 아래 있지 않거든요. 나는 은혜 아래 있습니다."라고 대꾸한다면 어떠하겠는가?

이에 대해 당신은 어떻게 생각하겠는가? 아마도 인간의 생명을 존중하고 살인을 금하는 것은 성경 전체를 관통하는 원칙이라고 분명하게 나에게 말해 줄 것이다.

중요한 말을 하기 위하여 다소 엉뚱한 비유를 들었다. 어떤 것이 모세의 율법에 언급되어 있기 때문에 우리가 그것을 폐기해도 된다고 말하는 것은 오류라는 것이다.

> 만약 어떤 것이 율법 아래서는 '옳은' 것이었다면, 이제 은혜 아래서는 '잘못된' 것이 되는가?

이 문제를 다른 방식으로 언급해 보겠다. 만약 어떤 것이 율법 아래서는 '잘못된' 것이었다고 한다면, 그것이 은혜 아래서는 '올바른' 것이 될 수 있는가? 달리 표현하여, 율법 아래서는 살인이 잘못된 행위였다면 이제 은혜 아래서는 올바른 행동이란 것인가? 물론 아니다.

이 질문을 반대로 제기해보겠다. 만약 어떤 것이 율법 아래서는 '옳은' 것이었다면, 이제 은혜 아래서는 '잘못된' 것이 되는가? 구체적으로, 십일조는 율법 아래서는 올바른 일이었다. 구약이 이를 명백히 보여준다. 그러나 이제는 은혜 아래 있기 때문에 그것이 잘못된 일인가? 물론 아니다.

우리는 하나님 말씀의 중요한 원리들을 내버려서는 안 된다. 십일조는 성경 전체를 관통하는 원리이다.

대부분의 그리스도인들이 이해하지 못하는 것은 십일조가 일종의 시험이라는 사실이다.

시험을 통과하기

마태복음 6장에서 우리는 친숙한 말씀들을 접한다. "네 보물 있는 그 곳에는 네 마음도 있느니라"(21절).

'네 마음이 있는 곳에 네 보물도 있느니라'고 말씀하고 있지 않다는 것에 주의하기 바란다(많은 사람들은 이 말씀을 이런 식으로 인용하고 적용한다). 이 말씀에서 기본적으로 말하는 교훈은 당신의 마음은 보물이 있는 곳으로 따라간다는 것이다. 그래서 십일조가 모든 그리스도인들에게 시험이 되는 것이다. 계속 읽어보자. 그러면 당신은 내가 무엇을 의미하는지를 알게 될 것이다.

성경에서 "십일조"라고 번역된 말은 문자적으로는 "십분의 일"[1] 혹은 "열 번째 부분"[2]이라는 뜻이다. 당신은 성경 전체에서 10이 무엇을 뜻하는지 아는가? 그것은 시험을 뜻한다.

몇 가지 예를 들어 보겠다. 애굽에서는 몇 가지의 재앙이 있었는가? 다르게 표현하면, 하나님은 바로의 마음을 몇 번 시험하셨는가? 답은 10이다.

계명은 몇 가지인가? 다르게 표현하면, 우리의 순종이 몇 가지 방식으로 시험되는가? 답은 10이다.

이스라엘이 광야에서 방황하고 있을 때 하나님은 이스라엘을 몇 번 시험하셨는가? 하나님은 야곱이 라반을 위해 일을 해 주고 있을 때(품삯이 수차 바뀌는 것을 허락하심을 통해서) 야곱의 마음을 몇 번이나 시험하셨는가? 다니엘서 1장에서 다니엘은 며칠 동안 시험을 받았는가? 이 모든 경우에 답은 당연히 10이다.

신약에서도 같은 방식으로 나타난다. 마태복음 25장에는 열 처녀가 자신들의 준비를 시험받았다. 요한계시록 2장 10절에도 10일간의 시험이 나온다. 그리고 예수께는 10명의 제자들이 있었다(아니다. 사실은 12제자들이 있었다. 필자가 당신을 시험한 것이다!).

사실 10이라는 숫자는 성경 전체에서 시험과 연관이 있다. 십일조는 성도들에게 궁극적인 '마음의 시험'이 된다. 그러나 더 중요한 것은, 십일조가 그리스도인들이 하나님을 시험해 보라고 초청받은 유일한 영역이라는 사실이다.

만군의 여호와가 이르노라 너희의 온전한 십일조를 창고에 들여 나의 집에 양식이 있게 하고 **그것으로 나를 시험하여** 내가 하늘 문을 열고 너희에게 복을 쌓을 곳이 없도록 붓지 아니하나 보라 (말 3:10).

십일조는 믿는 자에게는 궁극적인 '마음의 시험'이다.

나는 이 구절에 대해 하나님과 대화

를 해 본 것을 기억한다. 그때 이런 말을 했다. "하나님, 왜 당신은 이런 구절들을 구약에 넣어 놓으셨습니까? 제 말은요, 한두 페이지만 더 가면 신약이라는 말씀입니다. 주님이 조금만 더 기다리셨다가 신약에 이 말씀을 포함시키실 수는 없었나요? 모든 사람들이 이 말씀이 구약에 있다는 이유로 중요성을 줄여서 해석하려 할 것을 모르셨나요?"

이 질문에 대해 나는 하나님이 내 마음에 이렇게 말씀하시는 것으로 느꼈다. "이 구절을 내가 넣기를 원하는 위치에 정확히 넣었다. 십일조는 마음의 시험인 것을 네가 알지 않느냐. 내가 이 말씀을 신약에 넣었다면 그리 큰 시험은 되지 않았을 것이다." 그때 주님은 이렇게 말씀하셨다. "그렇지만, 나는 너희를 위해 6절을 넣었다."

이때 말라기 3장 6절에서 주님이 하신 말씀을 떠올렸다. 필자가 앞 장에서 언급한 것처럼, 이 구절에서 주님은 "나 여호와는 변하지 아니하나니"라고 말씀하고 있다.

십일조는 진정으로 시험이다. 이 구절의 진리는 나에게는 참으로 간단하다. 십일조를 하면 축복을 받고, 하지 않으면 저주를 받는다. 이것은 어려운 결정이다. 이것에 대해 생각해 보자. 십일조를 한다—축복 받음. 십일조를 하지 않는다—저주 받음. 축복이냐 저주냐"? 나에게 이 결정은 그리 어려운 것은 아니다.

이 십일조의 축복에 대해 여전히 확신이 들지 않는가? 그러면 하나님께서 말라기 3장 10절에서 제시하시는 것을 보라. 이것으로 하나님을 시험해 보라!

만군의 여호와가 이르노라 너희의 온전한 십일조를 창고에 들여 나의 집에 양식이 있게 하고 **그것으로 나를 시험하여** 내가 하늘 문을 열고 너희에게 복을 쌓을 곳이 없도록 붓지 아니하나 보라"(말 3:10).

하나님이 말씀하시는 바는 이렇다. "이것으로 나를 시험해 보라. 용기가 있으면 한번 덤벼봐!"(I double-dog dare you) (텍사스 동부 식으로 바꾸어 말해 보았다. 양해하시기 바란다). 명백한 것은 하나님이 "나를 시험해 보라"고 말씀하시는 것이다.

그래서 나도 당신에게 우호적인 마음으로 도전을 하는 바이다. 시험해 보라! 당신의 첫 열매 – 십일조 – 로 여호와를 부지런히 공경하는 일을 시작해 보라. 그리고 어떤 일이 일어나는가를 보라.

순종과 저주

필자의 강의를 듣고 이런 반응을 하는 사람도 있었다. "이 '저주'는 나에게는 적용되지 않아요. 나는 예수님이 십자가에서 나를 위해 율법의 저주를 감당하신 것을 믿거든요." 이것은 중요한 문제를 제기한다. 검토해 보자.

성경은 예수께서 우리의 죄와 질병과 슬픔과 고통과 수치를 짊어지셨음을 명백히 말씀하고 있다. 이사야 53장을 읽으면 우리는 예수께서 우리를 위해 십자가에서 행하신 일로 인하여 놀라며 감사하게 된다.

갈라디아서 3장에서 우리는 또한 예수께서 우리를 위해 행하신 구속의 사역에 대한 놀라운 말씀을 발견한다.

그리스도께서 우리를 위하여 저주를 받은 바 되사 율법의 저주에서 우리를 속량하셨으니 기록된 바 나무에 달린 자마다 저주 아래에 있는 자라

하였음이라 이는 그리스도 예수 안에서 아브라함의 복이 이방인에게 미치게 하고 또 우리로 하여금 믿음으로 말미암아 성령의 약속을 받게 하려 함이라(13-14절).

의심할 여지 없이 예수께서는 이 모든 것을 – 우리가 상상할 수 있는 것보다 더 많이 – 십자가에서 담당하셨다. 필자는 당신에게 깊이 생각해 볼 어떤 것을 제시하고 싶다. 우리가 이미 본 것처럼, 예수님은 당신의 죄를 십자가에서 담당하셨다. 베드로전서 2장 24절에서는 "친히 나무에 달려 그 몸으로 우리 죄를 담당하셨으니 이는 우리로 죄에 대하여 죽고 의에 대하여 살게 하려 하심이라 그가 채찍에 맞음으로 너희는 나음을 얻었나니"라고 말씀하고 있다. 그런데 당신은 믿음을 가진 '이후에' 죄를 지은 적이 없는가?

나는 당신이 죄를 지은 적이 있다고 대답할 것이라고 확신한다. 그러면 이것에 대해 생각해 보라. 예수께서 십자가에서 당신의 죄를 담당하셨다. 그럼에도 불구하고 당신은 믿은 후에도 죄를 지은 적이 있다.

우리는 예수께서 우리를 위해 질병도 짊어지셨음을 보았다. 그것은 놀랍고 영광스럽게도 사실이다. 그렇지만 당신은 그리스도인이 된 이후로 병이 나 본 적이 없는가? 그런 적이 있을 것임을 필자는 안다.

마태복음 8장 17절에서 "이는 선지자 이사야를 통하여 하신 말씀에 우리의 연약한 것을 친히 담당하시고 병을 짊어지셨도다 함을 이루려 하심이더라"고 말씀하심에도 불구하고 우리는 때때로 질병의 저주와 싸운다.

우리 모두는 예수께서 십자가에서 이루신 일을 믿음으로 받고 적용한다. 그렇게 하지 않을 때는 저주의 결과들 중 어떤 것들을 계속 경험하게 된다. 믿는 자들로서, 우리가 하나님 말씀을 불순종한다면 우리는 여전히 저주의 결과들을 경험할 수 있다. 이것은 육신의 건강뿐 아니라 우리의 경제적인 면에도 적용된다. 우리가 첫 열매에 대한 하나님의 원리들을 의도적으로 어기며 산다면 우리의 재정이 저주 아래 들어갈 수도 있을까? 그럴 수 있다.

그러나 다행스럽게도 우리에게는 말라기 3장의 놀라운 약속이 있다. 이 본문에서 하나님은 우리가 그분을 신뢰하고 순종하기만 한다면 우리를 위해서 "메뚜기"(11절)를 금하게 해 주신다고 말씀하신다.

율법과 은혜

필자가 이 장의 앞부분에서 언급한 것처럼, 십일조를 하지 않는 이유로 사람들이 흔히 말하는 것은 "나는 율법 아래 있지 않고 은혜 아래 있다."는 말이다.

하나님의 은혜는 실로 놀라운 것이다. 그러나 그리스도인들 가운데 은혜란 무엇이며 그 은혜가 어떻게 역사하는지를 진정으로 이해하는 사람들은 별로 없다. 먼저 일러둘 것은, 은혜의 의(義)는 율법의 의를 훨씬 능가한다는 것이다. 이것이 예수님께서 마태복음 5장에서 말씀하신 것의 핵심이다.

내가 율법이나 선지자를 폐하러 온 줄로 생각하지 말라 폐하러 온 것이 아니요 완전하게 하려 함이라 진실로 너희에게 이르노니 천지가 없어지기 전에는 율법의 일점 일획도 결코 없어지지 아니하고 다 이루리라 그러므로 누구든지 이 계명 중의 지극히 작은 것 하나라도 버리고 또 그같이 사람을 가르치는 자는 천국에서 지극히 작다 일컬음을 받을 것이요 누구든지 이를 행하며 가르치는 자는 천국에서 크다 일컬음을 받으리라 내가 너희에게 이르노니 **너희 의가 서기관과 바리새인보다 더 낫지 못하면 결코 천국에**

들어가지 못하리라(마 17-20).

이 구절에서 우리는 중요한 진리를 본다. 은혜의 의는 율법의 의를 '항상' 능가한다. 예수께서 구약의 언약에 대해 말씀하실 때마다 새 언약의 은혜 아래서는 더 높은 기준이 있음을 말씀하심에 유의하라.

예를 들면, 율법은 살인하지 말라고 말씀한다(출 20:13; 신 5:17 참조). 그러나 예수께서는 형제에 대하여 노하지도 말라고 말씀하신다(마 5:22 참조). 더 높은 기준이다! 율법은 간음하지 말라고 말씀한다(출 20:14; 신 5:18 참조). 그러나 예수께서는 여인을 음욕을 품고 쳐다보는 것도 하지 말라고 말씀하신다(마 5:28 참조). 또 한 단계 더 높은 기준이 제시되는 것이다.

달리 표현하면, 은혜가 요구하는 의는(예수님은 실로 은혜이시다) 율법이 요구하는 수준을 뛰어넘는다.

그래서 어떤 사람들이 필자에게 "나는 율법 아래 있지 않고 은혜 아래 있기 때문에 십일조를 하지 않아요."라고 하면 나는 미소를 지으며 이렇게 응대한다. "아, 그러니까 당신은 은혜에 따라 헌금을 드리는군요?" "맞습니다." 그러면 나는 이렇게 말한다. "좋습니다! 그렇다면 당신은 10퍼센트를 훨씬 넘는 액수를 드린다는 말씀이시군요. 은혜의 의는 항상 율법의 의를 능가하니까요. 은혜의 기준이 더 높잖아요."

중요한 것은 어떤 원리들은 하나님 말씀 전체를 관통하여 나타나는데, 십일조의 원리도 그중 하나라는 사실이다.

그렇다. 우리가 은혜에 따라 헌금을 드릴 때 우리는 십일조보다 더 많이 드리게 된다. 이때 우리는 십일조를 가장 먼저 드려야 한다. 첫 10퍼센트는 첫 열매의 제물로 드려져야 한다. 왜냐하면 그것은 하나님의 말씀에서 나오는 기초적인 원리이기 때문이다.

　필자가 보기에 많은 신자들이 십일조에 대한 말씀이 우리가 본 말라기 본문에만 나온다고 오해하는 것 같다. 필자는 십일조의 원리를 확실히 제시하고 있는 다른 본문들 몇 군데를 여러분에게 보여주고자 한다.

아브라함, 멜기세덱, 그리고 당신

　창세기 14장에서 우리는 이미 앞서 언급한 말씀을 발견하게 된다.

　살렘 왕 멜기세덱이 떡과 포도주를 가지고 나왔으니 그는 지극히 높으신 하나님의 제사장이었더라 그가 아브람에게 축복하여 이르되 천지의 주재이시요 지극히 높으신 하나님이여 아브람에게 복을 주옵소서 너희 대적을 네 손에 붙이신 지극히 높으신 하나님을 찬송할지로다 하매 아브람이 그 얻은 것에서 십분의 일을 멜기세덱에게 주었더라(18-20절).

　십일조가 모세의 율법의 일부에 포함되기 430년 전에 아브라함은 멜기세덱에게 십일조를 드렸다. 갈라디아서에 따르면 아브라함은 우리의 영적인 아버지이며 멜기세덱은 예수 그리스도의 예표이다(탁월한 성경 학자들 가운데는 멜기세덱이 예수 그리스도 그 자신이었다고 생각하는 사람들도 있다). 멜기세덱의 직위는 '의의 왕'이며 '평강의 왕'이었다. 그렇다. 예수님이 바로 진정한 의와 평강의 왕이시다.

　우리도 멜기세덱이 그리스도의 예표인 것을 안다. 성경이 명백히 그렇게 말씀하고 있다. 히브리서 5장에서 성령의 감동을 입은 성경 기록자는 예수님에 대해 이렇게 말하고 있다.

온전하게 되셨은즉 자기에게 순종하는 모든 자에게 영원한 구원의 근원이 되시고 하나님께 **멜기세덱의 반차를 따른** 대제사장이라 칭하심을 받으셨느니라(9-10절).

이와 마찬가지로 히브리서 7장 전체는 예수님께서 어떻게 멜기세덱을 통해 나타난 모든 예표와 그림자의 성취가 되시는지를 밝히는 데 할애되고 있다. 본문에서는 특히 아브라함이 멜기세덱에게 십일조를 드린 일에 주목하고 있다.

이 멜기세덱은 살렘 왕이요 지극히 높으신 하나님의 제사장이라 여러 왕을 쳐서 죽이고 돌아오는 아브라함을 만나 복을 빈 자라 **아브라함이 모든 것의 십분의 일을 그에게 나누어 주니라** 그 이름을 해석하면 먼저는 의의 왕이요 그 다음은 살렘 왕이니 곧 평강의 왕이요 아버지도 없고 어머니도 없고 족보도 없고 시작한 날도 없고 생명의 끝도 없어 하나님의 아들과 닮아서 항상 제사장으로 있느니라(1-3절).

이와 같이 우리의 영적인 조상 아브라함은 그리스도 자신이거나 그리스도의 상징인 멜기세덱에게 십일조를 드렸다. 더욱이 이 일은 율법이 세워지기 430년 전에 있었던 일이다.

필자가 보여주기 원하는 다른 중요한 구절이 이 본문의 뒤쪽에 나온다.

또 여기는 죽을 자들이 십분의 일을 받으나 저기는 산다고 증거를 얻은 자

[예수]가 받았느니라(히 7:8).

이 주목할 만한 구절에 따르면 예수께서는 하늘에서 십일조를 받으신다. 당신이 십일조 수표를 쓸 때 당신은 그것을 지역교회에 드린다고 생각하지 말라. 매우 실제적인 영적 의미에서 진실하게 십일조를 하는 사람들의 헌물은 예수 그리스도 그분에 의해 받으신 바 되는 것이다.

이 얼마나 큰 특권인가! 얼마나 거룩한 것인가! 믿음으로 결단하여 십일조를 드리지 않는 사람은 엄청난 손해를 보고 있는 것이다.

마음의 문제

십일조의 원리가 뚜렷하게 나타난 다른 본문을 보자.

창세기 28장에서 우리는 족장 야곱이 돌베개를 베고 잠을 자다가 꿈에서 하나님과 만나는 유명한 이야기를 볼 수 있다. 하나님과의 만남을 통해 삶과 마음의 변화를 받은 야곱은 잠에서 깨어나 이렇게 말한다.

내가 기둥으로 세운 이 돌이 하나님의 집이 될 것이요 **하나님께서 내게 주신 모든 것에서 십분의 일을 내가 반드시 하나님께 드리겠나이다** 하였더라(22절).

야곱의 십일조 서원은 감사하는 마음에서 바로 나왔다. 내가 보고자 하는 것이 바로 이것이다. 십일조는 마음에서 나온다. 즉, 율법주의적인 생각에서 나오는 것이 아니다. 야곱이 이 약속을 한 때는 율법이 세워지기 400년 전이었음을 유의하기 바란다.

자기 조부 아브라함처럼, 야곱은 하나님께 자신의 첫 열매 중의 처음 것, 즉 첫 10퍼센트를 드리기 원했다. 하나님의 임재의 감미로움과 그 은총의 선하심을 경험한 다음 야곱은 하나님을 송축하길 원했다. 그것은 마음의 중심에서 나온 것이었다.

십일조가 나에게는 율법이 아니라 생명이라고 말하는 이유가 바로 이것이다. 그것이 당신에게 생명이 될 때 그것은 당신의 삶에서 가장 큰 기쁨 중의 하나가 될 것이다.

우리는 레위기 27장에서 십일조의 능력에 대한 또 다른 통찰을 얻을 수 있다. 우리는 하나님이 이스라엘 사람들에게 약속의 땅에서 잘 되려면 어떻게 해야 하는지를 말씀하고 계심을 발견한다.

그리고 그 땅의 십분의 일 곧 그 땅의 곡식이나 나무의 열매는 그 십분의 일은 여호와의 것이니 여호와의 성물이라(30절).

하나님은 십일조를 거룩한 것으로 여기신다. "거룩"이란 "분리" 또는 "구별"이라는 뜻이다.[3] 달리 표현하면, 첫 10퍼센트는 바로 분리하여 여호와께 구별해 드려야 하는 것이다. 이것을 어떻게 처리할까를 결정하는 것은 내 몫의 일이 아니다. 그것은 하나님의 십일조이다.

신명기 26장에서 하나님은 말씀하신다.

네 하나님 여호와께서 네게 기업으로 주어 차지하게 하실 땅에 네가 들어가서 거기에 거주할 때에 네 하나님 여호와께서 네게 주신 땅에서 그 토지의 모든 소산의 맏물을 거둔 후에 그것을 가져다가 광주리에 담고 네 하나님 여호와께서 그의 이름을 두시려고 택하신 곳으로 그것을 가지고 가서(1-2절).

이 본문을 더 읽어 내려가면 이런 말씀이 나온다.

그리 할 때에 네 하나님 여호와 앞에 아뢰기를 내가 성물을 내 집에서 내어 레위인과 객과 고아와 과부에게 주기를 주께서 내게 명령하신 명령대로 하였사오니 내가 주의 명령을 범하지도 아니하였고 잊지도 아니하였나이다 내가 애곡하는 날에 이 성물을 먹지 아니하였고 부정한 몸으로 이를 떼어두지 아니하였고 죽은 자를 위하여 이를 쓰지 아니하였고 내 하나님 여호와의 말씀을 청종하여 주께서 내게 명령하신 대로 다 행하였사오니 (13-14절).

여기서 중심이 되는 구절인 "내가 성물을 내 집에서 내어"를 주의하여 보라. 십일조가 거룩한 것임을 이해한다면 당신은 그것이 당신 집 안에 그대로 있는 것을 원치 않을 것이다. 당신은 그것이 있어야 마땅한 장소인 하나님의 집으로 가져가길 원할 것이다. 당신은 그 일부를 휴가비로 사용하지 않는다. 당신은 그것을 자녀의 학비를 내는 데 사용하지 않는다. 당신은 성물이란 구별된 것임을 안다.

이것들을 행하라

신약도 십일조의 원리에 대해 침묵하지 않는다. 사실, 예수님은 마태복음

23장에서 이 주제에 대해 아주 분명하게 말씀하셨다.

화 있을진저 외식하는 서기관들과 바리새인들이여 너희가 박하와 회향과 근채의 십일조는 드리되 율법의 더 중한 바 정의와 긍휼과 믿음은 버렸도다 그러나 이것도 행하고 저것도 버리지 말아야 할지니라(23절).

예수님은 여기서 명백히 바리새인들을 책망하고 계신다. 예수님은 그들이 십일조를 철저하게 잘한다는 것을 인정하면서도 그들이 "율법의 더 중요한 부분"을 소홀히 했다고 말씀하신다.

그러나 나는 주님이 이 가혹한 책망의 끝 부분에서 하시는 말씀에 주목하기를 바란다. 주님은 선포하신다. "이것도 [철저한 십일조] 행하고 저것도 버리지 말아야 할지니라." 다른 말로 표현하면, 주님은 그들에게 이런 말씀을 하고 계신 것이다. "그렇다. 너의 모든 소득의 십일조를 드려라. 그러나 의와 인과 신 같이 너무도 중요한 마음의 문제들을 소홀히 하지 말아라."

이것에 대해 생각해 보라. 필자의 견해로는, 우리가 지금 읽은 이 본문은 십일조에 대한 가장 놀라운 구절들 중의 하나이다. 예수님 자신이 십일조를 인정하셨다. 하나님께 마음이 열려 있는 사람이라면 이 구절을 회피할 수 없을 것이라고 본다.

물론 십일조는 마음을 침울하게 하는 억지 의무가 아니다. 그것은 메마른 종교적 행위도 아니다. 그것은 형벌도 아니다. 그것은 드리는 자에게 엄청난 축복을 가져오는 놀라운 기회이다. 우리는 역대하에서 이것이 실천되는 사례를 본다. 이것은 히스기야 왕의 명령에 관한 긴 분문이다. 그러나 시간이 걸리더라도 읽어 보아야 할 내용이다.

또 예루살렘에 사는 백성을 명령하여 제사장들과 레위 사람들 몫의 음식을 주어 그들에게 여호와의 율법을 힘쓰게 하라 하니 왕의 명령이 내리자 곧 이스라엘 자손이 곡식과 포도주와 기름과 꿀과 밭의 모든 소산의 첫 열매들을 풍성히 드렸고 **또 모든 것의 십일조를 많이 가져왔으며** 유다 여러 성읍에 사는 이스라엘과 유다 자손들도 소와 양의 십일조를 가져왔고 또 그들의 하나님 여호와께 구별하여 드릴 성물의 십일조를 가져왔으며 그것을 쌓아 여러 더미를 이루었는데 셋째 달에 그 더미들을 쌓기 시작하여 일곱째 달에 마친지라 히스기야와 방백들이 와서 쌓인 더미들을 보고 여호와를 송축하고 그의 백성 이스라엘을 위하여 축복하니라 히스기야가 그 더미들에 대하여 제사장들과 레위 사람들에게 물으니 사독의 족속 대제사장 아사랴가 그에게 대답하여 이르되 백성이 예물을 여호와의 전에 드리기 시작함으로부터 우리가 만족하게 먹었으나 남은 것이 많으니 **이는 여호와께서 그의 백성에게 복을 주셨음이라** 그 남은 것이 이렇게 많이 쌓였나이다(31:4-10).

이 본문의 요지는 이러하다. 하나님의 백성이 십일조를 시작했을 때 하나님은 그들을 더욱 축복하기 시작하셨다. 그들이 축복을 더 받을수록 그들의 십일조도 더 많아졌다. 이같은 축복과 풍성함의 선순환은 하나님의 집에 예물과 먹을 것이 넘치도록 쌓이게 했다.

히스기야가 와서 이 예물 더미를 보았을 때 그는 이런 취지의 말을 했다. "이것이 어떻게 된 일인지 설명해 보라. 백성들이 잘하고 있는 것인가? 그들이 이토록 많이 드리다니!" 이에, 제사장들은 이런 말을 했다. "왕이시여, 이것을 아시기 바랍니다. 백성들이 십일조를 시작한 다음부터 하나님이 그들을 축복하셨습니다. 왕께서 여기 보시는 것은 하나님이 그들에게 주신 풍성한 축복의 십일조입니다."

이 구절에서는 십일조의 결과가 두 가지로 나타난다. 십일조를 통해 하나님의 백성이 축복을 받고, 또한 하나님의 집에 예물이 풍성하게 쌓인다. 하나님이 말라기에서 하신 말씀을 기억하라. "너희의 온전한 십일조를 창고에 들여 '나의 집'에 양식이 있게 하고"(3:10). 히스기야 왕은 십일조를 드려서 제사장들이 하나님 말씀을 연구하는 일에 전념할 수 있게 하라고 백성들에게 명령했다.

당신은 모든 믿는 자들이 십일조를 하게 될 때 그리스도의 몸을 통해서 어떤 일이 이루어질지 상상이 가는가? 우리가 예배를 드리는 하나님의 집에 재물이 더미로 쌓이기 시작할 때 교회가 우리의 문화와 전 세계의 문화권들에 어떤 영향을 주게 되겠는가? 당신이 출석하는 교회의 목사님이 사역 지원팀에게 많은 일을 맡기고 오직 말씀과 기도에 전념할 때 얼마나 더 효과적인 사역을 할 수 있겠는가?

필자는 십일조에 관한 생명과도 같은 하나님의 진리를 받아들이는 사람들로 이루어진 교회를 섬기게 된 것을 큰 축복으로 여기며 감사하고 있다. 나는 담임목사로서 나의 주된 책임은 회중을 이끌고 먹이는 일임을 안다. 그래서 나는 대부분의 시간을 연구하고 기도하며 주님을 찾는 일로 보낸다.

어떻게 해서 내가 이렇게 사역할 수 있게 되었을까? 우리 교회의 행정과 관리를 책임지는 또 한 명의 유능한 담임목사가 있기 때문이다. 우리 교회에는 십일조를 드리는 성도들이

> 모든 믿는 자들이 십일조를 하게 될 때 그리스도의 몸을 통해서 어떤 일이 이루어질지 상상이 가는가?

3장_율법이 아니라 생명 **77**

많이 있기 때문에 우리는 특정한 영역의 전문 사역자들을 청빙하여 함께 사역할 수 있다.

이와는 대조적으로 대부분의 목사님들은 모든 일을 자신들이 감당해야 하는 처지에 있다. 사역을 지원할 인력을 채용할 수 있는 재정적 여유가 없기 때문이다. 그들은 병원 심방과 상담과 교회 행정까지 혼자 감당해야 한다.

그런 상황에서도 이 목사님들은 매주일 신선하고 삶에 연관성이 있고 능력있는 설교를 해야 한다는 요구를 받는다. 그들은 이런 처지에서도 기름부음과 능력이 있는 하나님의 사람이 되어야 한다는 기대를 받는다.

나는 모든 목사님들이 나처럼 주님과의 관계에만 집중할 시간을 확보할 수 있도록 지원 사역자들을 데리고 사역할 수 있으면 얼마나 좋을까 하는 마음을 갖고 있다. 하나님의 백성이 십일조의 능력을 이해하게 될 때, 그리고 그들의 목사님들이 연구와 기도에 전념하여 매주 하나님의 보좌로부터 흘러나오는 메시지를 받을 수 있을 때 이런 일이 가능해질 것이다.

하나님의 신부 돌보기

마지막으로, 우리가 지역교회를 하나님의 신부가 눈에 보이는 모습으로 나타난 것임을 이해하기 시작할 때 십일조에 대한 우리의 관점은 달라지게 될 것이다.

다음의 비유에 대해 잘 생각해 보라.

나는 오랜 여행을 계속 해야 한다. 그리고 나는 세 사람을 택하여 특별한 책임을 맡긴다. 나는 이 세 사람에게 말한다. "여러분들에게 매달 1만 달러를 보내겠습니다. 당신은 그 돈 중 9천 달러는 자기 몫으로 가지고서 마음대로 쓰셔도 좋습니다. 그러나 1천 달러는 매달 내 아내에게 주어서 그녀가 필요한 일에 쓰도록 해 주기 바랍니다."

약속한 대로 나는 이 사람들에게 매달 1만 달러를 보낸다. 몇 달이 지난 후, 나는 아내에게 전화하여 내가 아내의 몫으로 정해 놓은 돈을 받고 있는지를 확인한다. 그녀의 대답은 이렇다. "글쎄요, 첫 번째 사람은 당신이 지시한 대로 매달 1천 달러씩을 보내고 있어요. 두 번째 사람은 사실은 매달 2천 달러씩이나 보내줘요. 왜 그러는지 이유는 모르겠어요. 그런데 세 번째 사람은 첫 달에는 8백 달러를 보내더니 둘째 달에는 3백 달러를 보내고 셋째 달에는 한 푼도 보내지 않았어요."

자, 마음을 다해서 아내를 사랑하는 남편 입장에서 내가 어떻게 할 것이라고 생각하는가? 이 사람들에게 돈을 보내는 사람은 바로 나다. 나는 그들에게 9천 달러는 자기 것으로 써도 좋다고 말했다. 내가 그들에게 원했던 것은 단 10퍼센트만을 따로 떼서 내 집에 먹을 것이 있게 하는 것이었다!(말 3:10 참조)

나의 지시를 충실히 따른 이 첫 번째 사람에게 나는 약속한 1만 달러를 계속 보낼 것이다. 그러나 세 번째 사람 – 내가 은혜로 베풀어 준 90 퍼센트로도 만족하지 못한 사람 – 에게는 매달 1만 달러를 송금하는 것을 중단할 것이다. 대신 나는 그 돈을 가장 후하게 내 아내에게 보내는 사람에게 줄 것이다. 왜 그럴까? 내가 두 번째 사람을 신뢰할 수 있기 때문이다. 그는 내가 관심을 갖고 있는 일에 관심을 가진 사람임이 입증되었다. 그는 좋은 청지기이다.

세 번째 사람이 하는 일은 내 것을 도적질 하는 것이나 다름없었다("사람이 어찌 하나님의 것을 도적질하겠느냐? 그러나 너희는 나의 것을 도적질하고도 말하기를 우리가 어떻게 주의 것을 도적질하였나이까 하도다. 이는 곧 십일조와 헌물이라"(〈말3:8 참조〉).

이 비유의 취지를 설명하겠다. 예수님께서는 일시적으로 떠나 계시게 되었다. 그분은 우리 각자에게 말씀하셨다. "너희들이 내가 멀리 가 있는 동안 10퍼센트를 나의 집에 드려서 내 신부(교회)를 돌보아 주기를 원한다. 대신 나머지 90퍼센트는 너희가 원하는 대로 써도 좋다."

순종하는 자는 축복을 받을 것이다. 더 많이 드리는 자는 더 큰 축복을 받을 것이다. 그러나 최소한의 것도 드리기를 거절하는 자로부터는 그들이 가진 것도 빼앗아 그것을 잘 관리할 다른 사람에게 주게 될 것이다.

마태복음 25장 29절에서는 이렇게 말씀한다. "무릇 있는 자는 받아 풍족하게 되고 없는 자는 그 있는 것까지 빼앗기리라." 좋은 청지기는 엄청난 상을 받게 될 것이다.

하나님은 변함이 없으신 분이다. 십일조는 주님을 믿고 신뢰하는 자에게 주시는 변함없는 특별한 축복의 기회이다.

그것은 또한 내가 이 책에서 설명할 다른 모든 원리들의 기초가 된다. 축복된 삶이 당신을 기다리고 있다. 그러나 그 축복은 당신의 십일조로 여호와를 경외하고 순종하며 송축하는 마음의 헌신에서 시작된다.

배가의 법칙

●The Principle of Multiplication●

chapter 4

The Principle of Multiplication

●●●● 당신은 돈이 더 많았으면 하고 바란 적이 있는가? 그런 사람에게 좋은 소식이 있다. 하나님은 그렇게 해 줄 수 있으시다.

물론 이것이 뜻밖의 이야기는 아닐 것이다. 하나님은 가난한 과부와 그 아들을 위해 기름과 밀가루가 많아지게 하신 분이시다. 하나님은 여러 차례의 전쟁에서 수적으로 불리했던 이스라엘 사람들에게 힘을 더하신 분이다. 주님은 또한 갈릴리 언덕 몇 군데에서 물고기와 빵이 많아지게 하신 분이다. 하나님은 배가의 하나님이심이 분명하다.

누가복음 9장에서 우리는 기적적인 배가의 한 예를 본다. 5천 명을 먹이신 사건이다.

날이 저물어 가매 열두 사도가 나아와 여짜오되 무리를 보내어 두루 마을과 촌으로 가서 유하며 먹을 것을 얻게 하소서 우리가 있는 여기는 빈들이니이다 예수께서 이르시되 너희가 먹을 것을 주라 하시니 여짜오되 우리에게 떡 다섯 개와 물고기 두 마리밖에 없으니 이 모든 사람을 위하여 먹을 것을 사지 아니하고서는 할 수 없사옵나이다 하니 이는 남자가 한 오천 명 됨이러라 제자들에게 이르시되 떼를 지어 한 오십 명씩 앉히라 하시니 제자들이 이렇게 하여 다 앉힌 후 예수께서 떡 다섯 개와 물고기 두 마리를 가지사 하늘을 우러러 축사하시고 떼어 제자들에게 주어 무리에게 나누어 주게 하시니 먹고 다 배불렀더라 그 남은 조각을 열두 바구니에 거두니라(12-17절).

당신은 아마 이 이야기를 잘 알고 있을 것이다. 그런데 이것을 현대적으로 각색하여 각자 적용해 보면 전에 미처 몰랐던 것을 알게 될 것이다.

당신이 제자들 중의 한 명이라고 가정하자. 당신은 열두 제자들 중의 하나로서, 공식적인 메시아 조사위원회 소속이다. 즉 당신은 예수께서 정말 메시아이신지를 확인하기 위해 애를 쓰고 있다. 당신은 고기잡이배를 버리고 전국 순회 설교 여행에 주님과 동행하고 있다.

어느 날, 엄청난 군중이 모였다. 당신은 흥분한다. 순회 세미나 중 가장 많은 사람들이 모였기 때문이다. 모인 사람들의 수를 가정 단위로 세어 보니 대략 남자만 5천 명이며 여자와 아이들도 있다. 즉 예수님의 설교를 듣기 위해 언덕 위에 모인 사람들의 전체 숫자는 1만5천 명에서 2만 명 정도이다(당신은 이 언덕 위에서 설교를 할 때 이 많은 사람들에게 소리가 다 전달된다는 것을 신기하게 생각한다).

주님은 오전 시간 내내 설교를 하셨다. 당신은 주님이 점심 때쯤에는 설교를 마쳐 주셨으면 한다(교회에서 집회를 할 때에도 점심 때에는 교회 밖에 있는 식당을 찾는다. 당신도 점심시간이 되면 에센파〈예수님 당시의 유대인들 중 광야에서 경건한 생활을 했던 사람들-역주〉나 사두개인들보다 앞서서 식당을 찾아간다). 그런데 주님은 그렇게 하지 않으신다. 주님은 설교를 계속 하신다.

당신은 생각한다. "설교는 잘 되고 있고 사람들은 은혜를 받고 있으니 오늘은 조금 더 길게 해도 되겠지". 시간은 12시 반을 지나고 있다. 설교는 끝나지 않는다. 한 시가 되고 두 시가 되고 세 시가 되고 네 시가 되었다. 그래도 선지자이신 주님은 성경 강해를 계속하신다!

다섯 시가 되었다. 동료들이 이런 말들을 하는 것이 들린다. "사람들이 배고파하고 있어. 식당들은 곧 문을 닫을 텐데!" 사실은, 군중들이 배가 고픈 것인지 동료 제자들이 배가 고픈 것인지는 확실치 않다. 하지만, 당신 자신은 배가 고파 견딜 수 없어서 예수께로 간다.

"주님, 설교 중에 죄송합니다만… 다른 제자들과 제가, 에… 이제는 … 아시다시피 사람들 생각을 좀 해 주시고… 사람들이… 있잖아요… 에… 하루 종일 아무것도 못 먹었어요. 식당도 문을 닫을 것 같아요. 그러니, 주님, 있잖아요… 예배를 끝내시는 것이 좋겠는데요."

그러자 주님이 당신을 향하여 몸을 돌리시고 말씀하신다. "너희가 그들에게 먹을 것을 주어라." 그리고는 다시 설교를 계속하신다.

주님이 말씀하신 대로 하려면 어떻게 해야 하는지 당신은 생각해 본다. 이 언덕에 모인 사람들이 1만5천에서 2만 명 정도 된다. 이들은 모두 배고파하고 있다. 주님은 이들에게 먹을 것을 주라고 나에게 말씀하셨다.

그래서 당신은 위원회 사무실로 돌아간다. 그들이 묻는다. "사람들이 배고파한다고 주님께 말씀 드렸어요?" 당신은 고개를 끄덕인다. "예배를 끝내는 것이 좋겠다고 말씀을 드렸어요?" 당신은 다시 고개를 끄덕인다.

"그러면 예배를 끝내시겠대요?"

"꼭 그러신 건 아니고요." 하고 당신은 속상한 듯 말한다.

"꼭 그러신 것은 아니라니요? 그게 무슨 말씀인가요? 사람들이 식사를 해야 한다는 것을 말씀드렸지요?!"

"그럼요."

"주님이 뭐라고 말씀하셨는데요?"

"'우리'가 그들에게 먹을 것을 주라고 하셨어요."

"뭐라고요? 잠깐만요. 우리가 이 사람들에게 먹을 것을 주라고 말씀하셨단 말이지요?"

"주님이 그리셨어요."

이제 당신을 포함한 제자들은 음식을 여기저기서 모으느라고 분주하다. 30분 후 당신들은 다시 모여서 얼마나 모았는지 확인한다.

"봅시다." 하고 당신은 위원회 사람들에게 이야기한다. "우리에게 있는 것을 다 모아 보니… 롱 존 실버의 어린이 세트에 들어 있는 피쉬 스틱 두 개와 허쉬 퍼피 빵 다섯 개에 스폰지 밥 인형 한 개입니다. 됐어요!"

당신은 재빨리 머리를 굴리며 예수님께 보고를 하러 간다. "저, 주님, 설교를 또 방해해서 죄송합니다." 당신은 '이제 주님이 어쩔 수 없이 예배를 끝내시겠지'하고 혼자 생각한다(당신은 초조하게 시계를 들여다보며 벳새다 피자헛이 문을 닫기 전에 가려면 얼마나 빨리 걸어가야 하는지를 계산하고 있다).

그때 예수께서는 당신을 바라보시고 웃으시며 말씀하신다. "그러면 됐어! 사람들을 오십 명씩 앉히게." 당신은 황당해 하며 다시 위원회 사무실로 돌아온다.

당신이 오는 것을 보고 사람들은 "주님이 예배를 끝내시겠대요?" 하고 묻는다. 조금 짜증이 난 듯한 목소리다. '저혈당 증세로군.' 하고 당신은 생각한다.

"아니요."

"아니라고요?!"

"사람들을 오십 명씩 모아서 앉게 하라고 시키셨어요."

"아니, 우리가 2만 명을 먹여야 하는데, 있는 것이라고는 겨우 롱 존 실버 어린이 세트 하나뿐이라고 하는 것을 말씀드리지 않으셨나요?"

"말씀드렸지요. 그래도 오십 명씩 모이게 하래요."

배도 고프고 짜증도 나지 않는다면 그 다음에 있었던 일들은 재미있게 봐 줄 수도 있었을 것이다. 당신은 12명의 사람들이 여자와 어린 아이들이 포함된 2만 명의 사람들을 질서있게 움직이려고 온갖 애를 쓰는 장면을 본 적이 있는가? 텍사스에서 고양이 떼를 몰고 다니는 일도 이 일에 비교하면 누워서 떡 먹기일 것이다.

마침내, 당신과 위원회 사람들은 주님의 지시대로 사람들을 모아 앉히는 데 성공했다(이 일이야말로 오늘 오후의 첫 번째 기적이었다).

당신은 예수님께 다시 가면서 아무리 생각해도 주님이 도대체 이 사람들을 어떻게 먹이라고 하시는지 감을 잡을 수가 없다(우리 모두가 이런 경향을 가지고 있다. 우리는 하나님이 우리에게 필요한 것을 어떻게 채우실 것인지 미리 머리를 굴려 예상해 본다. 그 예상은 대개의 경우 빗나간다).

이 시점에서, 예수님은 피쉬 스틱과 허쉬 퍼피 빵을 들고 하늘을 우러러 보시며 축복의 기도를 하신다.

배가의 두 열쇠

필자는 당신이 그날의 제자의 입장이라면 어땠을까를 상상하는 데 도움을 주기 위해 스토리를 창조적으로 재구성해 보았다. 나는 당신이 그날 언덕에서 일어난 일을 마음의 눈으로 바라보기를 바란다.

> 우리의 돈이 늘어나기 전에 먼저 축복을 받아야 한다. 달리 표현하면, 먼저 주님께 드려져야 한다.

축복의 기도를 하신 후, 예수께서는 빵을 반으로 잘라서 제자들에게 나누어주기 시작하셨다. 당신은 베드로 같은 사람이 그 반 조각의 빵을 내려다보며 어떤 생각을 했을지 상상할 수 있는가? 예수님께는 한 조각을 드렸는데 다시 받은 것은 반 조각이었다!

필자는 베드로가 그 작은 조각을 내려다보며 주님께 이렇게 말씀을 드리지 않았을까 생각한다. "어, 기도 다 하셨나요? 기도를 좀 더 해야 하지 않나요?" 주님은 이렇게 말씀하셨을 것이다. "아니다. 나는 그것을 이미 축복했다. 이제 가서 나누어주어라."

베드로는 그 반 조각의 빵을 손에 들고 걸어갔다. 그리고 예수님이 하신 것을 본 대로 자기도 순종하는 마음으로 그 빵을 반으로 잘랐다. 베드로는 계속 그 빵을 반으로 잘라 나누어주었다. 우리가 이 놀라운 이야기에서 놓치는 부분이 바로 이것이다. 기적은 주님의 손에서 일어난 것이 아니었다. 기적은 제자들의 손에서 일어났다. 당신은 그 결과를 알고 있다. 다른 제자들도 똑같이 했고, 그 결과 열두 광주리가 남았다.

이 일에 대한 기록에서 우리는 두 가지의 매우 중요한 원리들을 발견한다. 하나님 나라에서의 배가의 역사에는 두 가지의 중요한 열쇠가 있다.

첫 번째 원리는 이것이다. 배가가 이루어지기 위해서는 먼저 축복을 받아야 한다. 많은 그리스도인들이 이해하지 못하는 것은, 우리의 돈이 늘어나기 전에 먼저 축복을 받아야 한다는 사실이다. 달리 표현하면, 먼저 주님께 드려져야 한다.

우리가 앞 장에서 본 것처럼, 우리가 소득의 첫 부분을 주님께 십일조로 드릴 때, 나머지 부분이 축복을 받는다. 로마서 11장의 말씀을 기억하라.

제사하는 처음 익은 곡식 가루가 거룩한즉 떡덩이도 그러하고 뿌리가 거룩한즉 가지도 그러하니라(16절).

나는 좋은 그리스도인들 중에서도 재정적인 축복을 받지 못하는 사람을 많이 보아왔다. 많은 경우, 그 이유는 그들의 재정이 축복을 받지 못했기 때문이었다. 당신이 그것을 주님께 먼저 드리고 주님이 그것을 축복하실 때에야 그것이 비로소 배가할 수 있는 능력을 갖게 된다.

우리의 십일조를 받으시는 예수님은 그 재정을 축복하시고 배가시켜 주실 수 있는 유일하신 분이다. 이것이 배가의 첫 번째 원리이다.

배가의 두 번째 원리는 드려진 것만이 배가할 수 있다는 것이다.

우리가 지금 본 예에서, 제자들은 빵과 물고기를 가지고 있었다. 이것들이 축복을 받았을 때, 비로소 배가할 수 있는 잠재력을 갖게 되었다. 그러나 그들 자신이 이것을 먹어 버렸다면, 결국 빵 다섯 개와 물고기 두 마리로 끝났을 것이다. 그것이 결코 배가하지 않았을 것이다. 모든 사람이 배불리 먹고 열두 광주리가 남기는커녕 제자들이 몇 조각 먹는 것으로 끝나 버렸을 것이다. 그것이 배가하기 위해서는 먼저 드려져야 했다.

나는 "내 재정이 배가하는 것을 아직 보지 못했어요." 하고 말하는 사람들에게서 발견하는 것이 있다. 때로는 십일조를 드리는 사람들이 십일조 이외의 것은 거의 드리지 않는 경우도 있다. 그들은 드려진 것만이 배가한다는 사실을 깨닫지 못한다. "그렇지만 십일조도 드리는 것의 한 형태잖아요?" 하고 당신은 말할 수도 있을 것이다.

필자는 십일조와 드림(giving) 사이에는 차이가 있다고 본다. 내가 믿기로는 십일조는 주님이 자신의 것이라고 하신 것을 주님께 돌려 드리는 것이다. 우리의 첫 열매, 즉 첫 번째 십분의 일을 지역 교회를 통해 주님께 드리는 것은 우리의 것에 축복이 임하게 하는 것이다.

당신은 자기 것이 아닌 것을 누군가에게 드릴 수는 없다. 첫 열매는 주님의 것이다. 나머지는 당신이 가지거나 당신이 원하는 대로 다른 누군가에게 줄 수 있다. 성경에서 헌물이라고 지칭하는 것이 바로 이것이다.

십일조는 진정한 의미에서의 드림이 아니다. 그것은 돌려드리는 것이다. 그것은 이미 주님께 속한 것을 주님께 다시 가져오는 것이다. 이와 같이, 배가의 두 번째 원리는 십일조 이외의 것도 배가하기 위해서는 나누어져야 한다는 것이다.

헌물의 능력

마태복음 25장에서 예수께서는 세 명의 청지기에 대한 말씀을 하신다. 한 청지기는 다섯 달란트를 맡았다. 회계할 때가 되었을 때 그는 주님께

> 십일조는 진정한 의미에서의 드림이 아니다. 그것은 돌려드리는 것이다.

원래의 다섯 달란트와 함께 다섯 달란트를 더 가져왔다. 이때 주님은 말씀하신다. "잘 하였도다. 착하고 충성된 종아"(21절).

두 달란트를 맡은 다른 종이 있었다. 그도 원래 주님으로부터 받은 것보다 더 많은 것을 다시 가지고 왔다.

그런 다음에 세 번째 청지기가 온다. 그는 한 달란트를 맡은 자이다. 그는 주님께 말한다. "보소서 당신의 것을 가지셨나이다"(25절). 그는 원래 주님의 것이었던 것을 돌려드렸을 뿐이다. 그러자 주님은 그에게 악하고 게으른 종이라고 말씀하신다.

여기서 필자의 의도를 오해하지 말기 바란다. 필자는 십일조만 드리는 사람은 악하고 게으른 종이라고 주장하려는 것이 아니다. 내가 말하고자 하는 것은 신실한 청지기의 삶의 원리는 우리가 하나님께 십일조뿐 아니라 그 이상을 드려야 함을 가르쳐 주고 있다는 사실이다. 왜냐하면 십일조란 애초에 하나님의 것이었던 것을 하나님께 돌려드리는 것이기 때문이다.

만약 당신이 지금 십일조를 드리고 있지 않다면 이제 드리기를 시작하라. 십일조를 드림으로 우리는 저주를 제하게 된다. 십일조는 우리의 재정의 대차대조표에 축복을 가져오게 하는 것이다. 십일조는 하나님으로 하여금 메뚜기를 금하시게 하고 하늘의 문을 여시도록 하는 것이다. 그것은 우리의 드림의 기초이다.

그러나 당신이 말라기 3장을 자세히 보면 하나님이 십일조뿐 아니라 또 다른 것을 이 본문에서 말씀하고 계심을 볼 수 있다. 하나님은 "십일조와 봉헌물"(8절)을 언급하신다.

다른 말로 하면, 저주를 없애는 것은 십일조 '그리고' 헌물이다. 축복을 가져오는 것은 십일조 '그리고' 헌물이다. 메뚜기를 꾸짖는 것은 십일조와 헌물이다.

주님이 축사하셨을 때 물고기 두 마리와 떡 다섯 개가 크게 배가한 것과 같이, 나는 하나님이 우리를 축복하시고 우리 재정을 배가시켜 주기를 원하신다고 확신한다.

사실은, 하나님은 우리 자신이 스스로의 명철함과 부지런함으로 재정을 배가시키는 것보다 더 많이 배가시켜 주실 수 있다. 필자는 자신의 삶에서 이 원리가 거듭 반복하여 입증되는 것을 보아왔기 때문에 이것이 사실임을 안다.

하나님은 당신의 재정이 축복받기를 원하신다. 그리고 하나님은 당신의 재정이 배가하기를 원하신다. 그러나 당신이 다음의 두 가지 원리를 이해할 때까지는 재정의 배가를 결코 보지 못할 것임을 이해하는 것이 매우 중요하다.

1. 우리는 우리의 재정이 축복받게 하기 위해 주님께 먼저 드린다.
2. 드려진 것만이 배가될 것이기 때문에 우리는 십일조를 넘어서서 더 많은 것을 드린다.

이것이 배가의 원리들이다. 갈릴리 언덕에서 이 원리가 능력을 발휘했듯이 오늘날에도 이 원리는 능력있게 실현된다.

맘몬의 영을 파하기

•Breaking the Spirit of Mammon•

chapter 5

Breaking the Spirit of Mammon

●●●● 정치적으로 거슬리지 않는(politically correct) 말만 해야 하는 부담이 적던 시절, 즉 기독교와 관련 있는 것들이 공립학교에서 다 제거되는 조치가 취해지기 전에는, 고등학생들이 학교에서 밀턴의 서사시『실락원』(Paradise Lost)을 필수적으로 읽도록 요구받는 경우가 많았다.

당신이 그런 학생들 중 하나였다면, 이 서사시가 지옥을 매우 상세하게 묘사했음을 알 것이다. 이 시에서 밀턴은 사탄이 타락한 군사령관이며 부하 마귀 장군들을 거느리고 있는 존재임을 보여주고 있다. 그 부하 장군들 중에는 몰록, 데이곤, 아스타르테, 오시리스, 그리고 벨리알이 있다.

물론 이 존재들은 모두 고대 세계의 우상숭배 문화에서 신적 존재들로 나타나며 성경에서도 언급되어 있다. 그런데 밀턴의 시에는 사단의 옆에 서 있는 또 다른 신적 존재도 묘사되어 있다. 그 마귀의 이름은 맘몬(Mammon: 재물, 혹은 물신-역주)이다.

당신은 이 '맘몬'이 신약적인 단어임을 알 수 있을 것이다. 예수님도 이 말을 여러 차례 언급하신다. 예를 들어 마태복음 6장에서 예수님은 이렇게 선포하신다.

한 사람이 두 주인을 섬기지 못할 것이니 혹 이를 미워하고 저를 사랑하거나 혹 이를 중히 여기고 저를 경히 여김이라 너희가 하나님과 재물을 겸하여 섬기지 못하느니라(24절).

이 구절을 읽고 나면 당신은 밀턴이 왜 맘몬이라는 마귀의 이름을 구약의 우상들의 이름과 함께 언급하고 있는지 알게 될 것이다. 예수님은 우리가 하나님을 섬기는 대신 맘몬을 섬기게 되는 일이 '가능'할 수 있다는 것을 암시하신다. 그런데 예수님은 이보다 한걸음 더 나아가신다. 예수님은 하나님과 재물을 함께 섬기는 것은 '불가능'하다고 말씀하신다.

예수님은 우리가 어느 한 쪽을 사랑하면 다른 쪽을 미워하게 된다고 말씀하신다. 한 쪽에 충성하면 다른 쪽에 소홀하게 된다고 말씀하신다. 예수님의 말씀에 따르면 그 중간 지대는 없다. 절반씩 섬기는 것은 불가능하다. 맘몬(재물)은 질투하는 신적 존재임이 분명하다.

예수님은 하나님의 영과 맘몬의 영을 분명하게 대조해서 보이신다. 그런데 도대체 맘몬이란 어떠한 존재인가?

"맘몬"은 원래 "부유함"을 뜻하는 아람어이다.[1] 앗수르 사람들은 자신들의 이웃인 바벨론 사람들로부터 재물의 신의 개념을 배웠던 것이 분명하다.

바벨론은 교만과 오만 위에 세워진 도시였다(창세기 11장의 바벨탑 이야기를 기억해 보라). 그 도시 사람들의 중심에는 이런 생각이 있었다. "사람에게는 하나님이 필요없어. 우리 힘으로도 충분히 살 수 있어." 맘몬의 영이 우리에게 말하려고 하는 것은 이것이다. "너는 하나님이 필요 없어. 재물을 의지해!"

성경적 의미에서 이 맘몬이라는 단어는 돈에 깃든 영을 의미한다. 당신은 돈에도 영이 있다는 것을 아는가? 돈에는 하나님의 영이 있거나 맘몬의 영이 있다.

하나님께 순복하고 하나님의 뜻에 드려진 돈에는 하나님의 영이 있다. 그래서 이 돈은 배가하게 되며 삼키는 자가 그것을 먹지 못한다. 나는 하나님께 드려진 돈은 – 하나님을 대신하려 하는 돈이 아니라 그 분을 섬기는 일에 드려진 재물은 – 하나님의 축복을 받는다. 진정한 의미에서 하나님의 영이 그것을 축복하신다.

한편, 하나님께 드려지지 않은 돈에는 저절로 맘몬의 영이 깃든다. 그래서 사람들은 돈을 가지고 다른 사람을 통제하거나 조종하려고 시도하는 경우가 많다. 돈이 행복이나 성취를 가져다 준다고 믿는 이유도 여기에 있다.

맘몬은 원래 이 세상의 영이다. 그 영은 거짓말하는 영이다.

맘몬의 통치

필자는 맘몬의 영의 영향을 크게 받는 사람은 자신의 돈에 대한 큰 두려움을 갖는 경우가 많다고 본다.

예수님도 이렇게 말씀하셨다. "너희가 하나님과 재물을 겸하여 섬기지 못하느니라"(마 6:24). 맘몬은 통치하기를 원한다. 그의 영은 종을 찾고 있

> 돈이 문제에 대한 해결책이 아니다. 하나님이 해결책이 되신다.

다. 즉 맘몬은 자기를 경배할 자들을 찾는다. 그는 당신에게 모든 것을 약속하는 듯하지만 사실은 아무것도 주지 못한다.

예수께서 분명하게 보이신 것처럼, 맘몬은 하나님의 자리를 넘본다. 텍사스 주의 아마릴로에 위치한 트리니티 펠로우십 교회의 담임목사인 지미 에반스는 이렇게 말했다. "맘몬은 하나님만이 주실 수 있는 것들을 약속한다. 그것들은 안전, 의미, 정체성, 독립, 능력, 자유 등이다. 맘몬은 자기가 우리를 인생의 문제들로부터 보호해 줄 수 있다고 말하며 돈이 모든 상황에서 해결책이 된다고 말해 준다."[2]

당신이 이에 대해 생각해 보면, 맘몬은 바로 하나님과 대적하고 하나님의 길과 날카롭게 대치하며 서 있는 이 타락한 세상의 구조임을 알 수 있을 것이다. 이를테면, 맘몬은 물건을 사고 팔라고 말한다. 반면 하나님은 심고 거두라고 말씀하신다. 맘몬은 속이고 도적질하라고 말하지만 하나님은 주고받으라고 말씀하신다. 그런데 중요하게 다루어야 할 것은, 맘몬은 다스리기를 원한다는 사실이다.

요한계시록에서 적그리스도가 경제를 이용하여 사람들을 지배하려고 시도하는 것은 우연이 아니다. 그는 사람들이 자기에게 순복하지 않으면 물건을 사고 팔 수가 없게 한다(13:17 참조). 이와 같은 방법으로, 적그리스도는 일정한 기간 동안 맘몬의 영을 통해서 자기 존재를 나타낼 것이다.

예수께서 하나님과 재물을 겸하여 섬길 수 없다고 말씀하신 것은 당연한 일이었다. 그 이유는 무엇일까? 그것은, 맘몬의 영은 하나님의 영과 직접 맞서서 대적하기 때문이다.

이제 우리는 돈과 맘몬이 동의어라고 하는 거짓말에 속아서는 안 된다. 돈은 원천적으로 악한 것은 아니다. 성경 디모데전서 6장의 말씀은 가장 흔하게 잘못 인용되는 구절들 중의 하나다.

돈을 사랑함이 일만 악의 뿌리가 되나니(10절).

주의하라. 성경은 돈이 일만 악의 뿌리라고 말씀하고 있지 않다. 성경은 돈을 '사랑함'(또는 돈을 경배함)이 일만 악의 뿌리라고 말씀한다. 맘몬의 영을 우상숭배하듯 경배하는 것은 악하다. 달리 표현하면 탐욕, 탐심, 이기심 등은 모두 맘몬의 영의 현현(顯現)이다.

우리가 하나님과 맘몬을 함께 섬길 수 없는 이유는 맘몬의 영이 하나님의 영과는 반대이기 때문이다. 맘몬은 받아 챙기라고 말한다. 하나님은 주라고 말씀하신다. 맘몬은 이기적이다. 하나님은 풍성히 주시는 분이다. 이외에도 반대되는 면이 많다.

맘몬의 영은 항상 우리에게 무엇인가를 말하고 있는 영이다. 맘몬은 말한다. "당신이 좋은 신용카드를 사용하고 어울리는 옷을 입고 좋은 차를 타며 좋은 지역에 살면서 좋은 사람들과 어울리면 당신은 행복과 성취감을 느낄 것이다."

맘몬은, 당신이 만일 돈을 더 가지면 사람들이 당신의 말을 더 잘 들을 것이고 인간관계의 문제는 없어지며 인생은 더 살 만할 것이라고 – 하고 싶은 일을 하며 가고 싶은 곳에 가고 살고 싶은 방식으로 살 수 있게 될 것이라고 – 말한다.

안타까운 것은, 세속적인 사람들만이 이 속임수에 넘어가는 것이 아니라는 사실이다. 맘몬은 때로는 그리스도인들도 올무에 묶기 위해 창조적인 거짓말을 한다. 맘몬의 영은 필요하면 종교적인 모습을 가진다. 예를 들면, 맘몬은 이렇게 말할 때도 있다. "만약 당신이 돈을 더 가지게 되면 사람들을 제대로 도와주기를 시작할 수 있을 텐데."(명심하라. 예수님은 돈이 더 있으면 문제가 해결된다는 말을 하신 적이 없다. 돈이 문제에 대한 해결책이 아니다. 하나님이 해결책이 되신다.)

경제적인 압박을 받는 상황에서 우리는 다음의 두 가지 중의 하나가 이루어지면 좋겠다는 생각을 하게 된다(사실 이것은 우리 자신의 생각이 아니라 맘몬이 우리에게 하는 말이다). 즉, 하나님께서 우리 환경을 기적적으로 바꾸어 주시거나, 어떤 사람이 돈 뭉치를 우리에게 쏟아 부어 주는 일이다. 로또 당첨, 콘테스트 상금, 알지도 못했던 부자 친척이 죽어서 갑자기 엄청난 재산을 상속받게 되는 행운을 꿈꾸는 백일몽도 이와 연관이 있다.

여기서 맘몬의 영이 어떤 식으로 자신이 하나님의 자리를 차지하려 하는지 주목해 보라. "하나님이 지금 기적을 행해 주시든지, 아니면 더 많은 돈이 있든지 해야 이 문제가 해결될 거야." 이것은 말짱 거짓말이다. 우리는 다만 하나님 그분이 필요할 뿐이다. 더 이상은 없다.

필자가 다단계 사업에 대해 심각하게 우려를 하는 것도 이 때문이다. 나는 다단계 사업을 하는 사람들의 모임에 여러 차례 초청을 받아서 가 본 적이 있다. 내가 초청을 받은 것은 그들이 나에게 하나님이 주신 의사 소통의 능력이 있는 것을 보고 이 능력을 자기들의 사업에 활용하고 싶어했기 때문이었다. 당연히 나는 이런 사업을 하지 않을 것이다. 하나님이 나에게 이 은사를 주신 것은 잃어버린 사람들을 구원하고 주님의 백성들에게 주의 말씀을 가르치게 하기 위해서이다.

내가 그들의 모임에 참석해 보았을 때, 기독교인들이 연관된 영역에서 맘몬의 영이 매우 교묘한 방식으로 역사하는 것을 보았다. 그들은 이런 구호를 내세우는 경우가 많다. "당신이 부자가 되면 얼마나 많은 사람들을 도울 수 있을지 생각해 보라. 당신이 백만장자가 되면 당신이 속한 교회와 선교단체는 물질에 부족함 없이 하나님의 일을 할 수 있게 될 것이다!"

친구여, 하나님은 돈이 없이도 사람들을 도우실 수 있다. 돈만 더 있으면 우리가 가진 문제들의 대부분을 해결할 수 있다는 생각이 든다면, 그것은 우리가 맘몬의 영의 영향 아래 들어갔다는 표징이다.

오해하지 말라. 예수께서는 우리에게 돈을 미워하라고 말씀하고 계시지는 않는다. 주님이 말씀하시는 바는, 우리가 하나님을 사랑하면 맘몬을 미워하게 될 것이라는 사실이다. 이 맘몬은 돈을 경배하는 중에 역사하는 탐욕적이고 이기적이며 거짓말을 잘하고 속임수를 쓰는 적그리스도와 비슷한 영이다.

예수께서 선포하신 것처럼, 우리는 한 쪽을 미워하고 다른 쪽은 사랑하게 되며, 또 한 쪽에 충성하고 다른 쪽은 경홀히 여기게 된다(마 6:24 참조). 우리는 사람들에게 거짓말하며 모든 것을 약속하지만 아무것도 주지 않으며 하나님의 자리를 차지하려고 시도하는 맘몬을 멸시해야 한다.

하나님이 항상 우리에게 말씀하고 계시듯 맘몬도 늘 우리에게 무엇인가를 말하고 있다. 우리가 섬기는 교회나 선교단체에 희생적인 헌금을 하려고 생각할 때마다 맘몬은 우리에게 속살거리며 (때로는 소리치며) 자기의 말을 하려 한다.

진정한 부(富)

신약 성경에는 하나님과 맘몬 사이에서의 선택에 대하여 예수께서 더 길게 말씀하고 계신 구절들이 있다. 누가복음 16장이다.

내가 너희에게 말하노니 불의의 재물로 친구를 사귀라 그리하면 그 재물이 없어질 때에 그들이 너희를 영주할 처소로 영접하리라 지극히 작은 것에 충성된 자는 큰 것에도 충성되고 지극히 작은 것에 불의한 자는 큰 것에도 불의하니라 너희가 만일 불의한 재물에도 충성하지 아니하면 누가 참된 것으로 너희에게 맡기겠느냐 너희가 만일 남의 것에 충성하지 아니하면 누가 너희의 것을 너희에게 주겠느냐 집 하인이 두 주인을 섬길 수 없나니 혹 이를 미워하고 저를 사랑하거나 혹 이를 중히 여기고 저를 경히 여길 것임이니라 너희는 하나님과 재물을 겸하여 섬길 수 없느니라(9-13절).

여기서 예수님은 맘몬을 불의하다고 규정하신다. 그러나 여기서 주님이 '돈' 자체를 불의하다고 말씀하신 것이 아님에 유의하라. 맘몬과 돈은 동의어가 아니다. 예수께서는 돈에 깃들 수 있는 영을 불의하다고 말씀하신 것이다. 돈은 불의한 목적에 쓰일 수도 있고 의로운 목적에 쓰일 수도 있다. 일시적인 일을 위해 쓰일 수도 있고 영원한 목적을 위해 쓰일 수도 있다. 하나님께 순복하는 돈(하나님의 자리를 대신하려고 하는 돈과는 반대의 위치에 있는 돈)은 축복을 받은 돈이다. 이렇게 축복받은 돈은 메뚜기에 먹히지 않고 더 늘어나게 된다. 이런 돈이야말로 진정으로 선한 일을 위해, 그리고 다른 사람을 축복하기 위해 사용될 수 있다.

이 구절이 또 우리에게 말해 주는 것은 무엇인가? 우리의 돈을 영원한 일을 위해 사용하라고 하는 것이다. 그러면 우리의 삶에서 영원한 것은 무엇인가? 사람들이다! 당신이 오늘 만나는 일이나 존재들 중 영원한 것은 사람들이다. 인간의 영혼은 영원하다.

만일 내가 내 돈을 사람들을 그리스도께로 인도하기 위해 사용한다면, 그들은 내가 죽을 때 나를 천국에서 환영하며 맞아줄 것이다. 당신의 돈을 사람들에게 영향을 주는 일에 사용하라. 그들이 복음을 들을 수 있도록 돕는 데 사용하라. 그러면 그들은 당신이 천국에 갈 때 당신을 위원회의 위원으로 영접할 것이다.

주의하라. 예수께서는 '돈'이 당신을 환영할 것이라고 말씀하고 계신 것이 아니다. 주님이 말씀하시는 바는 당신이 사귄 친구들이 당신을 영원한 처소로 영접할 것이라는 것이다. 내가 사람들을 그리스도께로 인도하는 교회와 선교단체와 선교사들을 위해 헌금을 함으로써 주님을 믿을 수 있게 된 사람들은 천국에서 나를 환영하며 맞아줄 것이다.

주님이 물을 포도주로 바꿀 수 있으신 것처럼, 하나님은 돈을 영혼으로 바꾸실 수 있다. 오직 하나님만이 불의한 맘몬을 진정한 부(富)로 변화시키실 수 있는 분이다.

이와 비슷한 취지로 마태복음 6장에서 예수께서는 다음과 같은 말씀을 하셨다.

너희를 위하여 보물을 땅에 쌓아 두지 말라 거기는 좀과 동록이 해하며 도둑이 구멍을 뚫고 도둑질하느니라 오직 너희를 위하여 보물을 하늘에 쌓아 두라 거기는 좀이나 동록이 해하지 못하며 도둑이 구멍을 뚫지도 못하고 도둑질도 못하느니라 네 보물 있는 그 곳에는 네 마음도 있느니라 (19-21절).

우리가 의로운 목적을 위해 돈을 사용할 때 우리는 하늘에 보물을 쌓아두게 된다. 내가 지혜로운 청지기가 되기 원하는 것은 바로 이 때문이다. 나는 사람들에게 투자하는 교회와 선교단체에 돈을 사용하기를 원한다. 나는 내 돈이 사람들을 돕고 사랑하며 먹이고 돌보는 데 사용되기를 원한다.

우리 가정과 교회가 제임스 로비슨이 인도하는 라이프 아웃리치 인터내셔널에 헌금하는 이유가 바로 여기에 있다. 이 선교단체는 물질적으로나 영적으로 사람들에게 영향을 주는 일에 능력 있게 긍정적으로 쓰임받고 있다. 필자가 이 글을 쓰고 있는 이 순간에도 이 단체는 매달 전 세계의 30만 명의 굶주린 어린이들을 먹이며 입히고 있다. 이 단체는 그 아이들에게 복음도 전하고 있다. 사람들은 이 단체가 복음을 전할 때 잘 경청한다. 왜냐하면 하나님의 사랑이 생명을 살리는 도움의 형태로 만져질 수 있게 표현되었기 때문이다.

나는 장차 천국에 갈 때 아프리카 출신의 사람들이 나를 맞아주면서 이렇게 말할 것을 알고 있다. "당신이 라이프 아웃리시 인터내셔널을 후원해 주신 덕택에 제가 하나님 나라에 들어올 수 있었습니다. 하나님이 불의한 맘몬을 하늘의 보화로 바꾸시는 일에 쓰임 받아 주신 것을 감사드립니다."

돈이 본질적으로 악의 덩어리가 아님을 필자가 계속 강조하는 이유가 여기에 있다. 하나님은 사람들을 먹이고 입히는 일을 위해 돈을 사용하신다. 하나님은 전 세계에서 복음이 전해지지 않은 지역에 복음을 전하는 일을 촉진하시기 위해 돈을 사용하신다.

우리 영혼의 원수들이 돈에 대한 우리의 생각을 오염시키고 왜곡하기 위해 그토록 열심히 애를 쓰는 이유가 여기에 있다. 하나님이 있다가도 없어질 돈을 통하여 영원히 살 영혼들을 구하실 수 있는 것을 마귀는 알고 있다. 우리가 교회에 더 많은 물질을 드릴수록 더 많은 영혼들이 구원받을 수 있고 하나님 나라가 더 확장되며 어둠의 나라는 더 속히 망하게 될 것임을 그는 잘 알고 있다.

지옥은 우리의 헌물을 통하여 침노를 받는다. 사탄은 그것을 알고 있다!

마귀는 성령의 인도로 드리는 헌금을 싫어한다. 이렇게 드리는 재물이 자기의 나라를 축소시키고 우리로 하여금 하늘에 계신 아버지를 더 닮아가게 하기 때문이다.

필자가 이 책의 머리말에서 마귀는 당신이 이 책을 읽는 것을 싫어할 것이라고 말한 이유가 여기에 있다. 마귀는 당신이 재정적으로 자유함을 얻는 것을 싫어한다. 그래서 그는 당신이 십일조를 드리고 헌금을 드림으로써 당신의 돈이 축복을 받아 배가하는 것을 원하지 않는 것이다.

이 시점에서 당신은 이렇게 생각할 수도 있을 것이다. '글쎄, 솔직히 말하면 나는 이 '불의한 맘몬'을 충분히 갖고 있지 않아. 그래서 이것이 나에게는 해당이 안 되는 것 같아. 내게 돈이 없으니 청지기의 사명이나 헌금에 대해 알 필요가 없지 않겠어?'

이런 말을 할 사람들에 대해 필자는 사랑을 가지고 솔직하게 말해 주고 싶다. "당신이 이 원칙을 받아들이지 않는다면 평생 그렇게 돈 없이 살게 될 것입니다." 앞에서 인용한 10절에서 예수께서는 이렇게 말씀하신다.

지극히 작은 것에 충성된 자는 큰 것에도 충성되고 지극히 작은 것에 불의한 자는 큰 것에도 불의하니라(눅 16장).

성경은 우리가 큰 것을 맡기 전에 작은 것에 충성해야 한다고 말씀하고 있다. 당신이 돈이 조금밖에 없다면 축복을 받기에 가장 적당한 후보자가 될 수 있다. 지금 가진 적은 것에 충성하면 하나님이 더 많은 것으로 주실 것이기 때문이다.

하나님은 많은 것을 맡길 수 있는 사람을 찾고 계신다. 주님은 또한 작은 것에 불의한 사람들은 큰 것에도 불의하게 행할 것임을 알고 계신다. 작은 것을 속여먹는 그리스도인이 큰 것을 맡았을 때 갑자기 성실해질 수는 없는 것이다. 그래서 예수께서는 이렇게 말씀하셨다.

너희가 만일 불의한 재물에도 충성하지 아니하면 누가 참된 것으로 너희에게 맡기겠느냐 너희가 만일 남의 것에 충성하지 아니하면 누가 너희의 것을 너희에게 주겠느냐(눅 16:11-12).

필자가 보여주고자 하는 것은, 우리가 얼마나 많이 소유하고 있는가가 중요한 것이 아니라 그 소유가 누구의 것인가가 중요하다는 것이다. 우리가 하나님께 속한 사람이면 우리의 재물은 우리 것이 아니라 하나님의 것이다. 그래서 예수께서도 남의 것에 충성하라고 말씀하시는 것이다. 재물은 내 것이 아니라 주님의 것이다. 날마다 나는 내가 과연 진정한 청지기인가를 테스트하는 시험을 만난다.

완전한 변화

고백하건대, 나는 원래 매우 이기적이고 교만하며 물질주의적인 사람으로 자라났다. 나의 부모님은 그렇지 않으셨다. 그분들은 옛날이나 지금이나 한결같이 많은 것을 드릴 줄 아는 분들(great givers)이시다. 요즈음에도 나의 부모님은 집을 사야하는 데 돈이 모자라 어려움을 겪는 사람이 있으면

> 우리가 얼마나 많이 소유하고 있는가가 중요한 것이 아니라 그 소유가 누구의 것인가가 중요하다.

5장_맘몬의 영을 파하기

기꺼이 도와주시곤 한다.

나의 어머니와 아버지는 두 분 다 후한 인심을 가진 분들이시다. 그러나 무슨 까닭에선지 나는 자라나면서 상당히 물질주의적인 사람이 되었다. 그러나 19세 때 구원을 받고서 내가 제일 처음으로 하기 원했던 것은 헌금을 하는 것이었다. 나는 내가 만나는 모든 사람들에게 물질을 베풀길 원했다. 다른 사람들을 축복하고 내가 발견한 것을 그들도 발견할 수 있도록 도와주기를 원했다.

하나님이 마침내 나를 붙잡으시고 내 마음을 변화시키셨던 그 시절, 우리의 월수입은 600달러 정도였다. 그 당시 우리는 외식을 한 달에 한 번만 하도록 예산을 짜놓고 있었다.

나는 우리가 그리스도를 영접한 후 처음 외식을 했던 때가 생생히 기억난다. 나는 음식을 서빙해 주는 여종업원에게 어떻게든 복음을 전하기 위해 애를 썼다. 그때 나에게 아이디어가 하나 떠올랐다. 내가 음식을 주문하지 않고, 식사비로 준비해 온 돈을 과감하게 전액 팁으로 주며 전도지를 함께 주는 것이었다. 아마 이 팁을 받은 종업원은 전도지를 읽어봐야겠다는 생각이 들 것이고 이를 통해 그녀가 주님을 알게 될 수도 있을 것이라고 생각했다. 그래서 우리는 그렇게 실행했다. 우리가 식당에서 나가기 전에 우리는 그 종업원에게 하나님이 그녀에게 얼마나 관심을 가지고 계시는지를 간단히 말해 주었다.

약 한 달 후, 우리는 매달 한 번 '큰 맘 먹고' 하는 외식을 하러 그 식당에 갔다. 나는 하나님이 우리에게 충분한 여윳돈을 축복으로 주셔서 다른 전도지와 함께 더 큰 팁을 주고 나올 수 있게 해 달라고 전부터 기도를 계속해 오고 있는 중이었다.

내가 이런 기도를 했을 때, 우리의 신실하신 하나님께서는 50달러의 여윳

돈을 주셨고, 우리는 구원에 대해 설명하는 소책자와 함께 이 돈을 주고 올 수 있었다. 그날 밤 우리는 10달러어치의 식사를 한 후 한 달 전에 만난 바로 그 여종업원에게 50달러의 팁을 주었다.

그로부터 한 달 후 우리는 바로 그 식당에 또 갔다. 우리는 그 여종업원이 여전히 일을 하고 있을지 매우 궁금했다. 그녀는 그대로 있었다.

그녀는 우리를 보자 이렇게 말했다. "전번에 손님들이 저에게 주고 가신 소책자를 읽어 보았어요." 우리는 그 말을 듣고 신이 났지만 안 그런 척하려고 애를 썼다. 그녀는 계속 말했다. "그 책자 끝에 나오는, 그리스도를 영접하는 기도를 저도 했어요." 우리는 그 말을 듣고 짜릿한 기쁨을 느꼈다. 그러면서 그녀는 말했다. "그리고 남편에게 전화를 해서 책자 전체를 읽어 주었어요. 저의 남편도 그 기도를 함께 했고요."

이 말을 듣고 나는 말했다. "정말 잘하셨네요. 그런데 남편에게 전화를 했다는 것은 무슨 뜻인가요? 남편께서는 돈을 벌기 위해 다른 곳에 가 계셨나요?"

그녀는 당황한 표정으로 이렇게 말했다. "아니요. 저의 남편은 교도소에 있어요. 2년이나 3년쯤 있으면 출소해요. 저희 부부는 저희에게 전도지를 전해 주시고 후한 팁을 주신 것을 너무 감사드려요. 남편이 교도소에 들어간 후에 경제적으로 너무 어려웠거든요."

그 후 몇 년간, 나와 아내는 이 사랑스러운 여종업원을 제자로 삼아 말씀을 가르쳤다. 그녀는 대단한 영적 성장을 보였다. 우리는 교도소에 있는 그녀의 남편을 위해서도 멘토의 역할을 하기 시작했다. 그가 출소했을 때, 그의 아내와 함께 우리 교회에 찾아왔다. 그들은 함께 세례를 받았다. 감사하게도 내가 드린 후한 팁을 통해 이 부부의 삶과 영원한 운명이 바뀌게 된 것이다.

내가 그 돈을 줄 수 있었던 것은 그리스도께서 먼저 내 삶을 변화시키셨기 때문이었다.

축복을 경험하기

아내와 내가 결혼했을 무렵 우리 두 사람의 월수입의 합이 600달러였다는 것을 앞서도 말한 바 있다. 이것을 연 소득으로 따지면 7천2백 달러가 된다.

십일조를 드리며 주님께 즐거이 많은 헌금을 드리는 삶을 시작한 후 몇 달이 지났을 때, 아내는 연봉 1만8천 달러를 받는 일자리를 얻게 되었다. 거의 동시에 나도 말씀을 전하는 사역과 부흥회 인도를 시작했다. 그 첫 해에, 사례비로 들어온 수입이 3만2천 달러였다. 우리 부부의 연간 소득의 합산액이 7천2백 달러에서 5만 달러로 늘어난 것이다.

결혼 생활 2년차에, 우리는 십일조를 드릴 뿐 아니라 성령이 인도하시는 곳이라면 어디에라도 헌금을 드리는 삶을 계속 살았다. 이 해에 아내는 집안을 돌보는 일에 전념하기 위해 직장을 그만두었다. 그런데 나의 수입은 7만2천 달러에 달했다. 우리의 연간 수입이 7천2백 달러에서 7만2천 달러로 열 배의 증가를 보인 것이다.

3년째에 우리의 수입은 10만 달러를 넘어섰다. 그리고 하나님의 은혜로 우리는 수입의 70퍼센트를 헌금으로 드릴 수 있었다(그렇게 드리고도 괜찮게 살았다!).

하나님께는 열 배의 증가와 백 배의 증가가 중요한 의미가 있다. 나는 이것을 내 평생에 걸쳐 많이 체험했다(이 책의 1장에서, 내가 사례비 전액을 어느 선교사에게 주었지만, 피자집에서 그 10배의 액수를 받게 되었던 일을 기억하는가?).

나는 달라스의 대형 컨벤션 센터에서 열린 선교대회에 참여했던 때의 일을 기억한다. 우리는 발코니 좌석 위쪽에 앉아 있었다. 우리 앞에 앉아 있는 1만 명 정도의 청중들의 뒷모습을 볼 수 있는 자리였다. 우리는 그때 돈이 별로 없었다. 그러나 헌금 시간이 되었을 때, 나는 주님께서 100달러를 헌금할 감동을 주시는 것을 강하게 느꼈다. 그 액수의 헌금을 드리는 데는 한 단계 더 높은 믿음이 필요했다.

헌금 시간을 인도하는 목사님이 이렇게 말씀했다. "여러분이 지금 드리는 헌금을 하나님이 축복해 주시도록 기도하고 간구하시기 바랍니다." 그가 이 말을 했을 때, 나는 헌금을 내 머리 위로 들어올리고 기도하고 싶은 감동이 왔다. 이렇게 기도하는 중에 어떤 생각이 떠올랐다. 그래서 나는 그 생각대로 기도를 했다. "주님, 이 드리는 헌금이 백 배로 다시 돌아오게 하셔서 제가 하나님 나라를 위해 더 많이 드릴 수 있게 하시옵소서."

그때는 잘 몰랐지만, 강단 주변의 자리에 어떤 남자 분이 앉아 있었다. 내가 벅찬 감사의 마음으로 주님께 헌금을 들어올렸을 때, 하나님은 그에게 몸을 돌려 주변을 둘러보라고 말씀하셨다. 그가 몸을 돌렸을 때, 뒤쪽의 먼 위층 좌석에서 주님께 손을 높이 들고 기도하는 사람의 작은 형상이 보였다. 하나님의 영이 말씀하셨다. "나는 네가 그에게 1만 달러를 주기를 원한다."

나중에 그 사람이 나를 찾아내서 1만 달러짜리 수표를 주었다. 그날 내가 드린 액수에서 정확하게 100배였다.

필자가 하는 말을 잘 이해해 주기 바란다. 돈에 대해 말하고자 하는 것이 아니다. 필자는 주께 드림으로써 우리가 다시 받는 기쁨에 대해 말하고 싶은 것이다. 그것은 순종에서 오는 능력이다. 나는 헌금을 드리는 것이 일확천금을 하는 비법인 것처럼 제시하려 하는 것이 아니다. 그와는 반대로, 자신의 생명을 내려놓는 삶을 살기를 촉구하려는 것이다.

그러나, 우리가 드릴 때 하나님이 축복하신다. 축복들 중에서 가장 큰 것은, 우리가 주께 순종하여 물질을 드림으로써 하나님 나라가 확장되고 사역이 진전되며 교회가 성장하고 망가진 사람들이 온전해지는 것을 보는 축복이다.

필자가 신나하는 부분이 바로 이것이다. 필자는 당신이 바로 이것을 이해하기를 원한다. 나는 잃어버린 자였고 소망이 없었다. 나는 그리스도를 알지 못했다. 예수께서는 오만과 교만으로 뭉쳐진 형편없는 자를 구원하시기 위해 자신의 모든 것을 주셨다. 그래서 나도 주님께 나의 모든 것을 드리지 않을 수 없는 것이다.

하나님은 우리에게 우리의 돈에 대해 말씀하신다. 맘몬의 영도 그것에 대해 말한다. 누가 당신의 주님인가? 누구의 말을 경청하겠는가?

맘몬의 친구들

여러 해 동안 나는 똑같은 궤적을 그리며 움직이는 경향이 있는 몇몇 영들을 보아왔다. 이 영들은 재물과 베풂에 관한 영역에서 특히 비슷한 양상으로 움직인다. 맘몬의 영이 여러분으로 하여금 축복된 삶을 살지 못하게 하는 것처럼, 가난의 영이나 교만의 영도 그렇게 한다.

가난의 영은 당신으로 하여금 하나님이 주신 축복들을 부끄러워하게 한다. 당신이 신실하고 후히 베푸는 청지기라면 '당연히' 축복을 받게 된다. 이것을 피할 도리가 없다. 이 책에서 우리가 반복해서 보아온 것처럼, 당신이 많이 베풀수록 하나님은 더 많이 부어주신다.

드리는 자가 되면 결국 축복을 받게 되는 것이 당연하다. 마귀는 이것을 막지 못한다. 그러나 마귀는 당신으로 하여금 그것을 부끄러워하게 할 수는 있다. 이 일을 하는 것이 가난의 영이다. 나는 이 영이 가난한 자와 부유한 자 모두를 괴롭히는 것을 보아왔다. 사실, 이 영은 다른 부류의 사람들보다도 부유한 사람들에게서 더 흔히 나타난다! 이 영은 하나님께 축복을 받는 것을 부끄럽게 생각하게 하고 죄의식을 느끼게 하는 데서 그 모습을 드러낸다. 잠시 이것에 대해 생각해 보라. 하나님이 당신의 삶에서 이루어 주시는 일들 가운데 당신이 수치심을 느낄 일들이 있을 수 있는가? 당연히 없다. 그런데, 하나님의 방법대로 일을 하면서 축복을 받는 많은 신자들 중에는, 자신이 축복을 받은 것 때문에 사죄를 해야 한다는 마음을 갖는 사람들이 많이 있다. 절대로 그렇게 하지 말라. 하나님이 주신 축복을 부끄러워하게 하는 원수의 책략에 넘어가서는 안 된다.

만약 당신이 가난의 영이 주는 마음을 받아들이지 않는다면, 원수는 반대 방향에서 접근할 것이다. 즉 교만의 영으로 공격할 것이다. 교만은 말한다. "너는 이것을 벌었다. 너는 열심히 일한 덕택에, 또 너의 재주와 재능에 힘입어 이 일을 이루어냈다. 그러므로 너는 네가 받은 축복을 자랑하는 것이 당연하다."

이 영들은 각각 반대쪽 극단에서부터 접근한다. 그러나 그 뿌리는 동일하다. 그 영들은 우리가 하나님께 집중하기보다는 '물질'에 집중하게 한다. 축복을 주신 그분보다는 축복 자체에 중심을 두게 하는 것이다.

교만의 영은 이렇게 말한다. "열심히 일하면 재물이 온다." 가난의 영은 말한다. "재물은 마귀가 주는 것이다." 교만의 영은 말한다. "너는 네가 가진 것을 자랑해야 한다." 가난의 영은 말한다. "너는 네가 가진 것을 부끄러워해야 한다." 이 두 가지는 모두 피해야 할 함정이다. 왜냐하면 하나님께 초점을 두지 않고 물질에 초점을 두기 때문이다.

필자는 당신의 삶에서 이 영들이 어떻게 공격하는지를 잘 분별하여 알 수 있도록 실제의 예를 들고자 한다.

어떤 사람이 당신의 시계나 옷에 대해 칭찬을 하면 당신은 어떻게 반응하는가? 교만은 말한다. "이건 유럽에서 산 거야." 가난은 말한다. "이 낡은 물건 말야? 할인점에서 산 거야."

교만의 영은 남들에게 우리가 가진 것이 실제보다 더 비싸게 보이도록 만들고 싶어한다. 가난의 영은 우리가 가진 좋은 것이 싸구려인 것처럼 사람들에게 말하고 싶어한다. 가난의 영은 축복을 죄악으로 생각하기 때문에 우리가 물건을 산 것에 대해 변명을 해야 한다는 느낌을 갖게 한다. 가난의 영은 당신으로 하여금 이렇게 말하게 한다. "내가 이런 것을 사는데 돈을 많이 썼다고 사람들이 생각하지 못하게 해야겠다. 이런 데 돈을 많이 썼다는 것을 알면 사람들이 나를 영적인 사람이 못 되는 것으로 간주할 테니까."

가난의 사고방식을 폭로함

다시금 이 말을 하겠다. 만약 당신이 하나님의 방법으로 생활한 결과로 축복을 받았다면, 죄책감을 느끼지 말라. 하나님이 축복하실 만한 마음을 가진 것에 대해 부끄러워하지 말라.

나는 내 경험에서 이 말을 한다. 언젠가 하나님은 내 생각 속에 가난의 사고방식이 얼마나 많이 침투해 있는지를 보여주신 때가 있었다. 내가 어른이 된 이후에는 거의 사역자로서의 삶을 살았기 때문에 이런 생각은 더 강했다 (목사는 가난하게 살아야 한다고 생각하는 사람이 많다).

한번은 내가 아주 멋진 재킷을 샀다가 다시 환불한 일이 있었다. 내가 그것을 입는 것에 대해 죄책감을 느꼈기 때문이었다. 그 옷은 내가 정말로 입고 싶어했고 실제로 필요했던 골프 재킷이었다. 나는 이 옷이 골프 숍에서 절반 값에 나온 것을 보았다. 매장에서 아내에게 바로 전화를 해서 의견을 물었다. 그녀는 말했다. "그 옷 정말 싸게 나왔네. 사!"

나는 즉시 이 옷을 입고 골프장에 나갔다. 내 생애의 최악의 골프 경기 중의 하나가 되었다. 물론 가난의 영은 내가 성적이 나빴던 것에 대해 새로 산 재킷에 그 탓을 돌렸다. '하나님은 네가 그 멋진 재킷을 입기를 원하지 않으셨어. 너는 하나님의 뜻을 놓친 거야. 그러니 골프 게임도 저주를 받았지!'

나는 그 라운드가 끝나자마자 재킷을 돌려주고 환불을 했다. 그런데 이것이 끝이 아니었다. 그 후 며칠 동안, 그 재킷을 '돌려주어야만' 했기에 마음이 너무 힘들었다. 이 문제로 속을 끙끙 앓다가 사실상 하나님을 원망하고 있는 내 모습을 보게 되었다. '멋진 재킷이 있어도 입지도 못하다니. 다른 사람들은 좋은 것을 가져도 문제가 없는데, 나는 좋은 재킷 하나만 구입해도 경기가 저주를 받는구나. 하나님, 이건 불공평해요!'

이런 터무니없는 생각에 시달리며 사흘 동안 힘겹게 견디고 있는 나에게 마침내 하나님은 분명한 말씀을 주셨다. "네가 재킷을 입지 않은 것을 내 탓으로 돌리는 것을 그만두어라! 나는 너에게 재킷을 돌려주라고 말한 적이 없다."

그런 다음에 주님은 결코 잊지 못할 말씀을 해 주셨다. "아들아, 나는 결코 죄책감이나 정죄감을 통해서는 너에게 말하지 않는다." 주님은 또 이 말씀도 하셨다. "그리고 골프 경기를 망친 것을 내 탓으로 돌리지 말아라. 네가 플레이를 형편없이 하기 위해 내 도움을 받아야 할 필요는 전혀 없다."

> 하나님은 우리를 시험하기 위해 우리의 것을 사용하기도 하시지만, 다른 사람의 것을 사용하시기도 한다.

하나님의 백성들 중에는 자기의 삶에 좋은 것이 있으면 해명을 해야 할 것 같은 느낌을 받는 사람이 많다는 사실이 놀랍지 않은가? 또 누가 자신의 어떤 것에 대해 칭찬을 해 주면 그것의 정당성을 설명해 주어야 할 필요를 느끼는 경우도 많지 않은가?

나의 친구들이여, 당신은 하나님이 아닌 다른 그 누구에게도 당신이 구입한 물건에 대해 해명을 해야 할 필요는 없다. 어떤 물건을 사는 데 하나님이 평안을 주신다면 다른 사람이 그것에 대해 어떻게 생각할까를 걱정하지 말라!

사물과 바른 관계를 맺음

앞서 언급한 것처럼, 하나님은 물질을 통해 우리의 마음을 시험하시고 우리 안에 있는 것을 드러내신다. 사실, 하나님은 우리를 시험하기 위해 우리의 것을 사용하기도 하시지만, 다른 사람의 것을 사용하시기도 한다. 달리 표현하면, 다른 사람이 축복을 받는 것에 대해 우리가 어떤 반응을 보이는가를 보면, 우리 마음의 상태가 어떠한지를 많이 알 수 있다.

십계명 중 열 번째 계명이 이웃의 소유를 탐내지 말라는 말씀인 것은 결코 우연이 아니다. 성경에 나오는 "탐내다"라는 동사는 "에피투메오"(epithumeo)이다. 이 말은 "~에 마음을 두다"라는 의미를 가지고 있다.[3] 이것은 헬라어로 "정욕"을 뜻하는 "에피투미아"(epithumia)와 매우 흡사하다.[4]

어떤 것을 탐내는 것은 그것에 마음을 두는 것이다. 이것이 문제다. 왜냐하면 우리는 우리 마음을 그 무엇도 그 누구도 아닌 하나님께만 두어야 하기 때문이다. 하나님은 우리가 어떤 물건을 소유하고 있는가에 대해서는 괘념하지 않으시지만, 어떤 물건이 우리를 소유하고 있는가에 대해서는 신경을 쓰신다!

영화에서는 물질주의적인 사람들이 모두 부자로 나오는 것을 유의해서 본 적이 있는가? 그런데 실제 생활에서는 지극히 물질주의적인 사람들 중에도 가진 것이 별로 없는 사람들이 있다.

어떤 사람의 재산 액수가 그의 마음을 그대로 말해 주지는 않는다. 필자가 만나본 사람들 중에는 물질주의적 사고가 대단히 강하면서도 가난하게 사는 사람들이 있었다. 마찬가지로, 필자가 아는 사람들 중에는, 천국을 바라보며 오직 하나님께만 헌신하고 사는 영적인 사람임에도 대단한 재산을 가진 이들이 있다.

하나님은 우리가 오직 주님만 추구하기를 원하신다. 이것이 바로 이 책 전체의 주제이다. '중요한 것은 마음'이다.

자기 평가

당신의 마음이 어디에 있는지 어떻게 알 수 있는가? 먼저 이 질문들을 해 보라. 나는 나에게 필요한 것을 하나님이 채워주시기를 바라고 있는가, 아니면 사람의 도움을 기대하고 있는가? 나를 도와주었으면 하는 사람이 나를 도와주지 않을 때 화가 나거나 서운한 감정을 품게 되지는 않는가? 내 환경의 문제를 다른 사람의 탓으로 돌리지는 않는가?

이런 것들은 모두 하나님보다는 사람을 우리의 공급원으로 기대하고 있음을 보여주는 경고의 표지이다. 하나님이 모든 것을 채우시리라는 기대를 갖기보다 사람을 바라보고 있으면 결국은 실망을 하게 되어 있다. 그리고는 사람에 대해 원망을 하게 된다.

우리는 또한 교만의 영이나 가난의 영이 우리 삶에서 영향을 주고 있지 않은지 분별해야 한다. 이런 영들을 몰아내고 감사의 마음을 품는 것은 우리의 영적 건강과 하나님 나라 사역의 효율성을 위해서 필수적이다. 다음은, 그 차이를 분별할 수 있도록 도와주는 시험 질문들이다.

자신의 생활 수준을 생각할 때…
교만은 말한다. "나는 더 많이 가져야 해!"
가난은 말한다. "나는 죄책감을 갖는 게 당연해."
감사는 말한다. "감사합니다!"(감사는 항상 하나님의 공급하심을 인정하는 마음의 태도이다).

누군가가 "멋진 집에 사시네요!" 하고 말할 때…
교만은 말한다. "더 큰 집을 지을 거예요."
가난은 말한다. "대출 받아 산 거예요."
감사는 말한다. "감사합니다. 주님이 우리를 축복하셨어요."

누군가가 "멋진 옷을 입으셨네요!" 하고 말할 때…
교만은 말한다. "맞춘 옷입니다"
가난은 말한다. "반값에 샀어요."
감사는 말한다. "감사합니다!"

누군가가 "멋진 차를 가지고 계시네요!" 하고 말할 때…
교만은 말한다. "나는 이런 차를 세 대나 가지고 있어요."
가난은 말한다. "우리 회사 차예요."

감사는 말한다. "감사합니다!"

교만은 사람들이 내 것을 더 비싸게 봐 줬으면 하는 마음이다. 가난은 내 것이 비싼 것임을 사람들이 몰랐으면 하는 마음이다. 감사는 사람들이 무어라고 생각하든 신경 쓰지 않는다. 다만 하나님이 어떻게 생각하실까에 관심이 있다! 사실만을 말하는 것이 어떨까? 어떤 사람이 당신이 청지기로서 관리하는 사물에 대해 언급을 하면, 그에게 사실 있는 그대로 말해 주고 감사를 표현하면 된다.

비교의 덫

교만은 우리를 다른 사람들과 비교하게 만든다. 가난은 다른 사람들을 우리와 비교하게 만든다.

어떤 사람이 값이 덜 나가는 자동차를 당신 옆에 세웠을 때, 교만은 말한다. "내 차가 더 좋아!" 어떤 사람이 더 비싼 자동차를 당신 옆에 세웠을 때, 교만은 말한다. "저건 낭비야! 저 사람은 사기꾼인지도 몰라."

교만과 가난은 이런 공통점을 가지고 있다. 그들은 모두 항상 우리 자신과 남을 비교하게 만든다!

이와는 대조적으로, 감사의 마음을 가진 사람은 자신을 하나님과 비교하여 이렇게 말한다. "감사합니다!" 왜 이런 말을 하는 것일까? 내가 하나님을 위해서 한 일(아무것도 없다)을 하나님이 나를 위해 해 주신 일(모든 것을 다 주셨다)과 비교할 때, 내 마음에는 저절로 감사가 흘러넘치기 때문이다.

비교의 덫에 걸려들지 말라. 교만은 말한다. "내가 이루어 냈어." 가난은 말한다. "이렇게 하지 말았어야 했는데!" 감사는 말한다. "나는 은혜로 이것을 받았어."

우리가 지금까지 본 것처럼, 맘몬과 교만과 가난의 영을 물리치는 관건은 기억하는 데 있다. 우리는 과거에 우리가 죄의 종이었던 것을 기억하고, 하나님이 우리 안에서 은혜로 행하신 일들을 기억해야 한다. 우리에게 좋은 것들이 주어져 있다면 그것은 우리 자신이 열심히 일한 결과라고 볼 수도 있지만 본질적으로 하나님의 축복이 우리 삶에 부어졌기 때문임을 기억해야 한다. 이것이 바로 이스라엘 백성들이 가나안 땅에 들어가기 전에 하나님이 이스라엘 사람들에게 주신 메시지이다.

네 하나님 여호와를 기억하라 그가 네게 재물 얻을 능력을 주셨음이라 이같이 하심은 네 조상들에게 맹세하신 언약을 오늘과 같이 이루려 하심이니라(신 8:18).

만일 당신이 이 장에서 읽은 대로 맘몬과 교만과 가난의 영을 분별했다면, 다음과 같은 기도를 하기 원할 것이다.

사랑하는 하나님, 제가 이기적이었고 교만했으며 탐욕을 품었던 것을 용서하시옵소서. 불의한 맘몬의 영과 교만과 가난의 영이 하는 말에 귀를 기울였던 것을 용서하시옵소서.
주님, 이런 것들이 제 삶에서 끊어지게 하시고 제 가족과 제 후손들에게서 끊어지게 하옵소서. 오늘부터 시작하여, 제가 하나님 나라를 위해 풍성하고 후하게 드리는 자가 되게 하시옵소서.
예수님의 이름으로 기도드립니다. 아멘.

마음의 변화가 필요하다
•It Takes a Heart Transplant•

chapter 6

It Takes a Heart Transplant

●●●● 누가복음 6장 38절이 참으로 놀라운 말씀이라고 생각한다. 그러나 필자는 동시에 이 말씀이 가장 흔히 잘못 적용되고 오해되는 구절이라고 확신한다.
여기에 쓰인 어휘는 대부분의 그리스도인들에게는 매우 친숙하다. 당신은 이 말씀을 암송하여 인용할 수도 있을 것이다.

주라 그리하면 너희에게 줄 것이니 곧 후히 되어 누르고 흔들어 넘치도록 하여 너희에게 안겨 주리라 너희가 헤아리는 그 헤아림으로 너희도 헤아림을 도로 받을 것이니라.

사람들이 이 구절에 대해 저지르는 가장 흔한 실수 중의 하나는 여기서 예수께서 돈에 대해서만 말씀하고 계시다고 생각하는 것이다. 사실은 예수께서는 이 구절에서 우리 삶의 모든 영역에 적용되는 원리를 제시해 주고 계신다.

당신이 이 구절의 문맥을 보면 이것이 명백해진다. 예를 들어, 그 앞에 나온 36절과 37절을 보라.

너희 아버지의 자비로우심 같이 너희도 자비로운 자가 되라 비판하지 말라 그리하면 너희가 비판을 받지 않을 것이요 정죄하지 말라 그리하면 너희가 정죄를 받지 않을 것이요 용서하라 그리하면 너희가 용서를 받을 것이요.

이 말씀을 하신 다음에 비로소 예수께서는 이렇게 말씀하신다. "주라 그리하면 너희에게 줄 것이니"(38절). 그렇다. 이 원리는 돈에 적용될 수도 있다. 하지만, 당신은 용서를 줄 수도 있다. 그리고 긍휼을 줄 수도 있다. 당신은 이해심을 베풀어 줄 수도 있다. 당신은 인내를 베풀어 줄 수도 있다.

예수께서는 일반적인 '베풂'(giving)의 원리에 대해 말씀하고 계신다. 당신이 무엇으로 베풀든지 그것이 "후히 되어 누르고 흔들어 넘치도록 하여"(눅 6:38) 당신에게 다시 돌아갈 것이다.

이 진리의 온전한 의미를 파악하기 위하여 당신은 "후히 되어", "누르고", "흔들어", "넘치도록 하여"가 무엇을 가리키는지를 알아야 한다. 사실은 이 모든 것이 농사에 쓰이는 용어이다.

구약 성경에 따르면 이스라엘의 농부는 밭 모퉁이의 곡식은 가난한 사람들을 위하여 남겨놓아야 했다. 그래서 매년 추수 때가 되면 들판에는 두 종류의 추수꾼들이 등장했다. 먼저, 추수를 위해 고용되어 돈을 받고 일하는 추수꾼들은 밭 한가운데서 곡식을 거두어들이는 일을 했다. 한편 가난한 사람들은 자신과 가족들이 먹을 것을 마련하기 위해 밭 가장자리에서 곡식을 거두어들였다.

들판의 중앙에서 추수를 하는 일꾼들은 바구니를 가득 채워서 창고나 수레로 옮겨놓는 일을 계속했다. 그들은 바구니를 쏟아 비운 다음에 다시 들판으로 나가서 바구니를 채웠다. 이런 일꾼들에게는 바구니가 얼마나 많이 채워졌는지는 별로 중요하지 않았다. 그들은 노동 시간에 따라 돈을 받았기 때문에 그것에는 별로 관심을 갖지 않았다. 다만 그들은 바쁘게 계속 일을 하면서 곡식을 창고에 다 들여놓아야 할 필요가 있었다.

그러나 들판 가장자리에서 일을 하는 가난한 사람들은 그렇지 않았다. 그 밭이 자신의 거주지에서 멀리 떨어져 있는 경우도 있었다. 몇 마일을 걸어서 이 밭으로 온 사람들도 있었을 것이다. 그들이 자신의 바구니에 곡식을 얼마나 채울 수 있는가는 자기 가족들에게 먹을 것이 얼마나 많이 생기느냐를 결정했다. 그들은 최대한 많은 곡식을 바구니에 채워 넣기 위해 죽기 살기로 일을 했다.

당신이 그 입장이었다면, 가능하면 많은 곡식을 후하게 되어 바구니에 채워 넣기 위해 애썼을 것이다. 적은 분량이나 절반 정도만 채우는 것을 원하지는 않았을 것이다. 그런 다음에 당신은 바구니에 담긴 곡식을 꾹꾹 눌러서 곡식을 더 담을 수 있는 공간을 만들고자 했을 것이다. 곡식을 눌러 담은 다음에는 바구니를 다시 흔들어서 곡식 낱알들 사이에 공간이 남지 않도록 했을 것이다. 이렇게 하고 나서도 가능한 한 많은 곡식을 바구니에 더 담아서 아구에 넘쳐 흘러버릴 정도까지 되게 했을 것이다.

그들은 공짜로 곡식을 바구니에 담아 갈 수 있는 것만으로 만족할 수 없었다. 그들에게는 공짜로 얻은 곡식을 될 수 있는 대로 후히 담아서 누르고 흔들어 넘치도록 하는 것이 훨씬 더 좋은 일이었다.

주님께서 이런 용어를 쓰신 이유가 여기에 있다. 주님은 말씀을 경청하고 있는 이스라엘 사람들이 주님의 말씀의 의도를 정확히 파악할 것임을 알고 계셨다. 주님은 당신이 무엇을 베풀든지 똑같은 것을 훨씬 더 많이 되돌려 받게 될 것임을 말씀하신 것이다. 이것은 하나님이 정하신 보편적인 원리이다. 당신은 항상 주는 것보다 더 많은 것을 받게 된다.

이런 식으로 생각해 보자. 당신이 사과 씨를 심으면 나중에 사과 씨만 거두게 되지는 않는다. 일정한 시간이 지나면 당신은 사과나무 한 그루를 통째로 가지게 되고, 그 나무에는 많은 사과가 열리며, 그 사과 하나하나에 많은 씨앗들이 들어 있게 된다. 당신은 심은 것보다 훨씬 더 많은 것을 거두게 되는 것이다.

그런데 많은 사람들은 이 부분에서 성경의 이 말씀을 곡해하기가 쉽다. 당신이 일단 이 놀라운 진리를 이해하게 되면, 바로 그 결과를 탐내는 마음이 '동기'가 되어서 베푸는 삶을 살게 되기 쉽다. 이것은 큰 유혹이다.

좋은 의도를 가진 설교자들과 성경 교사들이 이런 덫에 빠져서 다른 사람들도 그렇게 하도록 부추기는 경우도 많다. "주라. 그러면 받게 될 것이니"의 원리가 우리의 동기가 되어서는 안 된다. 그것은 다만 결과적으로 우리에게 오는 '상급'일 뿐이다.

그 이유 때문에 예수님께서는 이 말씀 바로 앞에서 다음과 같은 약속을 주신 것이다. "비판하지 말라 그리하면 너희가 비판을 받지 않을 것이요 정죄하지 말라 그리하면 너희가 정죄를 받지 않을 것이요 용서하라 그리하면 너희가 용서를 받을 것이요"(눅 6:37). 이 문맥은 이 약속의 의미를 잘 깨

하나님의 백성들이 오직 일확천금식의 보상에 대한 약속 때문에 하나님 나라를 위한 물질적 헌신을 하게 된다면 그 모습을 보시는 주님의 마음이 어떠하시겠는가?

달아 알게 해 준다. 만일 당신이 비판을 한다면 자신도 비판을 받게 될 것이다. 그것도 후히 되어 누르고 흔들어 넘치도록 안겨줄 것이다. 만약 당신이 누군가를 정죄한다면 당신도 정죄를 당하게 될 것이다. 그것도 누르고 흔들어 넘치도록 당신에게 돌아갈 것이다. 결과는 이런 식으로 나오는 것이다!

그러나 좋은 소식이 있다. 만일 당신이 용서를 한다면 풍성한 용서가 당신에게 돌아갈 것이다. 당신이 사랑을 심는다면, 넘치도록 많은 사랑을 다시 받게 될 것이다.

이것은 하나님 나라의 기본적인 원리이다. 이것은 필자가 상호성의 법칙이라고 이름 지은 진리이다. 그런데 이 일에 균형 있게 접근할 수 있으려면 먼저 우리 마음의 문제가 다루어져야 한다.

누가복음 6장 38절에 대한 다른 사람들의 가르침에서 내가 많이 발견하는 기본적인 문제점은 물질적인 이득을 얻고자 하는 마음이 베푸는 삶의 동기가 되게 만든다는 점이다. 설교자가 일어서서 "여러분! 하나님께 헌금을 드리세요. 그러면 더 많이 받게 될 것입니다! 괜찮은 거래 아닙니까?"라는 취지의 말을 한다면 하나님이 어떤 느낌을 가지실 것이라고 생각하는가?

필자가 앞서 말한 것처럼, 하나님이 우리에게 주신 것보다 더 많은 것을 하나님께 드릴 수는 없는 것이 사실이다. 상호성의 원리는 판단이나 용서의 영역뿐 아니라 재정적인 영역에서도 적용된다. 그러나 성경은 우리가 물질적인 이득을 얻고자 하는 동기를 가지고 헌금을 드리라고 말씀하고 있지 않다.

하나님의 백성들이 오직 일확천금 식의 보상에 대한 약속 때문에 하나님 나라를 위한 물질적 헌신을 하게 된다면 그 모습을 보시는 주님의 마음이 어떠하시겠는가? 당신은 하나님이 "아, 내 백성이 훨씬 더 많은 물질을 얻을 수 있다는 비전을 붙잡을 수 있으면 좋을 텐데." 하고 말씀하신다고 생각하는가?

하나님은 우리가 이익을 얻는 것을 비전으로 갖기를 원치 않으신다. 하나님은 우리가 많은 것을 '주는 것'을 비전으로 품기를 원하신다.

그렇다. 우리는 이렇게 하는 가운데 더 많은 것을 다시 받게 될 것이다. 그리고 하나님은 우리가 좋은 것을 가지게 되는 것을 반대하지 않으신다. 그와 반대로, 하나님은 자기 백성이 축복받는 것을 보고 싶어하신다. 그러나 중요한 것은 동기이다!

잠언 16장에는 다음과 같은 말씀이 있다.

사람의 행위가 자기 보기에는 모두 깨끗하여도 **여호와는 심령을 감찰하시느니라**(2절).

야고보서에서도 이 문제를 직접 다루고 있다.

구하여도 받지 못함은 정욕으로 쓰려고 **잘못 구하기 때문이라**(4:3).

하나님을 기쁘시게 하고 하나님 나라의 원리에 따라 살기 위해서는 중심의 동기가 바로잡혀야 한다.

더 큰 그림

우리는 누가복음 6장 38절 바로 앞에 나오는 몇 구절을 보면서 그 메시지가 다소 다른 의미로 이해된다는 것을 발견했다. 그런데 그 구절에서 좀 더 앞으로 가 보면 그 문맥과 관점이 더욱 분명히 파악된다. 30절부터 보자.

네게 구하는 자에게 주며 네 것을 가져가는 자에게 다시 달라 하지 말며 남에게 대접을 받고자 하는 대로 너희도 남을 대접하라 너희가 만일 너희를 사랑하는 자만을 사랑하면 칭찬 받을 것이 무엇이냐 죄인들도 사랑하는 자는 사랑하느니라 너희가 만일 선대하는 자만을 선대하면 칭찬 받을 것이 무엇이냐 죄인들도 이렇게 하느니라 너희가 받기를 바라고 사람들에게 꾸어 주면 칭찬 받을 것이 무엇이냐 죄인들도 그만큼 받고자 하여 죄인에게 꾸어 주느니라 오직 너희는 원수를 사랑하고 선대하며 아무 것도 바라지 말고 꾸어 주라 그리하면 너희 상이 클 것이요 또 지극히 높으신 이의 아들이 되리니 그는 은혜를 모르는 자와 악한 자에게도 인자하시니라(눅 6:30-35).

이제 우리는 "주라 그리하면 너희에게 줄 것이니"(38절) 라는 친숙한 말씀의 더 큰 문맥을 볼 수 있게 되었다. 이 구절을 포함하고 있는 단락이 "무릇 네게 구하는 자에게 주며"로 시작하는 것은 우연이 아니다. 두 말씀이 모두 "주라"는 말로 시작되면서 긴 문맥 속에서 결국은 진정한 '드림'의 의미를 파악할 수 있도록 도와준다.

앞서 언급한 것처럼, 사람들이 누가복음 6장 38절을 설교하는 방식을 보면서 필자가 가장 마음에 불편함을 느끼는 것은 이 말씀에서 물질적인 이익은 드림의 부산물인데도 많은 경우 그것이 드림의 동기로 제시되고 있다는 점이다.

예수님의 설교의 메시지는 "주라!"는 것이다. 당신에게 구하는 자에게 주라. 당신에게 갚을 능력이 없는 사람들에게 주라. 사랑받을 자격이 없는 사람에게 사랑을 주라. 당신에게 못된 짓을 하는 사람들에게 긍휼을 베풀라. 당신이 다른 사람으로부터 대접받고 싶은 대로 남을 먼저 대접해 주라. 주라, 주라, 주라! 그런데, 당신이 이렇게 베풀어 줄 때, 당신의 하나님 아버지는 당신이 더 많은 것을 받을 수 있도록 보장해 주실 것이다.

당신은 여기서 미묘하지만 중요한 강조점의 차이를 알 수 있겠는가? 세상 사람들이 볼 때는 대책도 없이 주어 버리는 것처럼 보일 수 있지만, 사실 당신은 하나님의 본을 따르고 있는 것이다.

주님은 은혜를 모르는 악한 자들에게도 인자로우시다(35절 참조). 한때는 당신과 나도 이런 악한 자들이었다. 우리가 감사할 줄도 모르는 악한 사람들이었을 때, 하나님은 우리를 위해 자기 아들을 보내심으로써 궁극적인 사랑의 손길을 펼치셨다.

하나님은 주시는 분(giver)이다. 우리가 줄 때 하나님은 우리에게 돌려주신다. 그러나 그렇게 돌려받는 것이 우리의 드림의 동기가 되어서는 안 된다. 우리는 놀라우신 우리의 아버지를 본받는 순전한 즐거움으로 드려야 한다.

주님이 관심을 가지시는 것은 우리의 마음이다. 초점이 바르게 잡힌 마음은 받는 것보다 주는 것을 더 좋아한다.

달리 표현하면, 하나님은 이렇게 말씀하고 계신 것이다. "네가 주는 것 자체를 목적으로 하여 줄 때, 나는 훨씬 더 큰 분량으로 돌려줌으로써 너에게 상을 주리라." 주님이 상을 주시는 이유는 우리가 드림의 영역에서 - 받음의 영역이 아니라 - 하나님이 역사하실 수 있도록 우리의 마음을 내어드렸기 때문이다. 구약 신명기 15장에도 이 진리에 대한 말씀이 나온다.

네 하나님 여호와께서 네게 주신 땅 어느 성읍에서든지 가난한 형제가 너와 함께 거주하거든 그 가난한 형제에게 네 마음을 완악하게 하지 말며 네 손을 움켜 쥐지 말고 반드시 네 손을 그에게 펴서 그에게 필요한 대로 쓸 것을 넉넉히 꾸어주라 삼가 너는 마음에 악한 생각을 품지 말라 곧 이르기를 일곱째 해 면제년이 가까이 왔다 하고 네 궁핍한 형제를 악한 눈으로 바라보며 아무것도 주지 아니하면 그가 너를 여호와께 호소하리니 그것이 네게 죄가 되리라 너는 반드시 그에게 줄 것이요. **줄 때에는 아끼는 마음을 품지 말 것이니라 이로 말미암아 네 하나님 여호와께서 네가 하는 모든 일과 네 손이 닿는 모든 일에 네게 복을 주시리라** 땅에는 언제든지 가난한 자가 그치지 아니하겠으므로 내가 네게 명령하여 이르노니 너는 반드시 네 땅 안에 네 형제 중 곤란한 자와 궁핍한 자에게 네 손을 펼지니라 네 동족 히브리 남자나 히브리 여자가 네게 팔렸다 하자 만일 여섯 해 동안 너를 섬겼거든 일곱째 해에 너는 그를 놓아 자유롭게 할 것이요 그를 놓아 자유하게 할 때에는 빈 손으로 가게 하지 말고 네 양 무리 중에서와 타작 마당에서와 포도주 틀에서 **그에게 후히 줄지니 곧 네 하나님 여호와께서 네게 복을 주신 대로 그에게 줄지니라 너는 애굽 땅에서 종 되었던 것과 네 하나님 여호와께서 너를 속량하셨음을 기억하라 그것으로 말미암아 내가 오늘 이같이 네게 명령하노라**(7-15절).

여기에 사람들을 도와주고자 하시는 하나님의 마음이 뚜렷하게 나타나 있다. 또한 하나님은 주는 자의 마음의 태도를 보신다는 사실이 더 명백해진다. 하나님은 이스라엘 백성들에게 구제할 때에는 "아끼는 마음"(10절)을 품지 말라고 하신다. 그 시대에도 하나님은 "즐겨 내는 자"(고후 9:7)를 사랑하셨다.

이것이 왜 그런지를 이해하는 것은 어렵지 않다. 당신은 당신의 자녀가 이타적으로 행동할 때 대견스러워하는 마음을 갖지 않겠는가? 당신은 당신의 자녀를 관대한 사람으로 키우기 위해서 물질로 구슬리거나 협박하는 방법을 써야만 한다면 행복하겠는가?

우리는 우리 자녀들이 사랑으로 서로 돕고 배려해 줄 때 기쁨을 느낀다. 육신의 부모인 우리가 그러하듯 하나님도 자기의 자녀들에게 그런 마음을 가지고 계신다.

또 우리가 즐겁게 자원하여 드리는 자로 성장해 가는 것은, 바로 하늘에 계신 우리의 아버지를 닮아 가는 과정이다. 하나님은 우리 안에서 역사하기 원하신다. 그분은 우리 마음을 정결케 하기 원하신다.

그러나 앞서 필자가 인용한 성경 구절에 나타나 있는 것처럼, 우리가 순전한 마음으로 드리는 자가 되기 위해서는 먼저 우리 자신의 어떤 부분을 정직하게 대면하는 과정을 거쳐야 한다.

이기적인 마음

신명기 15장 9절에 따르면, 우리는 다른 사람들에게 긍휼을 베풀지 못하게 하는 악한 생각을 처리해야 한다. 여기서 하나님은 이기적인 마음을 악한 마음이라고 규정하신다. 이기심은 우리가 가진 것이 충분치 않다고 말하며 하나님은 우리에게 필요한 것을 신실하게 채워주시지 않으실 것이라고 속살거린다. 그러나 하나님은 말씀하신다. "너의 마음에 그러한 생각을 받아들이지 말라."

탐욕과 이기심이 드리는 삶의 적절한 동기가 아니라는 것은 분명한 사실이다. 하나님은 우리가 탐욕스럽고 이기적인 마음으로 받아 챙기는 사람이 되지 않고 감사의 마음으로 후하게 베풀어 주는 사람이 되길 원하신다.

여호수아 1장에는 다음의 말씀이 나온다.

이 율법책을 네 입에서 떠나지 말게 하며 주야로 그것을 묵상하여 그 안에 기록된 대로 다 지켜 행하라 그리하면 네 길이 평탄하게 될 것이며 네가 형통하리라(8절).

많은 사람들은 이 구절을 읽고 나서 평탄과 형통의 열쇠는 말씀을 묵상하는 것이라는 결론을 내린다. 당신이 이 말씀을 다른 각도에서 보면 그런 결론이 절반 정도만 맞는 것임을 알게 될 것이다. 이 구절에서 말하고 있는 바는 우리가 말씀을 주야로 묵상함으로써 성경에서 하라고 말씀하시는 것을 '행할 수 있게' 될 것이라는 것이다! 성공과 축복을 가져오는 것은 말씀을 '행하는 것'이다.

이기심이 당신의 원수인 이유가 바로 여기에 있다. 이기심은 하나님을 조종하고 하나님과 타협하고자 시도한다. 우리는 태생적으로 이기적인 존재들이다.

혹시 당신이 최근에 아이를 낳은 사람이라면 나는 당신의 마음을 상하게 할 위험을 무릅쓰고 이 말을 하고 싶다. 당신의 태에서 나온 그 귀한 천사는 그야말로 철저하게 자기밖에 모르는 존재이다.

어린 아기가 처음 하는 말은 "엄마"나 "아빠"가 아니라 "응애!"하는 울음소리다. 이 말을 번역하면 "젖 줘, 기저귀 갈아 줘, 안아 줘. 지금 당장!"이다.

그리고 당신은 영어권의 두 살배기 아이들이 가장 잘 쓰는 단어가 "내꺼"(Mine)인 것을 알고 있는가?

확실히, 이기심은 우리 마음속에 깊이 뿌리 박혀 있다. 이것은 우리의 몸이 자란다고 달라지지 않는다. 당신이 이 말에 의심이 가면 다른 남자의 접시에 있는 갈빗살이나 닭 날개를 가져다 먹어 보라. 그러면 당신은 곤란한 일을 당하게 될 것이다. 대부분의 남자들은 자기 몫의 음식을 남에게 나누어 주기를 싫어한다는 것을 새삼스레 깨닫게 될 것이다.

반면, 대부분의 여자들은 자기 음식을 나누어 먹기를 좋아한다. 여자들이 레스토랑에서 서로 음식을 바꾸어(swapping) 먹는 것을 관찰해 보라. 이런 모습은 시카고 상품거래소 객장에서 스와핑(swapping: 통화, 금리 등의 상황 거래-역주) 거래가 이루어지는 것보다 더 흔하다. 그래서 여성들은 자기 남편들도 접시의 음식을 남들과 나누어 먹기를 좋아할 것이라고 생각한다. 그러나 이것은 틀린 생각이다.

미국에서는 어디에서든지 자동차를 탄 채 패스트푸드를 살 수 있는 곳들이 있다.

한 남편과 아내가 이곳에 왔다. 음식을 주문하는 확성기에서 "버거 서커스에 오신 것을 환영합니다. 무엇을 도와드릴까요?"라는 말이 나온다. 남편은 차창 밖으로 몸을 기울여 필요 이상의 큰 목소리로 말한다. "예, 더블 치즈버거 하나, 프렌치프라이, 그리고 콜라 하나요."

그런 다음에 그는 자기 아내에게 몸을 돌려 묻는다. "여보, 당신은 뭘로 할 거야?" "아, 나는 아무것도 시키지 않을 거야. 당신이 시킨 것을 같이 먹을래." "내가 주문한 것을 먹는다고?" 남자는 이렇게 생각한다. '내가 시킨 것을… 이 사람이 알고나 있나… 내 것은… 내가 먹고 싶은 것을 내 몫으로 주문한 건데!'

물론 이 남자는 이것을 말로 표현하지는 않는다. 그는 대신 이렇게 부드럽게 말한다. "여보, 당신이 원하는 것이 있으면 내가 시켜줄게. 프라이를 먹고 싶으면 그걸 시켜주고." "아니, 아니야." 하고 아내는 말한다. "나는 정말 배고프지 않다니까." 물론 남편은 이제 자기가 시킨 프렌치프라이의 절반이

날아가 버린 것을 안다.
  필자가 말하고자 하는 것은 우리 모두가 이기심이 있다는 것이다. 인간의 타락한 심성은 자기 것만 꼭꼭 챙기면서 남들과는 나누려고 하지 않는다. 그때 사랑 많으신 하늘에 계신 아버지께서 오셔서 말씀하신다. "나는 너의 악하고 이기적인 마음이 달라져서 네가 주는 자가 되기를 원한다. 너는 나를 닮으라."

아끼는 마음

  "줄 때에는 아끼는 마음을 품지 말 것이니라."
  주님은 우리가 읽을 신명기 15장에서 바로 이 말씀을 하신다. 우리에게 이기적인 마음이 있다는 것을 인정한 다음 단계에서, 우리가 주는 자로서의 마음을 갖기 위해 필요한 것은 아까워하는 마음을 처리하는 것이다.
  이 구절 전체를 보자.

  너는 반드시 그에게 줄 것이요, 줄 때에는 아끼는 마음을 품지 말 것이니라 이로 말미암아 네 하나님 여호와께서 네가 하는 모든 일과 네 손이 닿는 모든 일에 네게 복을 주시리라(10절).

  베푸는 삶에 대한 상급은 축복된 삶이라는 것을 유의하라. 하나님은 그런 사람의 범사와 그 손으로 하는 모든 일에 복을 주시겠다고 말씀하신다.
  그러나 주님은 우리가 순종하여 베풀 때에도 아까워하는 마음을 품지 말라고 가르치신다. 베풀고 난 다음에, 그 돈을 그대로 가지고 있었더라면 이것저것을 할 수 있었을 텐데 하는 생각을 하지 않는 것이 중요하다. 이기심은 우리가 베풀기 전에 우리를 공격하지만 아까워하는 마음은 우리가 베푼 '다음'에 우리를 괴롭힐 수 있다.

값비싼 상품을 판매하는 사람은 '구매자의 후회'라고 하는 것이 무엇인지를 잘 안다. 자동차나 집을 사면서 엄청난 액수를 쏟은 사람이 나중에 후회하는 것은 흔히 볼 수 있는 모습이다. 살 때는 좋아했다가도, 시간이 조금 지나고 나면 겁이 나서 '내가 무슨 짓을 한거야' 하는 생각이 든다. 이런 현상 때문에, 충동 구매를 했던 사람들이 그 다음날 환불을 요청하는 경우도 많다.

당신이 성령의 인도하심에 순종하여 무엇인가를 베풀었을 때에도 비슷한 일이 나타날 수 있다. 이것이 의미하는 바는 당신이 베풀기 전에는 물론이고 베푼 후에도 마음을 지켜야 한다는 것이다.

여기에 또 다른 문제가 있다. 많은 사람들이 자발적으로 원해서가 아니라 의무감에서 헌금을 한다. 그들은 드려야 한다는 압박감을 느낀다. 그런 다음에 그들은 그 돈이 이제는 자기 수중에 없다는 것을 생각하며 아까워한다.

하나님은 우리 마음의 더 깊은 곳을 다루기를 원하신다. 우리가 다른 사람에게 축복이 되어 준 다음에 우리 자신의 마음에 후회가 가득하다면 그것이 하나님을 기쁘시게 할 수 있겠는가? 하나님이 하기 원하시는 일이 우리 마음에서 이루어진 것이 이런 모습일까? 결코 아니다.

그렇다면 어떻게 이 아까워하는 마음과 싸워 이길 것인가? 그것은 '당신의' 돈에 대한 적절한 관점을 바르게 가짐으로써 가능하다.

이 관점을 바르게 설명하기 위하여 필자는 설교 시간에 잠깐 설교를 멈추고 이런 말을 한 적이 있다. "자, 여러분 중에 저에게 100달러 주실 분 안 계십니까?" 즉시 어떤 남자가 벌떡 일어나 앞으로 나와서 100달러 지폐를 나에게 주었다. 나는 그 지폐를 호주머니에 집어 넣고 설교를 계속했다.

그때 회중들은 모두 이런 생각을 했을 것이다. '도대체 무슨 일이야? 목사님이 왜 100달러를 달라고 하셨을까? 이 남자는 왜 저렇게 급하게 일어나서 100달러를 주었을까?'(나는 그 남자의 아내가 특히 힘들어 하며 이런 생각을 했을 것이라고 생각한다!)

모든 사람들이 이 상황에 대해 생각할 수 있는 시간적 여유를 준 다음에 나는 다시 한 번 설교를 중단하고 이런 말을 했다. "이 남자 분이 100달러가 필요한지 알지도 못하면서 왜 저에게 즉시 그 돈을 줬는지 설명해 드리겠습니다. 예배가 시작되기 전에 저는 이 남자 분에게 100달러 지폐를 주면서 예배 중간에 제가 요청할 때 돌려 달라고 했습니다. 그래서 제가 그 돈을 달라고 했을 때 이 분이 즉시 주신 것입니다."

이것이 무엇을 말하는지를 설명했다. 그 남자가 나에게 돈을 즉시 준 것은 그것이 원래 나의 것이었기 때문이다. 그는 이 돈을 내게 준 것에 대해 아까워하거나 후회하거나 갈등을 느끼지 않았다. 왜? 그 돈이 원래 자기 것이 아니기 때문이다.

앞 장에서 살펴본 것처럼, 우리가 가진 모든 것에도 이 원리가 적용된다. 모든 것이 하나님의 것이며, 우리는 청지기에 불과하다. 우리가 돈에 대한 하나님의 관점을 갖는다면—모든 것이 하나님의 것임을 인정한다면—하나님이 요청하실 때 그 돈을 드리는 것은 매우 쉽다. 우리는 선선히 드릴 수 있고 후회하지도 않는다. 애초에 우리 것이 아니었기 때문이다.

나는 그리스도인들이 이기적으로 행동하는 것을 볼 때마다 저 사람의 모든 것이 하나님의 것임을 모르거

많은 사람들이 자발적으로 원해서가 아니라 의무감에서 헌금을 한다.

나 잊어버렸구나 하고 생각한다. 그들은 청지기가 아닌 주인 행세를 하고 있는 것이다.

설교 중에 100달러를 준 사람은 나에게 무언가를 베풀어 준 것이 아니다. 그렇지 않은가? 그는 내 것을 돌려주었을 뿐이다. 우리가 드리는 삶에 어려움을 겪는 이유 중의 하나는 청지기로서의 신분에 대한 이해가 부족한 데 있다. 어쩌면 우리는 하나님이 진정한 소유주이시며 우리가 물질을 나누어 주는 것은 원래 주님의 것이었던 물질을 다시 주님께 돌려드리는 것임을 잊어 버렸는지도 모른다.

질문을 해 보겠다. 당신은 베풀고 나서 아까운 마음이 생긴 적이 있는가? 돈을 잃어버린 것 같아서 마음이 서운한 적이 있는가? 그 돈은 애초에 당신의 것이 아니었다!

또 한 번의 마음 교정

이기적인 마음을 극복하고, 아까워하는 마음이 들지 않는 데 성공하고 나면, 드리는 삶을 살기 위해 또 한 번 마음을 고쳐야 할 영역이 나타난다. 그것은 하나님의 도우심으로 아낌없이 후하게 드리는 마음을 키우는 것이다.

필자가 아낌없이 주는 마음을 언급할 때 사용한 'liberal'("자유주의적인"의 뜻도 있음—역주)이라는 단어는 정치적 용어로 쓰인 것이 아니다. 나는 우리의 물질적 소유에 있어 후하고도 자유로운 태도를 갖는 것(liberality)을 나타내는 말로 이 단어를 썼다.

신명기 15장에서 가난한 사람을 위한 구제에 대해 말하고 있는 본문을 다시 주목하라.

네 양 무리 중에서와 타작 마당에서와 포도주 틀에서 **그에게 후히 줄지니** 곧 네 하나님 여호와께서 네게 복을 주신 대로 그에게 줄지니라(14절).

오늘날 우리에게 타작 마당이나 포도주 틀이 없을 수도 있지만, 하나님이 복을 주신 대로 후하게 베풀라는 말씀은 여전히 유효하다. 우리는 베푸는 일에 인색해서는 안 된다. 우리는 후히 주어야 한다. 우리가 아낌없이 베푸는 마음을 개발해야 하는 이유가 여기에 있다.

이것은 우리의 타락한 본성을 거스르는 일이다. 그러나 우리가 자신의 삶을 예수님께 드렸을 때 받게 된 새로운 본질과 완전히 일치하는 일이다. 나는 이런 말을 자주 한다. "나는 이기적인 사람으로 태어났지만, 후한 사람으로 다시 태어났다."

옛 본성이 아닌 새로운 성품을 가지고 살 수 있게 하는 열쇠는 '마음을 새롭게 하는 것'이다. "너희는 이 세대를 본받지 말고 오직 마음을 새롭게 함으로 변화를 받아"(롬 12:2). 마음을 새롭게 하면 변화가 온다.

나의 새로운 성품 – 내 안에 있는 영에 속한 사람 – 은 후하게 베푸는 마음을 갖게 한다. 그러나 나는 이 영역에서 내 마음을 새롭게 하는 것을 배워야 한다. 후하게 베푸는 삶을 살 때 하나님께서 내 삶을 돌보아 주실 것을 믿어야 한다.

나의 옛 성품은 내 환경을 어떻게 하면 나에게 유리하게 만들어 갈 수 있을까에 관심을 갖는다. 이것은 물론 주는 자가 아닌 받는 자의 태도이다. 이 이기심은, 무엇인가 베풀어야 할 일이 생기면 하나님을 조종하려 하거나 하나님과 '타협'을 시도한다. 그러나 아낌없이 주는 마음을 가진 사람은 모든 것이 하나님의 것임을 알고 있으며 하나님이 자기를 돌보시고 축복하실 것을 신뢰하고 있기 때문에 신속하게 후히 베풀 줄을 안다.

이것은 나 자신의 공로가 아니라 하나님이 내 마음속에서 행하신 일이다. 필자가 이 책을 쓰는 것도 이것이 실제로 이루어지는 일임을 증거하기 위해서이다. 하나님은 신실하시다.

얼마 전에 아내와 나는 우리 집에 잠시 머물고 있던 어느 목사님 부부와 대화를 하고 있었다. 그들은 우리가 축복받은 삶을 살고 있음을 확실히 보았다. 그래서 그 목사님은 나의 아내에게 이렇게 물었다. "하나님께서 왜 두 분을 이렇게 크게 축복하셨다고 생각하십니까?"

아내는 잠시 생각을 한 다음에 이렇게 대답했다. "그건 제 남편 로버트의 마음과 관계가 있는 것 같아요. 로버트가 구원받았을 때, 하나님은 그의 마음을 변화시켜 주셔서 하나님이 말씀만 하시면 자신의 것을 모두 나누어 줄 수 있게 하셨어요. 제 남편은 하나님을 사랑하고 주님의 백성들을 사랑해서 실제로 자신이 가진 모든 것을 다 주어 버리는 일을 여러 차례 했지요. 주님께서 그에게 하나님의 백성과 하나님의 일을 위해서 풍성하게 드리기를 원하는 마음을 주신 거예요."

이렇게 드리는 삶이 우리의 삶에 얼마나 큰 기쁨을 가져다 주었는지 말로 다 할 수 없다. 하나님 나라에서 베푸는 사람이 되는 것은 우리가 가질 수 있는 가장 큰 기쁨이다. 그 결과는 우리가 상상도 하지 못했던 신나는 삶이다.

마지막 교정 작업

하나님께서 이 영역에서 우리의 마음을 고쳐 주시도록 허락해 드릴 때, 하나님이 일하셔야 할 영역이 하나 더 남아 있음을 볼 수 있다. 그것은 감사하는 마음을 개발하는 것이다.
 마지막으로 한번만 더 신명기 15장을 살펴보자.

너는 애굽 땅에서 종 되었던 것과 네 하나님 여호와께서 너를 속량하셨음을 기억하라 그것으로 말미암아 내가 오늘 이같이 네게 명령하노라(15절).

 하나님께서는 왜 이스라엘 사람들에게 그들이 과거에 종이었음을 기억하라고 말씀하시는가? 그것을 기억할 때 그들의 마음이 하나님이 그들을 위해 이루어 주신 일들에 대한 감사로 가득할 수 있기 때문이다.
 예배하는 시간이나 조용히 주님을 만나는 시간에 하나님이 나의 과거를 떠올려 주시는 일이 종종 있다. 주님은 죄책감이나 정죄감을 불러일으키기 위해 그렇게 하시는 것이 아니다. 주님은 그것이 깊은 감사를 불러일으키는 것을 아신다. 나는 과거에 엉망으로 살았던 사람이다. 마음의 상처를 많이 받고 자신을 파괴해 가는 삶을 살고 있었다. 그때 주님이 나를 구원해 주셨다. 그리고 나를 생명과 축복된 삶으로 인도하셨다. 이것을 생각할 때마다 내 마음에는 감사가 넘쳐난다.
 우리가 과거에는 종살이를 했으며, 지금 우리가 가진 모든 것이 그분의 은혜로운 손길에 의한 것임을 하나님이 상기시켜 주실 때 우리는 감사하는 마음을 가질 수 있게 된다. 우리가 감사할 때 더 넉넉하게 베푸는 마음을 가지게 된다. 하나님께 대한 진정한 감사는 보기 드문 강력한 능력을 나타낸다.
 필자가 아주 작은 교회의 초청을 받아 베푸는 삶에 대한 설교를 한 적이 있다. 그때 풍성히 베푸는 삶을 실천하고 있는 친구 한 명이 기도로 날 도와주기 위해 이 교회에 같이 갔다. 설교를 하는 시간에 친구는 설교를 듣는 사람들을 위해 기도를 했다. 하나님께서 회중의 마음에서 역사하셔서 그들이 베푸는 삶을 살 수 있도록 그는 기도했다.

설교가 끝났을 때 나는 말했다. "여러분 각자가 오늘 얼마의 헌금을 드리기를 주님께서 원하시는지 기도하며 여쭈어 보시기를 바랍니다." 이때 그 친구도 하나님이 얼마의 헌금을 하기 원하시는지를 여쭈어 보려 했다. 그 순간 그는 자기가 지갑과 수표책을 가지고 오지 않았다는 것을 알게 되었다. 난처하게도 그는 헌금으로 드릴 돈이 한 푼도 없었다.

그는 기도했다. '주님, 제가 무엇을 드릴 수 있을까요? 돈을 전혀 가져오지 않았는데요!' 그 순간 주님은 그가 아주 비싼 새 구두를 신고 있음을 생각나게 하셨다. 주님은 말씀하셨다. "그 구두를 이 교회의 목사님에게 주어라." 이 작은 교회의 목사는 그렇게 좋은 신발을 한 번도 사서 신은 적이 없을 것이라고 생각되었다. 혹시 살 돈이 있었다 하더라고 그러하기 어려웠을 것이며, 그런 돈을 가지고 있을 것 같지도 않았다.

그 순간 그 친구는 하나님께서 특이한 일을 하라고 시키실 때 흔히 떠오르게 되는 온갖 복잡한 생각들로 마음의 혼란을 겪기 시작했다. '사이즈가 안 맞으면 어쩌지? 목사님이 자존심에 상처를 입으면 어떡하지? 사람들은 어떻게 생각할까? 신발을 드리고 나면 나는 양말만 신은 채 돌아가야 하나?'

마침내 그는 결단을 내렸다. '주님이 말씀하셨으니, 어쨌든 순종해야지.'

그는 목사님의 사모님에게 가서 물었다. "목사님께서는 구두 사이즈가 어떻게 되시나요?" 목사님의 구두 사이즈는 그가 신고 있던 사이즈와 똑같았다. 말할 필요도 없이, 그날 밤 그 친구는 양말만 신은 채 나와 함께 차를 타고 집에 돌아왔다. 그러나 그는 은혜를 받고 기쁨으로 충만했다. 구두를 받은 목사님도 은혜를 받고 기뻐했다.

몇 년이 지난 후, 나는 그날 밤 그 교회의 예배에 참석했던 어떤 사람의 이야기를 듣게 되었다. 그는 당시 그리스도를 막 믿게 된 초신자였다. 그는 거듭나기 전에 가진 돈을 다 탕진하여 빈털터리 신세가 되어 있었다. 헌금시간에 그는 이렇게 말했다. '주님, 제가 무엇을 드릴 수 있을까요? 저는 가진 돈은 없지만 마음은 주님이 저에게 행하신 일들 때문에 기쁨으로 가득합니다.'

이 말을 했을 때 주님은 그가 가진 생명보험 증서의 수혜자를 교회로 바꾸어서 교회에 헌금으로 드릴 수 있다는 생각을 떠오르게 하셨다. 그래서 그는 10만 달러짜리 보험증서를 교회에 헌금으로 드렸다. 몇 년이 지나 그는 소천했다. 그리고 교회가 보험금을 수령했다. 그가 다른 방법으로는 도저히 드릴 수 없었을 큰 액수의 헌금이었다.

탐욕인가 감사인가

앞서 언급한 것처럼, 진정한 감사의 마음은 보기 드물고 귀한 것이다. 필자는 지난 여러 해에 걸쳐, 아내와 내가 다른 사람들에게 베풀어 주는 축복된 삶을 살아온 것에 대해 주님이 어떻게 느끼시는지 조금이나마 알게 되었다.

우리가 어떤 것을 누군가에게 베풀 때 우리는 받는 사람들이 두 가지의 상반된 반응을 보이는 것을 알 수 있었다. 그들은 이 축복을 감사함으로 받거나 탐욕으로 받았다. 이것이 무슨 뜻인지를 설명해 보겠다.

우리가 어떤 사람들에게 무엇인가를 베풀어 줄 때 두 번째 유형의 반응을 보이는 사람들이 더 많다. 처음 베풀 때는 받는 사람이 놀라움과 감사함으로 받는다. 그러나 후하게 드리는 헌금이 여러 차례 반복되면 그 사람은 자기가 그것을 당연히 받아야 하는 것으로 여기게 되는 것을 볼 수 있었다.

우리도 늘 똑같은 방식으로 하나님께 반응한다. 하나님은 우리에게 계속 축복하시고 베풀어 주신다. 그러면 머지않아 우리는 그것을 당연히 받을 것으로 여기는 마음을 갖는다. 그러다 그것이 끊기면 우리는 마음이 상해서 분노한다.

그것은 탐욕 또는 감사의 문제이다. 나는 이 차이를 잘 알게 해 주는 경험을 한 적이 있다.

아내와 내가 자동차를 다른 사람에게 거저 주는 과정에서 있었던 일이다. 우리는 집 앞에서 우리의 자동차를 받을 부부를 기다리고 있었다. 그때 마침 우리 집 앞 진입로에는 자동차가 두 대 서 있었다. 하나는 그들에게 줄 것이었고 다른 하나는 우리의 것이었다.

그 사람의 아내되는 분은 우리의 선물에 대해 감사하다고 말했다. 그녀는 굉장히 좋아하며 감사를 맘껏 표현했다. 그런데 남편은 달랐다. 우리가 대화를 하는 중에 그는 '우리 부부'의 차가 너무 좋다는 말만 계속 했다.

잠시 후 우리가 집 안으로 들어왔을 때 그는 솔직하게 이런 말을 했다. "다른 차도 혹시 다른 사람에게 주실 예정이세요?" 나는 마음속으로 이렇게 생각했던 것으로 기억한다. '당신한테는 안 줘요.'

우리는 소유에 대한 우리의 태도가 우리 마음의 진정한 상태를 드러내 주는 능력이 있다는 것을 알아야 한다. 그것이 탐욕이건 감사이건, 돈과 물질은 우리 마음속의 것을 겉으로 나타나게 해 준다.

당신이 부모라면 스스로에게 이 질문을 해 보라. 내 아이의 어떤 마음을 보았을 때 그 아이에게 상을 주고 싶은 마음이 생기는가? 탐욕인가 감사인가? 당연히, 훌륭한 부모라면 누구라도 감사하는 태도에 대해 상을 주길 원한다. 하나님도 마찬가지이시다.

땅콩의 축복

하나님께서 우리의 마음에서 역사하실 때, 우리는 되돌려받을 것을 염두에 두지 않고 조건 없이 베풀 수 있게 된다. 베풂으로써 받는 축복은 부산물일 뿐이지 우리의 목표가 아니다.

나는 코스타리카의 어느 신학교에 강의를 하러 갔을 때 좋은 사례를 경험했다. 이 신학교에서는 매주 금요일을 '다른 사람을 축복하는 날'로 정해 놓고 있었다. 이 날은 학생들이 다른 사람들에게 무엇인가를 베풀기로 한 날이었다.

학생들 중에는 돈이 없어서 땅콩을 재배하는 농부를 도와 일을 하며 학비를 충당하는 사람이 있다는 말을 들었다. 그는 자기를 고용한 농부에게 가서 말했다. "제가 다른 사람을 축복하는 날에 땅콩을 주고 싶습니다. 제 월급에서 이 땅콩 값을 제하고 땅콩 하나씩을 가져갈 수 있게 해 주시겠습니까?" (생각해 보라. 이 젊은이가 땅콩 밭에서 일을 하면서 땅콩 한두 개 정도를 주머니에 집어넣는 것이 얼마나 쉽겠는가? 하나님은 정직한 자를 축복하신다). 농부는 이에 동의했다. 그래서 금요일마다 이 학생은 학교에 땅콩 하나씩을 가지고 와서 같은 학급의 다른 학생에게 주었다.

이와 같이 이기심 없이 풍성히 나누어 줄 줄 아는 마음을 가진 젊은이를 하나님이 축복하시는 것은 당연한 일이다. 머지않아 그는 땅콩이 아닌 현금을 급우들에게 줄 수 있게 되었다. 학기말이 되었을 때 그는 가난한 급우들에게 연필을 비롯해 학용품을 나누어 주었다.

그 해 말에는 하나님께서 그를 크게 축복하셔서 다른 학생의 1년치 등

> 우리가 이기심을 벗고 하나님께 대한 감사의 마음으로 아낌없이 나누어 주는 사람이 되었다면, 우리는 이미 축복된 삶의 가도에 진입한 것이다.

록금을 대신 납부해 줄 수 있게 되었다. 그가 졸업할 무렵에는 자기 이외에 10명의 학생들의 등록금을 내 주었다.

신학교를 졸업한 지 몇 년이 지나지 않아서 그는 자기가 일했던 땅콩 농장을 사서 학비를 낼 수 없는 처지의 학생들 수십 명의 등록금을 대신 내 줄 수 있게 되었다.

이 모든 것은 하나님이 그의 마음속에서 일하시기 시작한 결과였다. 그는 땅콩밖에 줄 것이 없었을 때 땅콩을 주는 것부터 시작했다. 얼마나 많은 것을 줄 수 있는가는 중요하지 않다. 중요한 것은 베풀어 주는 삶의 배후에 있는 동기이다.

하나님은 주는 자를 축복하시는가? 물론이다! 그러나 축복의 약속은 우리를 현혹시키기 위해 주어진 것이 아니라, 많은 믿는 자들이 베푸는 삶을 살지 못하도록 막고 있는 두려움과 아까워하는 마음에서 우리를 자유케 해 주기 위해 주어진 것이다.

그렇다. 당신이 주는 삶을 살기 시작했을 때 "주라 그리하면 너희에게 줄 것이니 곧 후히 되어 누르고 흔들어 넘치도록 하여 너희에게 안겨 주리라." (눅 6:38) 하신 말씀이 그대로 이루어질 것이다.

하나님은 주는 자에게 축복을 부어주신다. 그렇게 하시는 이유는 그로 하여금 하나님 나라를 위해 더 많은 것을 계속 드릴 수 있게 해 주기 위해서이다. 그러나 이렇게 되기 위해서는 마음의 변화(heart transplant : 심장 이식-역주)가 필요하다.

우리가 이기심을 벗고 하나님께 대한 감사의 마음으로 아낌없이 나누어 주는 사람이 되었다면, 우리는 이미 축복된 삶의 가도에 진입한 것이다.

올바른 일을 하라
●Do the Right Thing●

chapter 7

Do the Right Thing

●●●● 앞서 1장에서 언급한 낡은 스테이션 왜건을 기억하는가? 우리가 그런 '케케묵은' 자동차를 몰았던 것은 이유가 있었다. 누구나 짐작하듯 더 좋은 차를 살 돈이 없었기 때문이 아니었다. 하나님께서 우리의 재정에 대하여 다음과 같은 세 가지 중요한 것을 가르쳐주셨기 때문이었다.

1. 빚을 갚으라
2. 다른 사람들을 조종하지 말라
3. 주라

우리에게는 이 세 가지의 중요한 재정적 원리가 축복된 삶을 살게 하는 추춧돌이 되었다. 나는 이 원리들이 여러분에게도 하나님이 주신 재정적 약속의 땅에 살 수 있게 해 주는 열쇠가 될 것이라고 생각한다.

그래서 이번 장에서는 이 세 가지 원리들을 자세히 설명하고 당신에게 영감을 주고 교훈이 될 만한 간증을 몇 가지 나누고자 한다.

빚을 갚으라

우리가 13만 마일이나 주행한 1973년형 스테이션 왜건을 구입한 이유는 간단했다. 현금으로 살 수 있는 것 중에서 운행 가능한 차는 그것밖에 없었기 때문이었다. 우리는 그 차를 750달러에 샀다.

그 차를 사기 전에 우리는 1년 된 풀 옵션 올스모빌을 갖고 있었다. 그것은 크고 멋진 차였지만 정확하게 매달 할부로 370달러가 나가야 했다. 당시 우리 집의 집세가 매달 320달러였다(1980년대 초반의 물가를 고려해서 생각하기 바란다). 주님께서는 이것이 청지기의 관점에서 볼 때 얼마나 어리석은 일인지 곧 깨닫게 해 주셨다. 한마디로 멍청한 짓이었다!

하나님은 우리에게 이 차를 팔고 빚을 갚으라고 말씀해 주셨고 우리는 이에 순종했다. 그런 다음에 그 낡은 왜건을 750달러에 구입했다. 우리는 이 차를 놓고 기도했다. 또 이 차에 기름을 발랐다(한 주에 한 쿼트 정도의 기름을 부었다). 우리는 이 차를 사랑했다. 왜냐하면 이 차가 겉보기에 썩 좋지는 않았지만, 우리가 하나님의 뜻의 중심에 들어 와 있다는 것을 알았기 때문이었다.

우리는 빚을 완전히 갚는 데 1년이 걸렸다. 하지만 당신은 부채를 다 청산하려면 시간이 그보다 더 걸릴 거라고 생각할 것이다. 우리는 이것을 현실화시키기 위해서 다음과 같이 했다.

빚이 있는 동안 우리는 정말로 필요한 물품 이외의 것은 사지 않았으며 외식도 하지 않았다. 또 영화도 보러 가지 않았으며 새 옷을 사지도 않았다. 그

해 중반에 전자레인지가 고장났지만 새 것을 사지도 않았다.

우리가 그 기간에 아무것도 사지 않은 것은 그 시간이 아무리 오래 걸린다 할지라도 반드시 빚을 다 갚아버리겠다는 엄숙한 결단을 했기 때문이었다. 우리는 주님께 이렇게 말씀드렸다. '정말로 그렇게 할 겁니다.' 그리고 우리는 그 결단을 행동으로 보였다.

많은 사람들이 부채를 청산하기 원한다는 말을 했지만 그중에서 자신들의 삶의 방식을 실제로 바꾼 사람은 별로 없었다. 그들은 여전히 습관적으로 외식을 했다. 그들은 여전히 오락과 휴가를 위해 비용을 많이 지출했다. 그들은 여전히 새 옷을 사들였다. 그들은 새 집이나 새 차와 같이 돈이 많이 드는 것을 신용 구매하는 일도 계속 했다.

나는 우리 교회의 어느 부부가 심각한 재정적 어려움을 겪고 있는 중에 우리에게 상담을 하러 왔던 것을 기억한다. 대부분의 사람들과는 달리 그들은 우리가 일러준 말대로 했다(목사에게 도움을 구하러 온 사람들 중에는 상담이 끝난 후에는 목사가 해 준 말을 무시하고 자기 생각대로 행동하는 사람들이 많다. 그럴 것이면 애초에 왜 상담을 받았는지 알 수 없는 일이다!).

그러나 이 부부는 상담을 요청한 후 우리에게 들은 내용대로 실천했다. 우리는 그들을 사랑하는 마음으로 솔직하게 말해 주었다. "지금 살고 있는 집이 현재의 형편에 어울리지 않습니다. 팔아서 작은 집으로 이사 가세요. 또 다른 단호한 조치들도 취하셔야 합니다."

놀랍게도 그들은 이 말대로 했다. 그들은 성령의 인도하심에서 나온 경건한 지혜를 따랐다. 그 결과는, 하나님께서 그 가정을 크게 축복하셨다. 최근에 그 부부는 차가 필요했던 우리 교회의 한 젊은이에게 차를 선물해 줄 수 있을 정도까지 되었다.

극도의 경제적인 어려움을 겪었던 그들이 이제는 자동차를 선물로 줄 수 있게 된 것이다. 자신의 생활의 수준을 낮춤으로써(자신들이 기쁨과 평강과 성취감을 느낄 수 있는 수준으로) 그들은 엄청나게 상승할 수 있었다.

만일 당신이 주는 자의 삶을 산다면, 당신은 얼마 안 가서 남에게 무엇인가를 나누어 주기에 충분한 삶의 수준으로 올라가게 될 것이다. 이렇게 할 수 있기 위해서는 먼저 빚에서 헤어 나와야 한다.

우리가 부채에서 벗어나고자 하는 결단이 확실한 것을 주님이 보시면, 주님은 우리를 엄청나게 축복하기 시작하실 것이다. 우리가 1년 만에 빚을 청산할 수 있었던 것이 바로 이 때문이었다.

이 원리의 위대함이 여기에 있다. 당신은 홀로 선 자가 아니다. 당신이 일단 믿음의 발걸음을 내딛기 시작하면 이미 준비하고 계신 하나님께서 모든 도움을 하늘로부터 부으실 것이다.

그러므로, 이렇게 질문하고자 한다. 당신은 재정 문제에 있어 하나님께 얼마나 진지하게 순종하는가?

아내와 나는 우리의 돈이 모두 주님께 속해 있다는 것을 이해하게 되었다. 그래서 우리는 돈을 쓰기 전에 주님께 먼저 물어본다. 무엇인가를 구입히기 위한 중요한 결정을 앞두고는 반드시 이에 대해 기도를 하고, 지출을 하기 전에 하룻밤을 기다려 보아야 한다.

나는 식품점에서 콘플레이크를 살 것인지 아니면 건포도 브랜을 살 것인지를 결정하기 전에 밤새 기도하라고 말하는 것이 아니다. 다만, 크든 적든 모든 지출에 대해 주님께 문의하고,

> 당신이 일단 믿음의 발걸음을 내딛기 시작하면 이미 준비하고 계신 하나님께서 모든 도움을 하늘로부터 부으실 것이다.

결정을 내리기 전에는 하룻밤을 기다려 보라는 것이다.

우리는 무엇인가를 살 때 충동구매를 하게 되는 경우가 80퍼센트가 넘는다. 그러므로 잠깐이라도 기도를 하고 흥분을 가라앉힐 시간을 가져보는 것이 재정 사용에 있어서 많은 실수를 방지할 수 있는 길이다.

이는 특히 당신이 어떤 세일즈맨으로부터 특정한 물건을 구입하도록 압력을 받고 있을 때 유효한 방법이다. 잠재적인 고객이 "그것에 대해 기도해 보겠습니다."라고 말하면 고가의 물건을 판매하는 세일즈맨들은 고객의 의견을 존중한다는 의사표현을 하고는 잠시 물러나 있다가 몇 분 후 다시 오는 것이 보통이다. 그들은 그렇게 하도록 교육을 받는다. 그러나 그들은 밤새 기도를 해 본 후에 구매 여부를 결정하겠다고 말하면 대답할 말이 없어진다.

하나님께 순종하여 부채를 청산한 결과로 주어지는 상급 중 가장 큰 것은 하나님이 어떤 것을 하라고 말씀하실 때 바로 그 일을 할 수 있는 자유를 얻는 것이다. 몇 가지 예를 들어 보겠다.

이전에 내가 고용했던 사람이 내가 자기를 속여서 월급 2천5백 달러를 떼먹었다고 불평한 적이 있었다. 나는 그가 잘못됐다는 것을 입증할 수 있는 회계장부상의 기록을 가지고 있었다. 그는 덜 받은 것이 전혀 없었으며, 나는 그것을 입증할 수 있었다! 그러나 나는 5리를 가자고 하면 10리까지도 가 주는 원리를 믿는다. 또 그렇게 할 때 하나님이 항상 축복하시는 것을 알고 있다.

그래서 우리는 그 당시에 가지고 있던 차량을 팔고(이 차는 현금으로 산 것이어서 전적으로 우리 소유였다) 값이 덜 비싼 차를 샀다. 그리고 그 차액 중 2천5백 달러를 그에게 보냈다.

우리는 그에게 돈을 주어야 할 의무가 없었다. 그러나 우리는 하나님께서 이렇게 말씀하시는 것으로 느꼈다. "5리를 가자고 하면 10리라도 가 주어라." 바로 그 다음 주에 어떤 사람이 우리에게 가격이 2만5천 달러에 달하는 밴을 선물로 보내 주었다.

또 한 번은 나에게 400달러를 받지 못했다고 말하는 퇴직한 직원이 있었다. 그는 잘못 알고 있었다. 나는 그에게 400달러를 줄 일이 없었다. 내가 그것을 입증할 수 있었다. 그러나 다시 한 번 우리는 10리를 가 주기로 결단했다. 로마서 12장에서는 "할 수 있거든 너희로서는 모든 사람과 더불어 화목하라"(18절)고 말씀하신다.

솔직히 말해서, 나는 사람에게 부당한 대우를 받지 않으려고 하다가 하나님의 축복을 잃어버리느니, 차라리 사람에게 속더라도 하나님께 축복받는 편을 선택하겠다. 내가 바른 선택을 할 때마다 하나님은 항상 나를 축복하셨다.

그래서 나는 그 퇴직한 직원에게 400달러를 보냈다. 그 다음 주에 나는 뜻하지 않게 5천 달러의 헌금을 받았다. 하나님은 올바른 일을 하는 것에 대해서 항상 축복하신다.

하나님은 선한 청지기를 찾고 계신다. 그분은 "가이사의 것은 가이사에게, 하나님의 것은 하나님께 바치라"(마 22:21)는 말씀을 순종하는 사람을 찾으신다. 이것은 또한 우리가 세금을 정직하게 납부해야 하며 베풀 때 인색하지 말아야 한다는 것을 의미한다.

이것을 생각해 보라. 만일 하나님이 정말로 우리 마음에서 역사하셨다면, 우리 마음에서 십일조를 아까워하며 액수를 줄여 보려고 하는 생각을 어찌 할 수 있겠는가? 우리의 전체 수입이 아닌 순수입의 십일조만 드려야 한다는 논리를 정당화하기 위해 그렇게 애써야 할 필요가 어디 있겠는가?

여기에 열쇠가 있다. 하나님은 우리의 마음을 바꾸어 주기 원하신다.

절대로 다른 사람들을 조종하지 말라

하나님이 우리 삶에 두신 두 번째 주춧돌은 분명한 명령의 형태로 우리에게 주어졌다. "조종하지 말라."

내가 순회 설교자로 사역할 때, 나에게는 내 사역을 위해 한두 번씩 헌금을 해 준 사람들의 명단이 있었다. 나는 그 명단에 있는 사람들에게 정기적으로 소식지를 보내서 내 사역의 현황을 알려주고 우리에게 무엇이 필요한지를 알려주었다.

이런 일은 그 자체로서는 아무런 문제가 없다. 사역자가 기부자 명단을 관리하며 그 사역에 필요한 것이 무엇인지를 그들에게 알려주는 것은 적절한 일이다. 그런데 나는 문득 나 자신이 이 명단을 재정 공급의 원천으로 인식하기 시작했음을 깨닫게 되었다.

예를 들면, 텍사스 주 휴스턴에는 내 편지를 받을 때마다 꼬박꼬박 300달러씩 보내주는 후원자가 있었다. 이 명단에 대한 내 마음을 주님이 다루시기 시작했을 때, 나는 이런 생각을 했던 것으로 기억한다. '그렇지만, 주님, 만일 제가 이 명단으로 소식을 보내지 않으면 휴스턴에 있는 그분 같은 이들은 저에게 헌금을 안 보낼지도 모르잖아요.' 이때 주님은 이렇게 대답하셨다. "그가 헌금을 하기를 내가 원한다면, 내가 그에게 말해 주겠다."

나는 이에 순종하여, 나 자신의 재정 공급원으로 인식되기 시작했던 그 명단으로 편지를 보내는 일을 중단했다. 당연히 휴스턴의 그 후원자는 300달러의 헌금을 더 이상 보내 주지 않았다.

나는 주님께 이렇게 말했던 것이 기억난다. "주님, 그가 저에게 헌금하기를 주님이 원하신다면 주님이 직접 그에게 말씀을 해 주실 줄 알았는데요." 그러자 주님은 이렇게 대답하셨다. "그래. 내가 분명히 그에게 말을 하지 않앉던 것 같지, 그렇지?"

주님은 내가 재정적 공급을 위해 어느 곳을 신뢰하고 기대하고 있는지를 이런 방식으로 보여 주기 시작하셨다. 주님은 누가 나의 공급원인지에 대해 알게 하시고 나의 초점을 교정하셨다.

올바른 일을 한다는 것은 온전하게 사는 것을 의미한다. 즉 숨겨진 의도나 동기가 없어야 한다는 것이다. 다시 강조하거니와, 사역을 위해 후원편지 발송 명단을 관리하는 것은 결코 비윤리적인 것이 아니다. 다만 그 명단에 있는 사람들을 재정적 공급원으로 보기 시작하는 것이 문제이다. 당신이 이 덫에 걸리면 사람들의 헌금을 유도하기 위하여 조종을 하는 단계로 넘어가기가 쉽다.

내 경우는, 나의 필요를 채우시는 분이신 하나님만을 바라보는 데서 떠나 사람들을 바라보기 시작했던 것이 문제였다.

만약 당신이 목사, 선교사, 전도사이거나, 또는 다른 사람의 헌금을 통해 운영이 되는 사역체에 몸담고 있으면서 안식년을 얻어 후원자들을 방문하는 입장이라고 할 때, 이 문제에 대해 늘 조심해야 한다. 이것은 누구나 걸려들 수 있는 덫이다.

당신이 바라보고 있는 공급원은 누구인가? 누가 재정의 공급을 해 줄 것으로 기대하고 있는가? 당신을 도와줄 만한 사람들과 함께 있을 때 슬쩍 암시를 준 적은 없는가?

나는 이 문제를 다음 장에서 더 자세히 다룰 것이다. 그러나 지금 말하고자 하는 것은 베푸는 일에 은사가 있는 사람들은 다른 사람이 자신을 조종하려 하는 것을 금방 분별해 내는 능력이 있다는 것이다. 주님은 이 조종에 휘말려 헌금하는 것을 허락하지 않으실 것이다.

솔직히 말하면, 조종은 일종의 주술 행위다. 그것은 하나님께서 친히 말씀하시고 설득하실 수 있는 능력을 신뢰하는 대신에 우리 자신이 말하고 설득하는 능력에 의지하는 것이다. 하나님은 당신의 조종의 도움을 받지 않고 당신에게 공급하실 수 있으시다!

예를 들어 보자. 내가 목회하는 교회에서 최근에 열렸던 당회에서 이런 일이 있었다. 당회원들은 모두 어느 특정한 교회의 건축을 위해 우리 교회가 헌금을 하도록 주님이 인도하신다는 감동을 받고 있었다. 이 교회는 우리와 친하게 교제를 하고 있는 교회는 아니었다. 사실은 우리가 이 교회의 지도자들과는 만난 적도 없었다. 우리가 아는 것은 성령께서 그들을 도우라고 우리에게 말씀하고 계신다는 것이었다. 그들은 아마도 재정 공급을 위해 기도하고 있었을 것이다. 그리고 하나님은 우리 교회의 장로들에게 들을 귀를 주신 것이었다.

하나님은 우리의 모든 필요한 것을 채워주실 수 있으시다. 그러나 우리가 사람을 조종하는 방법을 사용하려 한다면 주님은 우리에게 그렇게 역사하지 않으실 것이다. 우리가 이 책에서 지금까지 다루어 온 내용들이 다 그러하듯, 이것도 결국은 마음의 문제이다.

나는 겉으로 보기에 행여 조종하는 듯한 모습이 나타날까 하여 조심한다. 이를테면, 나는 지난 20년 동안 헌금에 대해 가르치고 설교해 왔지만, 헌금에 대해 설교한 다음에는 우리의 사역을 위한 헌금을 거둔 적이 한 번도 없다. 그 대신, 청중들에게 항상 자신이 출석하는 지역 교회에 먼저 헌금을 드려야 한다고 권면했으며, 그런 다음에 다른 교회나 선교 단체들을 위한 헌금을 할 수도 있다고 가르쳐 왔다.

나는 헌금에 대한 설교를 한 다음에 자신을 위한 헌금 시간을 인도할 마음이 있는 사람을 강단에 세우지 않는다. 그러나 슬프게도 그렇게 할 의향이 있는 정도가 아니라 반드시 그렇게 하려고 하는 사람들이 많은 것이 현실이다.

내 친구들 중에 재정 문제로 고통을 겪어 온 목사가 있다. 그가 한번은 어떤 사람을 통해 헌금에 대한 설교를 잘하는 유명한 사역자를 추천받아 그에게 전화를 하게 되었다. 그는 다만 자기 교인들에게 헌금에 대한 진리의 말씀을 잘 전하기 위해 어떻게 해야 하는지에 대한 조언을 듣고자 했을 뿐이었다.

그 사역자는 이 목사에게 자기가 직접 가서 개인적으로 도와주겠다고 말했다. 그는 자기가 그 교회를 방문하여 헌금에 대한 설교를 해 주겠다고 제안했다. 내 친구 목사는 이 제안을 받아들였다.

이 사역자는 교회에 와서 성도들에게 밀린 십일조를 내야 한다고 가르쳤다(이전에 내지 못한 십일조를 뒤늦게라도 갚아야 한다는 가르침이었다). 나는 개인적으로 이런 교훈이 성경 어디에도 나오지 않는다고 본다. 그와는 반대로, 우리가 잘못할 수 있는 삶의 다른 영역에서 그러하듯이, 이런 문제에 대한 해답은 변상이 아니라 회개이다. 예수님께서는 우리의 '모든' 죄에 대한 대가를 치르셨다. 우리가 추가로 갚아야 할 것은 전혀 없다.

그럼에도 불구하고, 성도들은 이 설교에 잘 반응하였고, 그날 6만 달러의 헌금이 나왔다. 예배가 끝난 후, 이 사역자는 그날 나온 헌금 전액이 그 교회의 재정으로 들어갈 것이 아니라 자기의 사례비가 되어야 한다고 주장했다. 친구 목사가 들은 말은 이러했다. "당신은 내 사역을 위해 씨앗을 심음으로써 축복을 받게 될 것입니다."

그것은 순전히 조종에 불과하다. 그 설교자가 떠난 후, 그 교회는 이전과 마찬가지로 여전히 어려운 상태에 머물러 있게 되었다. 필자는 이런 유의 일은 하나님 앞에서 가증한 것이라고 확신한다.

마치 내가 자랑하는 것 같이 들릴 위험을 무릅쓰고 이 말을 하고자 한다 (사실은 자랑이 아니다. 모든 것이 하나님의 은혜로 말미암은 것이다). 내가 헌금을 주제로 설교를 했던 모든 교회의 목사님들은 집회 이후에 자기 교회가 더 건강해졌다는 말을 필자에게 해 주었다. 성도들이 십일조와 헌물을 드리는 기쁨을 깨닫게 되었을 때, 몇몇 교회들은 재정이 두 배로 늘었다. 어떤 교회들은 세 배로 늘기도 했다. 이 경우에 증가한 것은 재정만이 아니었다. 교회 안에서 평강과 기쁨도 더 커졌다. 예배 출석 인원도 늘었다. 봉사자로 자원하는 사람의 숫자도 더 늘었다. 예배 시간에는 더 강한 은혜가 임했다. 이 모든 것은 교회의 건강성의 결정적인 표징이다. 이 모든 것은 성도들이 헌금을 드림으로 해서 하나님께서 자신의 마음에서 역사하시도록 해 드린 결과였다.

왜 이런 일이 가능한 것일까? 그 해답은 마태복음 6장 21절에 있다고 생각한다. 여기서 예수님께서 "네 보물 있는 그 곳에는 네 마음도 있느니라" 하고 말씀하신 것을 기억하라. 성도들이 지역 교회를 통해서 자신의 보물을 하나님께 투자하기 시작했을 때 그들의 마음도 따라 움직인 것이다.

같은 이치로, 어떤 사람이 주식 시장에 처음 투자할 때도 이와 같은 모습이 나타난다. 특정 주식에 투자를 하면 그 주가의 추이에 관심을 갖게 된다. 신문이나 인터넷을 통해 며칠이 멀다 하고 주식 시세를 체크하게 된다. 텔레비전에서 당신이 투자한 회사에 대한 뉴스가 나오면 귀를 세우고 듣게 된다. 왜 그러는가? 당신의 보물이 있는 그곳에 당신의 마음도 있기 때문이다.

만일 하나님의 마음이 있는 곳에 당신의 마음도 있기를 원한다면 – 지역

> 만일 하나님의 마음이 있는 곳에 당신의 마음도 있기를 원한다면 – 지역 교회나 영혼을 구원하는 사역이 그러한 곳이다 – 당신의 보물을 그곳에 두라.

교회나 영혼을 구원하는 사역이 그러한 곳이다 – 당신의 보물을 그곳에 두라. 당신의 마음도 따라올 것이다.

하나님의 백성이 헌금의 의미를 깨닫게 된다면 – 하나님이 그 마음에서 역사하실 때 이것이 가능해진다 – 그들은 자신의 교회에서 봉사하고자 하는 마음이 생기기 시작할 것이다. 주일학교의 성장을 원하는 마음이 그들에게 생긴다. 그들은 또한 교회의 청년회 사역이 잘 성장하기 원하는 마음을 갖게 될 것이며, 성가대가 힘 있게 찬양하기를 원하게 될 것이며, 교회 사역자들이 축복받는 모습을 보기를 원할 것이다. 또 그들은 선교 사역을 위해 마음껏 물질을 드리기를 원하게 될 것이다.

성도들이 십일조와 헌물을 풍성히 드리는 것의 의미를 알게 되면 교회 전체의 분위기가 바뀌어질 것이다.

주라!

그러나 하나님은 말씀하신다. "빚을 갚으라!" 그분은 또 말씀하신다. "다른 사람을 조종하지 말라." 하나님이 재정의 영역에서 우리에게 주신 세 번째 교훈은 "주라"는 것이다. 우리는 풍성히 드리기를 시작해야 한다. 십일조뿐만 아니라 십일조를 넘어선 헌물을 풍성히 드려야 한다.

아내와 내가 십일조를 넘어서는 헌금을 정기적으로 드리기 시작했을 때의 일을 기억한다. 하나님은 즉시 우리의 수입을 축복하시고 늘려 주시기 시작하셨다. 우리는 기도의 과정을 거쳐, 우리의 총수입의 10퍼센트를 십일조로 교회에 드리고, 또 10퍼센트를 추가로 선교 사역에 드리기로 약정했다. 우리가 헌금을 두 배로 하기 시작한 그 해에 주님은 우리의 수입도 두 배로 늘려 주셨다.

지금까지 필자는 우리 가정의 헌금 생활에 관한 간증을 들려주었다. 이제, 내가 이 메시지를 다른 사람들에게 전하면서 보고 들은 간증 이야기 몇 가지를 더 들려주겠다.

내가 어느 교회에서 설교했던 한 가정의 사례이다. 이 가정은 가족들이 겪는 개인적인 어려움 속에서 같은 교회의 한 가정으로부터 1천2백 달러를 빌려 썼다. 빌려 준 가정에서는 그 돈이 반드시 필요한 것은 아니기 때문에 갚을 걱정을 하지 않아도 된다고 그들에게 말해 주었다.

그러나 돈을 빌린 가정에서는 좋은 청지기가 되기 위해서는 빌린 돈을 속히 갚아야 한다는 강한 느낌을 갖게 되었다. 이것이 그들의 기도 제목이 되었다. 그들은 빌린 돈을 갚을 수 있는 능력을 달라고 하나님께 기도했다.

어느 날 밤, 나는 헌금에 대한 설교를 준비하고 있었다. 바로 그날 오후에, 돈을 빌린 그 가정의 식구들은 팻 로버슨의 '700 클럽'이라는 프로그램을 시청하고 있었다. 이 프로그램에서 팻 로버슨 목사는 부채가 있는 어느 가정에 대한 예언의 말씀을 선포했다. 그는 하나님이 그 가정에게 이 부채를 갚을 수 있는 방법을 초자연적으로 주시고자 한다고 말했다. 그들은 흥분해서 이 말씀을 믿음으로 붙잡았다.

그날 저녁 집회에서 나는 예정대로 헌금에 대한 설교를 했다. 성도들에게 먼저 자신이 섬기는 교회에 헌금을 하고 그 다음으로는 어디든 성령님이 인도하시는 곳에 헌금을 드릴 것을 권면했다. 이 말씀을 전하고 있는 중에 이 교회의 성도들은 자연스럽게 이 가족에게 가서 그들의 호주머니에 헌금을 넣어 주었다. 그들은 집에 와서 그것을 꺼내서 주방 테이블 위에 놓았다. 정확하게 1천2백 달러였다. 그 다음날 밤에 그들은 자신들에게 돈을 빌려 주었던 가정에게 한 푼의 오차 없이 기쁨으로 돈을 갚았다.

또 다른 사례를 보자. 필자가 방문하여 설교했던 어느 교회에 교통사고를 당해서 큰 부상을 입고 휠체어를 타고 다니는 사람이 있었다. 부상이 심했기 때문에 의사는 그에게 3개월 동안 휠체어를 타야 하며 또 그 다음 3개월 동안에도 목발을 짚고 다녀야 한다고 말해 주었다.

내가 그곳에서 설교를 했을 때는 그가 사고를 당한 지 2주가 지난 때였다. 사고 당시 그가 운전하던 트럭은 완전히 부서졌다. 또한 보험에도 들어 있지 않았다.

필자가 설교를 했던 그날 밤, 많은 사람들이 주님의 감동하심에 따라 그에게 헌금을 했다. 그가 집에 돌아와 그 돈을 세어보니 2천 달러였다. 이 액수는 사고로 폐차된 트럭 대신에 그가 필요로 했던 픽업트럭을 살 수 있는 정확한 액수였다.

그런데 그가 기도를 하는 중에 주님은 20명의 얼굴을 떠올려 주시며 그들 각각에게 1백 달러씩 헌금을 하라는 감동을 주셨다. 하나님은 그도 베푸는 자가 될 수 있도록 그 마음에서 역사해 주신 것이다.

그 다음날 밤에 그는 주님이 주신 감동대로 사람들을 찾아가서 헌금을 했다. 며칠 후 주님은 그 교회의 다른 성도에게 감동을 주셔서 그에게 새로운 픽업트럭을 사 주게 하셨다. 이 성도는 트럭을 그에게 넘겨주면서 치유를 위한 기도도 해 주었다.

이 성도가 그를 위해 기도해 줄 때 하나님은 그를 그 자리에서 기적적으

> 하나님은 우리 삶에서 기적을 행하기 원하신다. 많은 경우, 하나님은 재정적 영역에서 순종할 수 있도록 우리의 마음을 변화시켜 주시는 기적을 베푸시는 것을 시작으로 하여 다른 영역에서도 기적을 행하신다.

로 치유하셨다. 그 다음날 아침에 그는 새 트럭을 몰고 일하러 나갈 수 있게 되었다!

드림(giving)은 하나님이 우리의 삶에서 행하시고자 하는 여러 가지 일들의 핵심을 터치한다. 하나님은 우리의 삶에서 기적을 행하기 원하신다. 많은 경우, 하나님은 재정적인 영역에서 순종할 수 있도록 우리의 마음을 변화시켜 주시는 기적을 베푸시는 것을 시작으로 하여 다른 영역에서도 기적을 행하신다.

신뢰와 순종

필자가 이전에 어느 교회에서 드림의 원리에 대해 가르치고 있을 때였다. 우리는 주께서 성도들 가운데서 크게 역사하시는 것을 보고 있었다. 성도들은 말씀에 반응하여 주님의 인도하심에 따라 교회에 헌금하고 서로에게 베푸는 모습을 보였다.

어느 날 밤, 주님으로 말미암아 심령이 깨어지는 은혜를 받은 어느 부부가 필자에게로 왔다. 그들은 억제할 수 없는 울음을 터뜨렸다. 그들은 주님께서 자신들이 가진 것을 한 푼도 남김없이 나누어 주라고 말씀하시는 것을 들었다. 그들은 자신들이 가진 돈 전액에 해당하는 액수의 수표를 써 온 것이었다. 그들은 이 수표를 필자에게 주면서 이렇게 말했다. "이것을 목사님께 드립니다. 목사님이 필요하다고 생각하시는 일에 써 주세요."

나는 주님께서 원하시는 것이 무엇인지를 즉시 알 수 있었다. 그들이 그 수표를 나에게 주었을 때, 나는 그들에게 물었다. "이제 이 수표는 저의 것이라고 말씀하신 것이 맞지요? 그럼, 이것을 제가 원하는 데 써도 되지요?" 그들은 눈물을 쏟으며 고개를 끄덕이면서 "예."라고 말했다. 그래서 나는 말했다. "저는 주님께서 이 수표를 어떻게 사용해야 하는지에 대해 정확히 말씀해 주셨다고 믿습니다." 그런 다음에 나는 그들이 보는 앞에서 수표를 찢어버렸다. 순간 그들은 바닥에 쓰러져 통곡을 하고 말았다(이 수표를 찢어 버렸다는 것은 수표에 기록된 액수의 돈이 그들의 계좌에서 인출되지 않게 되었다는 의미이다. 즉 그 수표에 적힌 액수의 돈을 그들이 고스란히 다시 돌려받은 셈이 된 것이다-역주).

하나님은 그날 밤에 그들의 심령에서 놀라운 일을 행하셨다. 이것은 그들의 남은 평생에 지속될 큰 변화였다. 그들은 이전과는 완전히 달라졌다. 그들은 중요한 순종의 시험을 통과한 것이다.

지금까지 나는 그 수표에 적힌 액수가 얼마였는지 알지 못한다. 알고 싶은 마음도 없다. 다만 내가 아는 것은 그 액수가 그들에게는 엄청난 것이었으며 그 헌신이 주님 보시기에도 귀한 것이었다는 사실이다. 나는 또한 그날 밤에 하나님이 그 부부의 마음에서 행하신 일은 이 세상에서 아무리 많은 돈을 주고도 살 수 없는 것임을 알고 있다.

이 사례는 내 아내와 내가 'I.O. 원리'라고 이름 붙인 영적 원리를 생각나게 해 준다. I.O.는 "Instant Obedience" 즉 "즉각 순종"을 뜻한다. 우리는 하나님의 음성을 들었을 때 즉각 순종하는 것이 얼마나 중요한지를 알게 되었다.

이 부부가 수표를 가지고 왔을 때 내가 시간을 끌면서 이 수표의 액수를 확인해 볼 수도 있었을 것이다. 그것을 호주머니에 넣어 둘 수도 있었을 것이다. 나는 그 문제에 대해 더 기도해 보면서 나중에 그것을 찢을 수도 있었을 것이다. 그러나 내가 그렇게 했다면 그것은 상당히 위험한 결과를 가져올 수 있었을 것이다.

때로는 헌금을 드림에 있어 당신이 지체하면 사탄이 공격할 시간적 여유를 주게 된다. 사탄은 하나님이 말씀하신 바를 순종하지 '않아도' 될 만한 온갖 이유들을 생각나게 할 것이다. 당신이 더 지체할수록 자신의 생각과 감정이 주님의 메시지를 흐리게 하는 시간은 길어질 것이다.

하나님이 무엇을 말씀하시면 그대로 행하라. 신뢰하고 순종하라. 즉각 행하라! 사탄이 당신에게 순종이 아닌 다른 길을 택하도록 설득할 수 있는 기회를 주지 말라. I.O.(즉각 순종)의 원리를 따르라.

필자가 여기서 요약하여 제시한 세 가지 요소들을 기억하라.

(1) 부채를 청산하라.
(2) 다른 사람을 조종하지 말라.
(3) 하나님이 인도하시는 대로 드려라.

나는 이 세 가지가 축복된 삶의 기초가 된다는 것을 확신한다.
이 기초를 잘 놓으라. 그리고 당신의 재정의 영역에서 기적이 일어나기 시작하는 것을 지켜보라.

구제의 은사

●The Gift of Giving●

chapter 8

The Gift of Giving

●●●● 예언과 가르침의 은사가 있는 것처럼 구제의 은사가 있다는 것을 알면 많은 사람들이 놀란다.

우리는 다양한 성령의 은사들에 대해 쉽게 듣기도 하고 읽기도 한다. 그러나 어떤 이유에서인지 구제의 은사에 대해서는 아는 바가 거의 없다. 그러나 이 은사는 로마서 12장에 분명히 언급되어 있다.

우리에게 주신 은혜대로 받은 은사가 각각 다르니 혹 예언이면 믿음의 분수대로, 혹 섬기는 일이면 섬기는 일로, 혹 가르치는 자면 가르치는 일로, 혹 위로하는 자면 위로하는 일로, **구제하는 자(he who gives)는 성실함(liberality)으로**, 다스리는 자는 부지런함으로, 긍휼을 베푸는 자는 즐거움으로 할 것이니라(6-8절).

이 구절은 일곱 개의 동기부여 은사들을 요약해서 제시하고 있다. 이 은사들이 동기부여 은사라고 불리는 이유는 이 은사를 가진 사람들을 움직이는 동기가 무엇인지를 밝혀 주고 있기 때문이다. 필자는 모든 그리스도인들이 이 은사들 중의 하나를 자신의 주된 은사로 가지고 있다고 믿는다. 물론 온전히 성령 충만한 그리스도인이라면 어느 정도 분량까지는 이 은사들을 모두 가지고 있어야 할 것이다. 예수님은 이 모든 은사들을 온전한 분량으로 가지고 계셨다.

한편 우리의 삶에서도 이 은사들 중 두세 가지 정도는 뚜렷하게 나타날 수 있다. 그러나 그중에서 우리에게 특히 강한 동기를 부여하고 우리를 움직이는 주된 은사가 있을 것이다. 그래서 그리스도의 몸을 이루기 위해서는 우리 모두가 함께 협력하여 사역을 해야 하는 것이다.

우리가 지금 인용한 말씀에는 예언, 섬김(또는 사역), 가르침, 위로, 구제(giving), 다스림(또는 행정), 그리고 긍휼의 은사가 언급되어 있다. 이것들이 성령의 일곱 가지 동기부여 은사들이다. 각각을 정의해 보면 다음과 같다.

- 예언 – 사람의 동기를 드러내어 하나님의 말씀과 뜻에 맞도록 이끄는 은사
- 섬김(사역)   실제적으로 필요한 것을 채워주는 은사
- 가르침 – 성경의 진리를 찾아내고 알려주는 은사
- 위로 – 다른 사람들을 권면하고 격려하는 은사
- 구제 – 주로 재정을 공급함으로써 물질적인 필요를 채워주는 은사
- 다스림(행정) – 조직하고 이끄는 은사
- 긍휼 – 다른 사람들에게 공감하고 자비를 베푸는 은사

사람들은 이 말씀 바로 다음에 무엇이 나오는지를 잘 모르는 경우가 많다. 이 말씀 뒤에 이어지는 로마서 12장 9절부터 15절에는 각각의 은사와 상호 연관되는 정보를 제시하고 있다.

예를 들면, 9절은 예언의 은사를 가진 사람에게 주는 말씀이다. "사랑에는 거짓이 없나니 악을 미워하고 선에 속하라." 이것은 예언적 동기를 가진 사람이 하는 행동이다. 그들은 악한 것을 미워하고 선한 것을 붙잡는 사람들이다. 그런데 그들에게 주는 권면은 '거짓이 없이 사랑하라'는 것이다. 달리 표현하면, 선한 사람이나 악한 사람이나 가리지 않고 모두를 사랑하라는 말씀이다.

10절은 섬김의 은사를 가진 사람에게 주는 권면이다. "형제를 사랑하여 서로 우애하고 존경하기를 서로 먼저 하며." 이는 탁월하게 섬기는 사람에 대한 묘사이다.

11절은 가르침의 은사와 연관이 있다. "부지런하여 게으르지 말고 열심을 품고 주를 섬기라." 가르치는 사람은 대개 매우 부지런하다. 그러나 성경이 권면하는 바는 그들이 주님이 성경으로부터 그들에게 주신 진리를 가르칠 때 열심을 품으라는 것이다.

그 다음 구절인 12절은 위로의 은사를 가진 사람들에게 주시는 교훈이다. "소망 중에 즐거워하며 환난 중에 참으며 기도에 항상 힘쓰며." 위로를 할 줄 아는 사람들은 기뻐할 줄 아는 사람이다. 동시에 그들은 다른 사람에 대해 인내할 줄 아는 사람이다. 그들은 대단한 중보자들이다. 도움이 필요한 사람을 위해 기도하는 사람들이다.

그리고 13절에서 우리는 구제의 은사를 가진 사람이 해야 할 일이 무엇인지를 발견한다. "성도들의 쓸 것을 공급하며 손 대접하기를 힘쓰라." 구제의 은사를 가지고 사역하는 사람들 중 내가 아는 이들은 성도들에게 필요한 것을 채워주기를 정말로 기뻐한다. 그들은 손님 대접하기를 잘하며 항상 자기 집을 다른 사람들에게 개방한다. 필자가 잘 아는 사람 중에 이 은사가 있는 어떤 이들은 자기 집에 여분의 방을 만들어서 선교지에 돌아온 선교사들이 머물 수 있도록 하고 있다.

14절은 다스림, 또는 행정의 은사가 있는 사람과 연관이 있다. "너희를 박해하는 자를 축복하라 축복하고 저주하지 말라." 권위를 가지고 다스리는 자리에 있는 사람들은 항상 이와 같이 행해야 한다. 지도자들은 자신을 대적하여 말하는 사람들을 늘 만나는 법이다.

마지막으로, 15절은 긍휼의 은사와 관련이 있다. "즐거워하는 자들과 함께 즐거워하고 우는 자들과 함께 울라." 긍휼의 은사를 가진 사람에게는 우는 자들과 함께 울라는 권면을 줄 필요조차 없다. 자연스럽게 그런 행동이 나오는 법이다. 그러나 그들도 때로는 즐거워하는 자들로 함께 즐거워하라는 권면을 받을 필요는 있다.

조심할 일들

이저넘 아내와 나는 하나님의 은혜로 여러 해 동안 구제의 은사의 영역에서 쓰임을 받았다. 앞서 나는 18개월 동안 아홉 대의 자동차를 나누어 주었던 특별한 기간에 대해서도 말한 바 있다. 이 글을 쓰고 있는 지금까지 우리가 나누어 준 자동차 대수를 세어 보면 모두 14대에 달한다. 다른 사람에게 축복이 되어 주는 것은 참으로 즐거운 일이다(이것도 습관이다!).

그때부터, 우리는 우리의 첫 번째 집도 다른 사람에게 줄 수 있었다. 우리 수입의 70퍼센트를 다른 사람에게 주었던 시절도 있었다. 우리가 가진 모든 것을 다 나누어 준 경우도 지금까지 살아오면서 세 차례 있었다(필자는 이 세 차례의 경험 중 가장 최근의 일을 이 책의 마지막 장에서 자세히 언급할 것이다).

필자가 자랑하려고 이런 말을 하는 것이 아님을 이해해 주기 바란다. 나는 자화자찬하는 일에는 관심이 없다. 다만 당신에게 알려주고 있는 이 원리대로 실천하며 살아왔음을 말하고 싶은 것이다. 이것이 나에게는 이론이 아니다. 이것은 나의 실제의 삶이다.

우리는 나누어 주는 삶을 수년 동안 살아오면서 배운 것이 많다. 구제의 은사를 받은 사람들이 행동하는 방식에 대해서도 많이 배웠다. 구제의 은사를 가진 사람들에 대해 다른 사람들이 대답하는 양상에 대해서도 배운 것이 많다.

실제 예를 들어보겠다. 나는 그 전에 주님께서 우리에게 어떤 사람에게 1천 달러를 주라고 말씀하시는 것을 들었던 기억이 난다. 우리가 그 액수의 돈을 그에게 주었을 때 그는 이렇게 대답했다. "물론 당신들에게 천 달러는 다른 사람들이 백 달러를 생각하는 정도밖에 안 되겠지요." 그 말에 내포된 의미는, 우리에게는 돈을 쓸 곳보다 가진 돈이 더 많을 것이며, 1천 달러를 헌금하는 것 정도는 힘들지 않으리라는 것이었다.

이 말이 우리에게는 상처가 되었다. 그들이 왜 이런 말을 하는지 이해할 수 없었다. 우리는 그들에게 1천 달러를 헌금했다. 그들은 "감사합니다!" 라는 말만 해도 되었을 텐데 왜 그러지 않았을까? 도대체 그들이 왜 "당신들한테 천 달러는 다른 사람들의 백 달러 정도밖에 안 되겠지요"라는 말을 했을까?

물론 그것은 틀린 말이었다. 1,000달러의 돈은 누가 그것을 소유하고 있든지 동일한 구매력을 가지고 있다. 그런데 우리는 주님이 재정적으로 축복하신 사람들에 대해서는 이런 식으로 생각하는 경향이 있다. 우리가 1,000달러를 헌금했던 그 부부가 했던 말은 무감각과 감사하지 않는 마음과 돈에 대한 잘못된 생각을 드러내 주고 있다.

이것을 보면서, 필자는 우리 부부가 구제를 잘한다는 것을 알고 있던 어느 부부의 경우를 떠올리게 된다. 우리가 그들의 주변에 있을 때마다 그들은 자신들에게 무엇이 필요한지를 슬쩍 흘리곤 했다. 우리가 그들의 넌지시 하는 말을 '알아듣지' 못하는 것처럼 보였을 때 그들은 점점 더 노골적으로 말하기 시작했다. 물론 우리는 그들의 말을 알아듣고 있었다. 우리는 다만 우리를 조종하려고 하는 그들의 의도에 말려들 의향이 없었던 것이다.

그들 중의 한 명이 이런 말을 했던 것을 기억한다. "이번 달에 우리는 공과금을 다 낼 수가 없는 형편이에요. 두 분은 이런 형편을 전혀 이해하지 못하시겠지요." 물론 우리는 월말이 아직 멀었는데도 돈이 다 떨어지는 상황이 어떤 것인지 잘 안다. 우리도 하나님이 우리의 가장 기본적인 생활의 필요를 채워주실 것을 신뢰하며 살아야 했던 경험을 여러 차례 했다. 지금 하나님의 큰 축복을 받고 있는 사람들도 과거의 자신들의 궁핍했던 시절을 여전히 잘 알고 있다.

안타까운 것은, 당신이 성령이 주신 구제의 은사를 사용하기 시작할 때, 감사할 줄 모르고 무감각하며 남을 조종하려고 하는 사람들을 꼭 한번은 만나게 된다는 것이다. 이는 매우 부담스러운 상황이다.

목사님들에게 드리는 말씀

이 장에는 목사님들에게 도움이 될 만한 교훈이 꽤 있다. 나는 목자들이 자기 교회의 성도들에게 있는 구제의 은사를 이해하고 찾아내주며 키워줄 수 있도록 돕고 싶은 마음이 간절하다.

이상한 것은 많은 목사님들은 교인들 가운데 지도자의 은사나 섬기는 은사, 그리고 가르침의 은사가 있는 사람들을 양육하고 훈련하며 은사를 개발시키는 일을 해야 한다는 것을 직관적으로 잘 알고 있다. 그들은 교인들이 이런 은사를 더 잘 사용하는 법을 배울 수 있도록 가르치고 돕는다. 그런데 바로 그런 목사님들이 구제의 은사가 성령의 은사 중의 하나임을 인식하지 못하고 있으며, 인식한다고 할지라도 그것을 개발시켜 주지를 못한다. 심지어 어떤 목사님들은 자신들이 구제의 은사를 가진 성도들을 키워주는 것은 부적절한 일이라고 생각하기도 한다.

이것에 대해 생각해 보라. 성경에는 일곱 가지 동기부여의 은사가 언급되고 있다. 이것은 여러분의 주변에 앉아 있는 성도들 일곱 명 가운데 한 명 정도는 구제의 은사가 있다는 것으로 간주할 수 있는 근거가 된다. 만약 당신이 구제의 은사를 받은 사람들 중의 하나라면 나는 당신을 도와주고 싶다. 그리고 이 책을 읽고 있는 지도자들이 성도들의 이 은사를 개발시켜 주는 일을 하도록 돕고 싶다. 이들은 그리스도의 몸을 위해 너무도 귀한 사람들이다. 그들의 은사를 성장시키고 개발하지 않는다면 그것은 참으로 안타까운 일이다.

만일 당신에게 동기부여의 은사 중 구제의 은사가 있다면, 그것이 하나님이 주신 놀라운 영적 은사임을 당신에게 알려주고 싶다. 당신은 하나님이 이 은사를 주신 것에 대해 기뻐하고 감사하게 될 것이다. 내가 바라는 것은 이 은사가 교회를 세우고 하나님 나라를 세우기 위해 하나님이 사용하기 원하시는 영적 은사임을 이해하게 하는 것이다.

만일 당신이 목사이거나 지도자라

예수님이 가르치신 비유들 중 30퍼센트가 돈에 대한 것이다.

면, 자신의 삶에서 더 높은 차원의 구제하는 자가 될 수 있도록 하나님의 도우심을 구하라고 말하고 싶다. 목사 자신이 베풀어 주는 마음을 가지고 있지 않거나 성경적인 청지기직의 원리들을 이해하고 있지 못하다면 구제의 은사가 있는 성도들을 효과적으로 이끌어주는 것은 대단히 어렵다.

헌금에 대해서 담대하게 설교하라고 목사들에게 권면하고 싶다. 예수님이 가르치신 비유들 중 30퍼센트가 돈에 대한 것이다. 나는 베푸는 삶에 대해 설교하기를 좋아한다. 왜냐하면 그것이 성도들에게 유익하기 때문이다. 성도들이 성령이 인도하시는 대로 자기의 것을 나누어 주는 삶에 대한 진리를 듣고 받아들인다면 하나님이 그들을 축복하시며 그들의 삶의 질을 높여 주실 것이다.

진심으로 말할 수 있는 것은, 우리 교인들에게 헌금에 대해 설교할 때 나의 동기는 교회의 유익이 아니라 성도들 자신의 유익이라는 사실이다. 그런데 개인적으로 나는 교회에서 헌금을 드릴 때 습관적으로 사용하는 말들 중 이런 표현은 별로 좋아하지 않는다.

예를 들면, 목사가 교인들 앞에 서서 이렇게 말을 하는 경우가 있다. "이제 '제가 헌금을 걷겠습니다.'" 이 말은 마치 성도들은 드리는 자이며 목사님이나 사역자들은 받는 자인 것 같은 인상을 준다. 나는 이런 표현을 더 좋아한다. "우리 모두 헌금을 '드립시다.'" 이 말은 목사님도 성도들과 함께 주님께 헌금을 드리는 데 참여한다는 것을 의미한다.

나의 간절한 소원 중의 하나는, 목사들이 자신의 마음의 영역에서 하나님이 역사하셔서 풍성히 드리는 자가 될 수 있게 해 달라는 기도를 드린 후 그 자신이 변화된 마음을 가지고 열정적으로 설교하는 것이다. 헌금에 대한 설교를 하면 성도들이 시험에 들까 두려워서 설교를 하지 않는 분들도 있다.

필자는 목사님들이 이런 말을 하는 것을 자주 들었다. 그런데 사실은 목사가 헌금에 대해 설교하는 것 때문에 시험에 드는 것이 아니다. 다만 목사 자신이 맘몬의 영에 잡혀서 인색하게 드리는 경우, 그가 하는 헌금에 대한 설교는 성도들에게 시험거리가 되는 것이다. 헌금에 대한 진정한 깨달음이 있는 성도들은 목사가 헌금에 대한 설교를 할 때 시험에 들지 않는다. 그리고 맘몬에 사로잡혀 있는 사람은 진리를 듣기 전까지는 결코 자유를 맛보지 못할 것이다.

구제의 은사를 받은 사람은 교회의 큰 자산이다. 목사는 진정한 구제의 은사를 가진 사람들에게 가서 교회에서 필요로 하는 것에 대해 알려 줄 수 있다. 그들은 이것 때문에 시험에 들지 않는 사람들이다. 사실 그들은 이런 부탁에 대해 오히려 감사할 것이다. 왜냐하면 그들에게는 필요한 것을 채워주고자 하는 강한 소망이 있기 때문이다.

나는 구제의 은사를 받은 어떤 사람이 자기와 같은 부류의 사람들이 어떻게 해서 십일조 이외의 후원 헌금 대부분을 교회 밖의 선교단체들에게 하게 되는지를 설명하는 것을 들은 적이 있다. 그들이 왜 그렇게 할까? 그 이유는 자신들이 섬기는 교회의 비전이 그리 크지 않아서 그들이 드리고 싶은 액수의 재정을 받을 만하지 못하기 때문이다. 달리 표현하면, 목사님들이 그런 재정을 수용할 정도로 충분히 큰 비전이나 믿음을 가지고 있지 못하기 때문이다.

목사님들에게 이렇게 말하고 싶다. "하나님으로부터 큰 비전을 받으십시오. 왜냐하면 비전이 충분히 크고 가치가 있기만 하다면, 많은 물질을 드릴 준비가 되어 있고 그런 은사가 있는 사람들을 하나님이 교회에 이미 주셨기 때문입니다."

물론, 필자가 이미 말한 바와 같이, 당신이 하나님 대신 그들을 물질 공급의 원천으로 인식하기 시작한다면 당신은 기대한 결과를 얻지 못할 것이다.

구제의 은사가 있는 사람들은 1마일 밖에서도 조종하는 사람들을 분별할 수 있다. 당신이 직접적인 요청을 하지 않고 필요한 물질에 대해 은근히 암시를 주는 언행을 한다면, 그들은 마음이 상해서 헌금을 하지 않게 될 것이다. 구제의 은사가 있는 사람들은 헌금을 받아내기 위한 교묘한 언행을 분별해내는 능력이 다른 어떤 사람들보다도 더 뛰어나다. 그들은 이런 면에서 초자연적 은사를 받았다. 그들은 성령의 음성에 따라서만 헌금을 한다.

    나는 알게 된 지 얼마 되지 않은 어떤 사람과 점심 식사를 함께 했던 것을 기억한다. 그는 부유한 사람이었다. 나는 그가 구제의 은사를 받은 사람임을 알 수 있었다. 하지만 그 당시에는 그 은사가 충분히 개발된 상태는 아니었다.

    자리에 앉자, 그가 말했다. "처음부터 솔직하게 말을 하고 싶군요. 하나님께서 저에게 그렇게 말씀하신다면 저는 당신의 사역에만 헌금을 드리고 싶습니다." 그가 직설적으로 하는 말에 나는 조금 놀라면서 이렇게 말했다. " 좋습니다. 당신처럼 저도 구제의 은사를 받은 사람입니다. 제가 당신에게 헌금을 요청하려고 점심 식사 초대를 한 것은 아닙니다. 솔직히 말씀드리면 하나님은 저에게 엄청난 축복을 주셨습니다. 그래서 저희는 당신의 후원 헌금이 필요하지는 않습니다. 제가 여기 자리를 함께 한 것은 하나님이 저에게 구제의 은사에 대해 주신 깨달음이 있기 때문입니다. 주님이 말씀하신 바는, 당신에게 이 은사가 있지만 이 원리들에 대해서는 알지 못한다는 것입니다."

    이 말에 놀란 것은 그 사람이었다. 일단 말이 나왔기 때문에 나는 계속 했다. "주님이 보여주신 바는, 당신은 이 은사의 사용과 연관하여 다섯 가지 기도 제목을 가지고 계시다는 것입니다. 허락하신다면, 당신이 가진 구제의 은사를 이 영역들에 적용하는 것을 도와드리고 싶습니다."

    나는 주님이 보여주신 다섯 가지 영역에 대해 간단히 설명을 했다. 그는 그 정확성에 놀라면서 자기가 정말 그 영역에서 도움이 필요하다는 것을 인정했다.

그때 이후로, 우리는 친한 친구가 되었다. 지금은 그가 이 영역들에 대한 깨달음에서 이미 나를 앞서 가고 있다. 그리고 내가 구제의 은사에 대하여 강의를 할 때 그는 나를 자주 도와준다.

편파성의 죄

성경은 우리에게 사람을 외모로 취하지 말라고 강하게 경고하신다. 특히 사회적으로 부유하고 유명한 사람들에게 치우치지 말라고 말씀하신다. "만일 너희가 사람을 차별하여 대하면 죄를 짓는 것이니 율법이 너희를 범법자로 정죄하리라"(약 2:9).

우리가 구제의 은사를 받은 사람들과 관계를 맺을 때 사람을 외모로 취하는 면이 있음을 필자는 자주 보아왔다. 이런 모습은 두 가지 방식으로 뚜렷하게 나타난다.

교회가 부유한 방문객에게 특별한 대우를 하는 경우가 있는 것은 분명하다. 그러나 개인적으로 관찰한 바로는, 부자들이 다른 사람들의 시기와 질투와 탐욕 때문에 오히려 보통 사람들보다 더 나쁜 대우를 받는 경우도 있다.

내가 경험한 바로는, 신실하게 구제의 은사를 발휘해온 사람들 – 그 결과 재정적 축복을 받은 사람들 – 은 다른 사람들과 다른 대접을 받기를 원하는 마음이 없다. 재물을 많이 가진 사람들이 알고 보면 세상에서 가장 외로운 사람들인 경우도 적지 않다.

대체로, 부유한 사람들은 교회에서 부당한 대우를 받아왔다. 그들은 '부자'

에 대한 농담이 나오는 예배 자리에 앉아 있어야 했다. 그들은 성공을 죄로 취급하거나 부끄럽게 여길 일로 묘사하는 설교를 들어야 했다. 그런데도 어떤 목사들은 영향력 있고 돈 많은 사람들이 왜 자기 교회에 오지 않는지 의아해 한다. 많은 목사들과 그리스도인들은 세상의 사고 방식의 영향을 받아 이런 태도를 가지게 되었다.

성공과 탁월함에 대한 질시는 오늘날의 세상 체제의 특징이다. 당신이 최근에 본 할리우드 영화나 텔레비전 프로그램을 생각해 보라. 성공한 사업가가 '나쁜 사람'으로 묘사되는 드라마가 많지 않은가? '나쁜 부자'와 '탐욕스러운 기업'은 할리우드 영화에서 진부할 만큼 많이 등장한다.

할리우드의 오락물을 보면서 당신은 세상에서 성공한 사람들은 거짓말과 속임수와 배신으로 그 성공을 이루었음에 틀림없다고 생각하기 쉽다. 이런 거짓말은 타락한 인간의 본성 안에 있는 시기와 질투에 호소하며 사람들 사이에 확산되어 간다.

사실, 장기간에 걸쳐 성공적인 삶을 사는 사람들은 (스스로가 그것을 인식하든 하지 못하든) 하나님의 방법대로 일하는 사람들인 경우가 많다.

다음의 말씀들을 살펴보자.

"여호와는 가난하게도 하시고 부하게도 하시며 낮추기도 하시고 높이기도 하시는도다 가난한 자를 진토에서 일으키시며 빈궁한 자를 거름더미에서 올리사(삼상 2:7-8).

손을 게으르게 놀리는 자는 가난하게 되고 손이 부지런한 자는 부하게 되느니라(잠 10:4).

여호와께서 주시는 복은 사람을 부하게 하고 근심을 겸하여 주지 아니하시느니라(잠 10:22).

구제를 좋아하는 자는 풍족하여질 것이요 남을 윤택하게 하는 자는 자기도 윤택하여지리라(잠 11:25).

이 말씀들에 따르면 부유함은 하나님이 주시는 축복이며 부지런함과 후하게 베푸는 마음으로 말미암아 오는 것이다.

그러므로 우리는 이렇게 반문해야 할 것이다. 하나님이 축복하신 사람을 왜 우리가 깎아 내리려 하는가? 왜 우리가 하나님의 손으로 말미암아 온 것을 악하거나 부끄러운 것으로 여겨야 하는가? 우리가 이렇게 하는 것은 하나님에 대한 모독과 같은 것이다.

우리는 돈에 대한 태도를 바꾸어야 한다. 우리는 자신의 마음을 잘 살펴서 재정적으로 축복을 받은 사람들에 대한 편견이 있지 않은지를 점검해야 한다. 우리 문화에는 시기와 질투가 만연해 있다. 슬픈 일이지만, 교회에서도 그러하다. 우리의 사고 방식이 이 세상의 영에 의해 오염될 수 있음에 주의하자.

아브람도 오늘날의 여러 교회에서는 환영을 받지 못했을 수도 있다. 왜인가? "아브람에게 가축과 은과 금이 풍부"(창 13:2)하였기 때문이다.

우리가 믿음의 사람으로 존경하고 존중하는 많은 성경의 인물들은 하나님으로부터 재정적인 축복을 받은 사람들이었다. 그들은 선한 청지기들이었기 때문에 축복을 받았다. 하나님은 그들이 믿고 재물을 맡길 만한 사람들인 것을 아셨다. 하나님은 그들이 다른 사람을 축복하고 하나님의 뜻을 이루기 위해 그 재물을 사용할 것임을 아셨다.

우리는 자신의 마음을 살펴보아야 한다. 우리 자신의 기준으로 볼 때는 사치스럽게 사는 것처럼 보이는 사람들에 대한 우리의 감정도 점검해 보아야 한다. 상당히 부유하게 사는 내 친구의 실제 예를 들어 보겠다.

그 친구는 비싼 보화들로 자기 집의 기초 공사를 했다. 집으로 들어가는 길은 금으로 되어 있고 문은 진주로 되어 있다. 당신은 내가 누구에 대해 말하고 있는지 알겠는가? 하나님에 대해 말하고 있다. 당신은 이런 하나님을 이상한 분이라고 말하겠는가? 이 부분에 문제가 있는 분이라고 말하겠는가?

문제는 돈 그 자체가 아니다. 문제는 돈에 대해, 그리고 우리보다 돈을 더 많이 가지고 있는 사람들에 대해 우리가 생각하는 방식에 있다.

다른 사람들과 마찬가지로, 재산이 많은 사람들도 자신을 받아 줄 수 있는 곳을 찾고 있다. 안타깝게도 우리가 교회에서 그들을 제대로 대우해 주지 못했기 때문에 그들의 헌금 중의 상당 부분은 지역 교회가 아닌 선교단체들이나 기독교 자선단체들로 향하고 있다.

오해하지 말기 바란다. 필자는 지역 교회가 아닌 선교단체에 헌금하는 것을 반대하는 것이 아니다. 다만 지역 교회들이 하나님이 그들에게 주신 모든 재원들을 취하는 것을 보기 원하시는 것이다.

나는 교회들이 재정적으로 넉넉해져서 사역자들을 고용하고 건물을 세우며 하나님의 지상명령을 성취하기 위하여 선교사들을 파송하는 모습을 보기를 열망한다. 이것이 가능하려면 교회들이 성령께서 그리스도의 몸에 주신 일곱 은사들 중의 하나인 구제의 은사를 더 이상 무시하거나 멸시해서는 안 된다.

주는 자의 특징

물론 하나님의 모든 진리에 대해 사탄은 왜곡된 모조품을 만들어 제시하려 한다.

예를 들어 보면, 나는 하나님이 1980년대에 구제(giving: 또는 헌금-역주)에 대한 진리를 교회에 회복시켜 주려고 하셨다고 믿는다. 그러나 사탄은 그 진리를 왜곡시켰다. 그 결과 우리는 많은 사역 단체들이 자기들의 유익을 위해서 많은 사람들로부터 거액의 헌금을 거두어들이는 모습을 보게 되었다. 온 세상이 그들의 착취 행위를 다 보았다. 그렇다. 하나님은 자기 백성을 축복하기 원하시지만 다만 올바른 목적을 위해서만 그렇게 하시는 것이다.

이처럼 구제의 은사는 일곱 가지의 동기부여 은사들 중의 하나이다. 만일 이 은사들이 하나님의 백성들 가운데 제대로 배분되어 있다면, 대략 15퍼센트의 성도들이 이 은사를 가진 것으로 볼 수 있을 것이다. 그러나 통계 자료에 따르면 그리스도인들 중에서 자기에게 구제의 은사가 있다고 믿는 사람은 전체의 5 내지 7퍼센트에 불과하다.

그 이유는, 이 은사가 성령이 주신 유효한 은사임을 강단에서 바르게 인정하고 선포하지 못해서가 아닐까? 또 이 은사를 받은 사람들을 존중하고 더 훈련시키며 격려하지 못했기 때문이 아닐까?

필자는 여기서 구제의 은사를 가진 사람들의 뚜렷한 특징에 대해 설명하고, 우리 자신이나 다른 사람들의 마음에서 이 특징을 찾아내는 방법에 대해 알려주고자 한다. 또한 목사님들이 자기 교회의 성도들 안에 이 은사가 있는 것을 찾아내고 그들을 더 잘 준비시켜 주며 그 은사를 잘 사용할 수 있게 해 줌으로써 그리스도의 몸을 세워나가는 일을 돕기를 원한다.

하나님의 모든 진리에 대해 사탄은 왜곡된 모조품을 만들어 제시하려 한다.

- **구제의 은사를 받은 사람들은 명확한 목표를 가진 강한 비전에 반응한다.** 그들은 자기의 돈이 잘 사용되기를 원한다. 그들은 교회 단체들과 사역자들이 건전한 재정적 원칙에 따라 사역하는 것을 보기 원한다. 그들은 선한 청지기가 되어 하나님이 주신 재물을 성공적으로 사용하는 교회 단체들이나 사역자들에게 투자하기를 원한다. 그들은 문자 그대로 하나님 나라에 '투자'하는 사람들이다. 그들은 좋은 투자자들이기 때문에 맡겨진 재정을 효과적으로 사용하는 좋은 단체들에 헌금을 하기 원한다. 이것은 그들에게 매우 중요하다.

- **이 은사를 받은 사람은 남자일 수도 있고 여자일 수도 있다.** 우리 교회의 어느 남자 분은 경제적으로 크게 성공한 사람이다. 한편 그의 아내는 동기부여의 은사들 중 구제의 은사를 받은 사람이다. 이 남편도 헌금하기를 좋아하지만 그의 아내는 헌금을 드림에 있어 주님의 계시적 말씀을 듣고 따르는 사람이다. 그 남편의 동기부여 은사는 다스리는 은사이다. 하나님은 이 은사를 통하여 그에게 재정적인 축복을 허락하셨다. 그리고 그의 아내에게는 주님께서 그 부부에게 말씀하시는 대로 그 돈을 나누어 줄 수 있는 은사가 있었다. 그들은 각각 다른 은사를 가지고 있었지만, 그 두 가지 모두 강력한 동기부여의 은사들이었다. 그들은 아주 좋은 팀을 이룬 것이다.

- **구제의 은사를 가진 사람은 정말 필요한 곳이 어디인지를 알아낼 수 있는 분별력이 있다.** 기억하라. 우리는 지금 하나님이 주신 영적 은사에 대해 말하고 있는 것이다. 이 은사를 가진 사람은 자연적 수단으로 분별을 하는 사람들보다 더 빠르게 조종하는 분위기를 포착해낼 수 있다. 그들은 선교단체나 선교사들을 보면서 정말 필요한 것이 무엇인지를 알아내고

후원금이 어떻게 사용되어야 할 것인지를 잘 파악하는 사람들이다. 구제의 은사가 있는 사람들은 선교 위원회나 구제 위원회에서 그 직무를 훌륭히 수행해낼 수 있다. 그들에게는 교회가 투자에 나설 만한 가치가 있는 분야를 찾아낼 수 있는 능력이 있기 때문이다.

- **구제의 은사가 있는 사람들은 검소하면서도 풍성하게 베풀기를 잘한다.**
이에 대해 설명을 해 보면, 일전에 나는 구제의 은사가 있는 어느 사랑스러운 형제를 위한 상담을 해 준 적이 있었다. 그는 은사의 사용에 균형을 잃고 있었다. 그는 주님이 감동을 주실 때에는 수천 달러의 돈도 흔쾌히 희사했다. 그러나 돌아서서는 자기 아내가 식품점에서 몇 달러어치라도 불필요한 구매를 했는지를 확인하기 위하여 영수증을 뚫어질 듯이 살펴보곤 했다. 그는 일부러 아내를 괴롭히고자 했던 것은 아니었다. 그러나 그는 구제의 은사가 있는 사람에게 흔히 있는 검소한 태도를 너무 강화시켜 균형을 벗어나고 있었던 것이다. 그는 구제에 대해 잘 이해하지 못하고 있는 부분이 있었다. 그래서 그는 낯선 사람에게는 대단히 관대하면서도 자기 인생에서 가장 중요한 사람인 아내에게는 인색하게 굴고 있다는 사실을 스스로 깨닫지 못하고 있었다. 그럼에도 불구하고 이 은사를 가진 사람들은 자기의 돈이 어디로 흘러가는지를 주의하여 관찰하는 경향이 있다. 그들은 예산 세우기를 좋아하며 재정의 원리들을 매우 잘 이해한다. 가장 큰 기쁨은 다른 이의 필요를 채워주는 데 있다.

- **구제의 은사를 받은 사람은 감사의 표현은 받아들여도 이름이 알려지는 것은 원치 않는다.** 그들은 자기 이름이 어딘가에 실리는 것을 원치 않는다. 그들은 자신들이 헌금한 것 때문에 교회에서 공식적으로 칭찬받는 것을 원치 않는다. 그들은 헌금한 것이 남들에게 알려지기를 바라지 않

는다. 그러나 그들은 자신의 순종과 희생이 바르게 인식되는 것은 좋아한다. 마음에서 우러난 감사는 그들에게 오래 남는다.

- **구제의 은사를 받은 사람은 가라앉고 있는 배가 아닌 안정된 배에 투자하기를 원한다.** 텔레비전 설교자가 "여러분이 헌금해 주시지 않으면 우리의 사역은 공중 분해되고 말 것입니다."라고 말하면, 구제의 은사가 있는 사람들은 그 사역자를 자격 없는 사람으로 여기는 것이 보통이다. 반면 텔레비전에 나오는 교회 단체가 실제로 사람들을 돕고 먹을 것을 주며 돌보아 주고 구원받게 해 주고 있는 것을 보여주면, 그 사람들은 이런 단체를 좋아하게 된다. 구제의 은사가 있는 사람은 가라앉고 있는 배나 조류에 밀려 목적 없이 표류하고 있는 배에 투자하길 원치 않는다. 그들은 자기의 돈을 신중하게 다루길 원한다. 그들은 탁월함과 질적으로 높은 수준을 원한다. 구제의 은사를 신실하게 사용하고 있는 어떤 사람이 나에게 말해 준 바는, 특정 사역 단체나 조직의 대표가 가난에 찌든 생각(poverty mentality)을 가지고 있거나 돈에 대한 잘못된 생각을 가지고 있다면 자기는 그런 단체에는 투자하기를 원치 않는다. 그는 어느 단체의 지도자가 큰 액수의 돈을 신중하고도 지혜롭게 잘 다룰 수 있는 능력이 있음을 보여 줄 때 그 단체에 투자하는 사람이다.

- **사람들이 흔히 믿는 바와는 달리, 진정으로 구제의 은사가 있는 사람들은 일단 헌금을 한 다음에는 그 돈에 대해 관여하기를 원치 않는다.** 만일 어떤 사람이 헌금을 한 다음에 그것을 근거로 간섭을 하려고 한다면, 그 사람은 성령이 주신 진정한 구제의 은사를 발휘하고 있는 사람이 아니다. 구제의 은사를 가진 사람은 풍성하게 베풀어 주기를 원하며, 앞서 말한 바와 같이 자기가 헌금한 것이 바르게 관리되고 있는지를 알기 원

한다. 그러나 결코 헌금을 했다는 이유로 통제하거나 조종하려고 하지 않는다. 대부분의 경우 그들은 강한 비전을 가진 강력한 지도자에게 헌금을 하려 한다(목사님들에게 드리는 말씀: 이 은사를 가진 사람을 분명하게 존중하고 인정해 주어야 한다. 그러나 그 앞에서 쩔쩔매거나 주눅이 들면 그 사람을 위해서는 사역하기 어렵다. 이처럼, 가진 것이 많은 사람으로 구제의 은사가 있는 사람은 다른 사람과 차별 없이 대우받기 원한다).

- **구제의 은사를 받은 사람은 일시적인 땜질 역할을 원치 않고 치유책이 되기를 원한다.** 달리 표현하면, 그들은 자기가 헌금한 돈이 일시적으로 땜질하는 데 사용되기를 원치 않는다. 그들은 그 돈이 상황에 대한 항구적인 해결책을 가져오는 데 쓰이기를 원한다.

- **구제의 은사가 있는 사람들은 돈만 주는 것이 아니라 자기의 시간과 재능과 지혜도 나누어 주기를 원한다.** 구제의 은사가 있는 사람들은 재능이 많은 사람들이다. 저드슨 콘월은 그들을 '사업계의 사도들'이라고 부른다. 우리 교회에는 구제의 은사를 받은 한 남자가 있는데, 그는 우리 교회가 땅과 건물을 살 때 수천 달러를 절약하는 데 기여했다. 그는 이 영역에서 대단한 지혜와 분별력이 있었다. 그의 조언은 매우 유익했다. 그러나 그는 또한 다른 영역에서도 큰 지혜가 있는 사람이었다. 예를 들면, 그는 교회와 선교 현장에서 재능이 있는 성경 교사이자 지도자로서 활약을 했다. 사실 그는 최근에 우크라이나의 오뎃사에서 새로 시작된 교회가 우리 교회의 본을 따라 행정 체제를 세우는 일을 할 때 큰 도움을 주었다. 나는 구제의 은사가 있는 사람들은 자신의 경험과 전문 지식을 하나님 나라를 세우는 데 사용하기를 좋아한다는 것을 알게 되었다. 그들은 자신이 사랑하고 인정하는 교회에 지혜로운 조언을 해 주기를 원

한다. 같은 이유로, 당신이 그들의 지혜와 조언과 경험을 거절하면 그들은 자신의 도움을 필요로 하는 다른 교회나 단체를 찾아 떠날 것이다.

• **구제의 은사가 있는 사람들은 재능 있는 지도자들인 경우가 많다.** 지도자로서의 능력이 있었기 때문에 그들은 성공적인 삶을 살 수 있었던 것이다.

• **구제의 은사가 있는 사람들은 자신이 성공한 사람으로서 좋은 것을 누리며 사는 삶에 대해 비판받는 것을 싫어한다**(부당하게 미움받고 비판받는 것을 좋아할 사람이 어디 있겠는가?). 만일 부유한 그리스도인이 큰 집을 가지고 있다면 그는 그 집을 투자를 위해 소유하고 있을 가능성이 높다. 이렇게 쌓아 올린 부는 결국은 하나님 나라를 위해 쓰일 수 있게 된다. 하나님이 그들에게 축복으로 허락하신 많은 소득을 통해 그들은 좋은 차를 몰고 좋은 옷을 입게 될 수도 있다. 그들에게 이것은 낭비나 과시가 아니다. 그것은 하나님이 축복으로 주신 열매의 일부를 누리는 것이다. 그럼에도 불구하고 나는 좋은 것을 소유한 사람들에 대해 목사님들이 조롱하고 싸잡아 비판하는 것을 여러 차례 들었다. 그들은 하나님이 구제의 은사를 주시고 축복하신 사람들을 자신이 조롱하고 있다는 사실을 알지 못했다. 그렇게 비판을 받는 사람들은 그 비판하는 목사가 꿈도 꿀 수 없을 정도로 지기 수입의 많은 비율을 헌금으로 드리는 사람들인 경우가 많다.

• **구제의 은사를 가진 성공한 사람들은 늘 돈 이야기만 하는 것은 원치 않는다.** 목사님들 중에는 구제의 은사를 가진 사람들과 함께 시간을 가질 때면 늘 돈에 대한 이야

> 당신이 헌금한 것이 하나님 나라를 위해 가장 크게 영향을 끼칠 가능성이 있는 곳에 투자하라.

8장_구제의 은사 **183**

기를 하기 원하는 이들이 있다. 나는 그것이 그들이 원하는 대화 주제가 아니라는 사실을 알았다. 그들에게 돈은 도구일 뿐이다. 돈은 경배의 대상이 아니며 늘 집착하고 분석하고 있어야 하는 그 무엇도 아니다. 그들의 가족들에 대해 물어보라. 그들의 자녀들이 어떻게 지내고 있는지를 물어보라. 당신이 최근에 말씀을 통해서 본 것을 말해 주라. 구제의 은사를 가진 사람과 어울릴 때는 돈이 아닌 다른 것에 대해 대화를 나누라.

구제의 은사가 있는 사람에게 주는 조언

여러분 중에는 이 책을 읽어나가면서 하나님께서 자신에게 주신 구제의 은사의 표징을 발견하고 격려를 받은 사람도 있을 것이다.

만일 그렇다면, 당신에게 이 중요한 은사에 대해 더 공부할 것을 권하고 싶다. 스스로 이 주제에 대한 성경공부를 더 하라. 당신이 현재 십일조를 하고 있지 않다면 출석하는 교회에 십일조를 시작하라. 당신의 돈이 하나님 나라를 위해서 가장 잘 투자될 수 있는 곳을 찾으라. 사람들에게 영향을 주고 도움을 주고 있는 귀한 사역 단체들을 축복할 수 있는 기회를 찾으라.

"손 대접하기를 힘쓰"며 "성도들의 쓸 것을 공급"하는 일을 시작하라(롬 12:12-13). 당신이 헌금한 것이 하나님 나라를 위해 가장 크게 영향을 끼치며 사용될 가능성이 있는 곳에 투자하라.

교회 안의 무지한 사람들로부터 부당한 대우를 받고 중상모략을 당한 적이 있다면 그들을 용서하라. 그것 때문에 당신 마음에 쓴 뿌리가 생기는 일이 없게 하고, 삶 속에서 나누어 주고 축복을 받는 흐름이 막히지 않도록 주의하라.

기억하라. 하나님은 당신으로 하여금 저수지가 아닌 강이 되게 하려 하신다. 강물은 맑고 깨끗하다. 그러나 저수지의 물은 오염되기 쉽다. 하나님 나라를 위한 영향력을 발휘하고 있는 교회와 선교단체들을 위해 하나님의 기쁘신 뜻에 따라 헌금하는 일을 계속 하라.

선한 청지기에게 상 주시는 하나님

●God Rewards Good Stewardship●

chapter 9

God Rewards Good Stewardship

●●●● 우리들 대부분은 여름 캠프에 얽힌 재미있는 추억을 많이 가지고 있다. 나의 경우, 어느 해 여름 캠프의 첫 주가 끝날 무렵이 되어서야 캠프 후 시상식이 있을 것이라는 말을 들었던 때가 기억난다. 그때 나는 이렇게 생각했던 것으로 기억한다. '시상식이라고? 이건 불공평해! 나중에 시상식이 있다는 것을 처음 시작할 때 말해 주었어야지. 미리 알았더라면 더 열심히 했을 텐데!'

당신이 이와 같은 상황에 처하게 되지 않기를 바란다. 지금 인생의 나머지 부분을 눈앞에 두고 있는 당신에게 해 주고 싶은 말은 하나님은 상 주시는 분이시라는 것이다.

히브리서 11장에서 이것이 분명하게 언급되어 있다.

믿음이 없이는 하나님을 기쁘시게 하지 못하나니 하나님께 나아가는 자는 반드시 그가 계신 것과 또한 그가 자기를 찾는 자들에게 상 주시는 이심을 믿어야 할지니라(6절).

하나님은 상 주시는 분이다. 그런데 이 진리에 대해 알지 못하는 그리스도인들이 많은 것 같다. 우리가 하나님의 임재와 뜻과 길을 부지런히 찾을 때 하나님은 우리에게 상 주시기를 기뻐하신다. 그분은 또한 선한 행위에 대해 상을 주시고 청지기 직분을 잘 수행한 사람에게 상을 주신다.

최근에 나는 이 원리를 실제 삶으로 체험했다. 내가 이 책을 쓰고 있는 지금, 나의 첫째 아들은 대학에 다니고 있다. 그는 언제나 열심히 공부하는 아이였다. 그런데 이 아이가 조기 졸업을 위한 집중 과정에 들어갔을 때 공부할 것이 너무 많아서 파트타임으로 일하는 것이 불가능해졌다. 이것은 곧 내가 아들의 학비를 거의 전적으로 지원해야 한다는 것을 의미했다.

아들이 학교로 떠나기 전에 우리는 함께 앉아서 매달 얼마만큼의 돈을 보내야 하는지를 계산하여 예산을 짜보았다.

2~3개월 후, 우리는 다시 자리를 같이 하여 그 예산대로 무리 없이 생활이 되고 있는지 확인해 보았다. 기쁘게도 아들은 주어진 예산 안에서 생활을 참 잘하고 있었다. 그는 외식이나 영화 관람도 절제하고 있었다. 새 옷을 사느라 예산의 범위를 넘어서는 일도 없었다. 즉 내 아들은 내가 보낸 돈을 잘 관리하는 선한 청지기로서 잘살고 있었다.

이렇게 선한 청지기의 삶을 사는 아들에게 사랑이 많은 이 아버지가 무엇을 해 주었을 것 같은가? 나는 그에게 상을 주었다! 매달 아들에게 송금하는 액수를 늘렸다. 나는 말했다. "이제 추

> 하나님의 임재와 뜻과 길을 부지런히 찾을 때 하나님은 우리에게 상 주시기를 기뻐하신다.

가로 보낸 돈으로 네가 하고 싶은 것은 무엇이든지 해라. 예배 후에 친구들과 함께 외식도 하고 새 옷 한두 벌 정도도 사 입거라."

몇 개월이 지난 후 아들이 나에게 전화를 해서 이렇게 말했다. "아빠, 잘 생각해 보았는데요, 제가 다른 아파트로 옮기면 생활비를 줄일 수 있고 아빠도 저에게 돈을 덜 보내셔도 될 것 같아요." 물론 나는 아들이 이렇게 도움이 되는 방법을 생각하고 있었다는 것을 알게 되어 기뻤다. 아들은 엄마와 내가 자기의 대학 학비를 대느라고 희생하며 절약하는 삶을 살고 있다는 것을 알고 있었다. 그에게는 감사하는 마음이 있었던 것이다.

우리는 아들의 의견을 다시 검토하고 모든 세부 사항들을 확인해 본 후 그가 덜 비싼 아파트로 이사하도록 도와주었다. 그 직후에 아들은 우리에게 전화를 해서 이렇게 말했다. "우리가 생각한 대로 되고 있어요. 이제 송금 액수를 줄이셔도 되겠어요."

당신은 내가 어떻게 했는지 알겠는가? 나는 그 전과 똑같은 액수의 돈을 계속 보냈다. 나는 말했다. "고맙다. 아들아, 그렇지만 이제 너는 쓸 수 있는 돈의 여유가 더 많아지는 거야. 너는 선한 청지기로서 재정 관리를 잘했다. 그래서 아빠가 너에게 상을 주고 싶구나. 청지기 역할을 잘해서 받은 상을 즐겁게 누리도록 해라."

내가 아들에게 했던 것 이상으로 우리의 하나님이 우리에게 은혜롭게 대해 주실 것을 기대하는 것이 당연하지 않은가? 우리가 선한 청지기로서 행할 때 하나님이 우리에게 상을 주시고 축복하신다는 말이 왜 뜻밖의 말로 들려야 하는가?

마태복음 6장에 따르면, 하나님은 우리가 기도하거나 금식하거나 가난한 자에게 구제할 때 상을 주시는 분이다. 고린도전서에서도 이같은 말씀을 볼 수 있다.

심는 이와 물 주는 이는 한가지이나 각각 자기가 일한 대로 자기의 상을 받으리라(3:8).

브루스 윌킨슨(Bruce Wilkinson)이 쓴 『하나님이 상 주시는 삶』(A Life God Rewards)이라는 좋은 책에는 우리가 땅에서 행한 모든 선한 일들에 대해 하나님이 어떻게 상을 주실 것인지를 알게 해 주는 사례들이 많이 언급되어 있다. 그가 책에서 조심스럽게 말하고 있듯이, 우리가 선한 일을 '행함으로써' 구원을 받는 것은 아니지만 선한 일로 구원을 받은 것은 사실이다. 그리고 이 선한 일들에는 상급이 따른다.

우리에게 친숙한 에베소서 2장에서도 이렇게 말씀하신다.

너희는 그 은혜에 의하여 믿음으로 말미암아 구원을 받았으니 이것은 너희에게서 난 것이 아니요 하나님의 선물이라 행위에서 난 것이 아니니 이는 누구든지 자랑하지 못하게 함이라 우리는 그가 만드신 바라 그리스도 예수 안에서 선한 일을 위하여 지으심을 받은 자니 이 일은 하나님이 전에 예비하사 우리로 그 가운데서 행하게 하려 하심이니라(8-10절).

브루스가 이 책에서 말하고 있는 바와 같이, 우리는 믿음과 행위를 구분

> 우리의 믿음은 우리가 '어디서' 영원한 날을 보내게 될 것인지를 결정한다. 그리고 우리의 행위는 우리가 '어떻게' 영원한 날을 보내게 될 것인가를 결정한다.

해야 한다. 우리의 믿음은 우리가 '어디서' 영원한 날을 보내게 될 것인지를 결정한다. 그리고 우리의 행위는 우리가 '어떻게' 영원한 날을 보내게 될 것인가를 결정한다.

브루스의 말이 옳다. 하나님은 언젠가 우리의 행위, 즉 선행에 대해 상을 주실 것이다. 그러나 하나님은 우리가 이 땅에 사는 동안에도 우리에게 상을 주신다! 성경은 이것을 분명하게 밝혀 주고 있다. 예를 들어 마가복음 10장을 보자.

예수께서 이르시되 내가 진실로 너희에게 이르노니 나와 복음을 위하여 집이나 형제나 자매나 어머니나 아버지나 자식이나 전토를 버린 자는 현세에 있어 집과 형제와 자매와 어머니와 자식과 전토를 백 배나 받되 박해를 겸하여 받고 내세에 영생을 받지 못할 자가 없느니라(29-30절).

예수께서 여기서 말씀하고 계신다. 그 말씀하시는 바는 "하나님이 우리에게 상을 주시되, 내세에서만이 아니라 금세에서도 주신다"는 것이다.

예수님의 비유에서도 몇 차례 나오는 것처럼, 주님은 청지기 직분을 잘 수행한 사람에게 상을 주신다. 예를 들어 누가복음 19장에서는, 예수께서 므나의 비유를 말씀하신다("므나"는 은 50세겔 정도의 교환 가치가 있는 주화이다). 예수님의 이 비유에서 주인은 10명의 사람들에게 각각 한 므나씩을 준다. 이는 그들이 청지기직을 얼마나 신실하고 능력있게 잘 수행하는지를 보기 위함이었다. 예수께서 비유에서 말씀하신 것처럼, 이 주인이 회계하러 돌아와서는 잘한 사람에게는 즉시 상을 주었다.

주인이 이르되 잘하였다 착한 종이여 네가 지극히 작은 것에 충성하였으니 열 고을 권세를 차지하라 하고(눅 19:17).

하나님은 이미 우리가 맡은 돈을 충성되게 관리하지 않으면 더 많은 돈을 우리에게 맡기지 않으실 것이다. 어떤 사람이 주당 500달러도 제대로 관리하지 못하는데 하나님께서 어떻게 그에게 주당 5천 달러를 주실 수 있겠는가?

하나님은 자기의 나라를 세우는 데 관심이 있으시다. 그래서 하나님은 재정을 맡았을 때 잘 관리할 사람 - 하나님이 주라고 하시면 주는 사람 - 이라고 인정된 사람들에게 기금을 맡기실 것이다. 그들은 맡은 재정을 쓸모없는 일에 낭비해 버리지 않을 것이다. 그들은 예산을 잘 세워서 책임있게 관리할 것이다. 그들은 자신의 시간과 인간관계와 재능에 대해서도 선한 청지기가 될 것이다. 이것이 므나의 비유에 담긴 메시지이다. 예수께서는 달란트의 비유에서도 비슷한 말씀을 하신다(마 25:14-30 참조). 하나님은 우리의 능력에 따라 각각 달란트를 맡기신다. 하나님은 우리가 이 달란트를 주님을 위하여, 그리고 주님 나라의 목적을 위하여 사용하기를 기대하신다. 우리는 청지기 직분을 잘 수행하지 못하는 사람에게 하나님의 기적적인 능력이 주어지는 것은 결코 보지 못할 것이다!

므나의 비유에서 예수께서는 한 므나씩을 받은 각 사람들에게 이렇게 말씀하신다. "내가 돌아올 때까지 장사하라"(눅 19:13). 이것이 바로 하나님이 우리에게 기대하시는 바이다. 하나님은 주님이 다시 오실 때까지 우리가 사업 - 하나님 나라의 사업 - 을 계속하기를 기대하신다.

사도행전 2장에서 우리는 최초의 성령 충만한 그리스도인들은 하나님을 너무도 사랑하여 자신의 모든 소유를 팔아 필요한 자들에게 나누어 주었던 것을 볼 수 있다! 이들의 넉넉한 베풂과 이기심 없는 행동에 대한 응답으로 주님께서는 기적을 풍성하게 부어주셨다! 그들은 하나님의 계획과 목적을 위해 자신을 내던져 헌신했고 하나님은 하늘로부터 능력을 부어주시며 그들을 칭찬하셨다.

예수님의 므나 비유에서 주인은 왜 악한 종에게서 한 므나를 빼앗아 이미 열 므나를 가지고 있던 종에게 주었을까? 예수님께서도 청지기 직분을 잘 수행한 자에게 상을 주길 원하시기 때문이다. 악한 청지기는 가진 것도 잃게 된다. 선한 청지기는 더 많이 받게 된다. 참으로 간단한 개념이 아닌가!

당신은 혹시 부자는 더 부유해지고 가난한 자는 더 가난해지는 것 같은 현실을 개탄스러워한 일이 있는가? 우리는 이 현상에 익숙해지는 것이 좋을 것이다. 이 비유에서 보여주고 있는 것처럼, 하나님 나라에서도 그런 현상이 나타난다. 주님께서는 신뢰할 만한 사람에게는 더 많은 것을 맡기신다. 마치 내 아들이 대학에 다니기 위해 집을 떠나 있을 때 나에게 그런 모습을 보인 것처럼. 마찬가지로 하나님은 금전 문제에 무책임한 사람이나 자기 돈이 어디로 가는지도 모르는 사람에게 더 많은 것을 맡기지는 않으실 것이다.

어떤 신자들은 자기가 많은 돈을 벌고 있지 못하기 때문에 청지기의 사명에 대해서 생각할 필요는 없을 것이라고 생각한다. 그런 사람들은 작은 것에 충성된 자들이 더 많은 것을 맡게 될 것이라는 사실을 이해하고 있지 못한 것이다.

복권에 당첨되거나 거액의 재산을 상속받은 사람에 대한 뉴스가 나오면 이런 말을 하는 사람들이 있다. "어휴, 내가 500만 달러를 상속받았다면 그 중 1백만 달러는 우리 교회에 헌금할 텐데." 그렇다! 그들이 지금 자기 수입의 10퍼센트도 드리지 못하면서 큰돈을 갖게 되면 그중 20퍼센트를 어떻게 드릴 수 있다는 말인가? 그들은 이런 생각을 하기 때문이다. '그렇게 많이 드린 후에도 내 몫이 엄청 많이 남겠지.' 그러나 선한 청지기는 이렇게 말한다. "내가 지금 가진 것으로 하나님을 공경해야지. 지금 내 수입의 20퍼센트를 (혹은 성령님이 인도하시는 대로) 드릴 수 있는 길을 찾아 볼 거야." 이런 사람들이야말로 하나님이 더 많은 것을 맡겨 주실 것이다.

마태복음 25장 14절의 달란트의 비유를 다시 한 번 보라. 이 비유에서 "어떤 사람"이 "그 종들을 불러 자기 소유를 맡김"을 볼 수 있다.

우리는 이 종들과 같다. 하나님은 자기 소유를 우리에게 맡기셨다. 주님은 우리에게 일정한 분량의 재물을 맡기실 뿐 아니라 재물보다 더 귀한 것들도 많이 맡기신다. 주님은 우리에게 기도와 구원의 복음, 그리고 다른 사람들을 도울 수 있는 능력 등을 맡기셨다. 이런 것들은 주님이 우리에게 맡기신 보물들이다. 주님은 우리가 이것을 잘 사용하고 나누어 주기를 기대하신다.

하나님은 우리의 인생길에서 어떤 사람들을 만나게 하시고 우리가 그들을 잘 돕는 선한 청지기가 되기를 기대하신다. 우리가 이미 본 바와 같이, 주님은 선한 청지기에게는 상을 주신다.

당신은 예수님께서 마태복음 6장에서 우리를 위하여 보물을 하늘에 쌓아 두라고 말씀하신 것을 기억할 것이다. 그래서 필자는 이렇게 질문하고자 한다. 당신은 하늘에 얼마나 많은 재물을 쌓아두고 있는가? 당신이 천국에 가면 이 땅에서의 삶을 돌아보며 보물을 하늘에 미리 보내지 않고 땅에 너무 많이 쌓아 둔 것을 후회하게 되지는 않겠는가?

선하고 지혜로운 종

마태복음 25장의 달란트의 비유 바로 앞에서 예수님은 생각지 않은 때 자신이 다시 오시리라는 말씀과 함께 중요한 질문을 하신다.

충성되고 지혜 있는 종이 되어 주인에게 그 집 사람들을 맡아 때를 따라 양식을 나눠 줄 자가 누구냐 주인이 올 때에 그 종이 이렇게 하는 것을 보면 그 종이 복이 있으리로다 내가 진실로 너희에게 이르노니 주인이 그의 모든 소유를 그에게 맡기리라(마 24:45-47).

주님은 "충성되고 지혜 있는 종이 누구뇨?" 하고 질문하신다. 예수님은 오늘날도 같은 질문을 하고 계신다. 주님은 자신이 다시 오실 때 그 종들이 각자에게 맡겨진 소유를 잘 관리하고 있는 모습을 보기를 원하신다.

주님이 다시 오실 때 당신이 선하고 충성된 청지기의 삶을 사는 것을 보실 수 있겠는가? 하나님이 주신 것을 가지고 최선을 다하고 있는가? 매달 당신의 돈이 어디로 가고 있는지를 알고 있는가? 십일조와 헌금을 하며 전도하고 기도하고 있는가?

당신의 마음이 어디에 있는가?

앞서 5장에서 살펴본 것처럼, 예수님께서는 이렇게 말씀하셨다. "너희가 만일 불의한 재물에도 충성하지 아니하면 누가 참된 것을 너희에게 맡기겠느냐"(눅 16:11).

이것이 보여주는 바는 하나님은 우리의 마음을 시험하시기 위해 실제로 돈을 사용하신다는 것이다. 돈은 우리가 청지기 직분을 잘 수행하는 믿을 만한 사람인지를 시험한다. 이 말을 들으면 정신이 번쩍 날 것이다. 하나님은 매일 우리가 무엇을 사고 어디에 돈을 쓰는지를 보고 계신다.

시험받은 부분은 우리가 돈을 어떻게 다루고 있는가이다. 이 시험의 결과는 하나님이 우리에게 참된 재물을 맡겨 주실 것인지의 여부를 결정한다. 그래서 그리스도인에게 돈은 물건을 사는 데 필요한 수단 이상의 의미를 갖는다. 예수님이 가르치신 내용 중 30퍼센트가 돈에 대한 것이다. 여기에는 이유가 있다.

마태복음 6장 21절이 우리에게 보여주듯, 하나님은 우리의 재물이 어디에 있는지를 보면 우리 마음이 어디에 있는지를 알 수 있다고 말씀하신다. 만약 당신이 "내 마음은 하나님 나라에 있습니다."라고 간증할 때, 당신의 수표책이 그 말의 진정성을 확인해 주거나 부정할 것이다.

하나님은 우리가 생각하는 것보다 청지기직에 대해 더 많이 생각하시는 것 같다. 내가 이 말을 하는 것은 이것이 성경 전체에 나타나고 있기 때문이다.

이처럼, 하나님이 아담에게 처음 주신 명령, 즉 "생육하고 번성하여 땅에 충만하라"는 말씀과, 에덴 동산을 잘 관리하되 "선악을 알게 하는 나무의 열매는 먹지 말라"는 말씀은 청지기 직분을 행하는 것과 관련되어 있다 (창 1:28; 2:17 참조).

청지기직의 원리는 아가에도 나온다. 여기서 술람미 여인은 이렇게 말한다.

내 어머니의 아들들이 나에게… 포도원지기로 삼았음이라 나의 포도원을 내가 지키지 못하였구나(아 1:6).

이 말씀은 많은 그리스도인들의 상태를 말해 준다. 우리는 다른 사람들의 포도원을 돌보느라고 – 남들 일에 신경을 쓰고 그들이 삶을 어떻게 살아야 하는지를 말해 주느라고 – 우리 자신의 포도원은 가꾸지 못하고 있다.

우리가 하나님이 우리에게 주신 것을 관리하지 못한다면 다른 사람들을 도울 수 없다. 우리가 선한 청지기가 되지 못하면 우리가 다른 사람을 돕고 하나님 나라를 진전시킬 수 있는 능력도 제한될 것이다.

비난의 손가락질

하나님은 항상 변함이 없으시다. 그러나 재물은 그렇지 않다. 달리 표현하면, 재물은 있다가도 없어지는 것이지만, 하나님은 항상 동일하시다. 내가 아는 사람들은 모두 경제적인 상승과 하강을 다 경험한다. 돈이 많은 사람도 재산이 늘었다 줄었다 하는 부침을 경험한다. 그들도 여느 사람들과 마찬가지로 경제적인 문제 때문에 초조해 하고, 걱정하고, 스트레스를 받는다.

때때로 우리는 경제적 어려움이 있을 때 하나님께서 "제때 도와주시지 않는다."고 불평한다. 우리는 하나님의 방법대로 돈을 잘 사용하기 위한 기도도 해 보지 않고 이런 불평을 한다. 나는 공연히 당신이 듣기 힘들어 하는 말을 하고 싶은 생각은 없다. 그러나 우리가 알아야 하는 것은 하나님의 인도하심이 없이 사용한 돈에 대해서는 하나님이 책임을 져 주지 않으신다는 것이다.

우리들 각자는 자신의 재정에 대해 책임이 있다. 우리는 자신이 가진 돈을 잘 관리해야 할 청지기들이다. 우리는 돈을 사용하기 전에 기도하며 하나님의 지혜를 구해야 한다. 우리

> 우리의 삶에서 경험하는 대부분의 스트레스와 근심 걱정은 선한 청지기로 행하지 못한 결과로 오는 것이다.

의 삶에서 경험하는 대부분의 스트레스와 근심 걱정은 선한 청지기로 행하지 못한 결과로 오는 것이다.

당신이 월급날이 될 때까지 쓸 수 있는 돈이 500달러 남아 있는 상황에서 300달러짜리 바비큐 그릴을 충동적으로 사버렸다고 가정하자. 이제 당신은 생활비가 모자라 곤란한 지경에 처하게 되었다. 이것은 하나님의 심판이 아니다. 기초적인 숫자 계산을 잘못한 결과이다!

간단한 뺄셈만 할 수 있었다면, 이런 구매 결정이 나쁜 결과를 가져오리라는 것을 알 수 있었을 것이다. 우리는 경제적인 어려움을 당할 때 마치 하나님이 자신을 징계하시는 것 같은 느낌을 갖기도 한다. 그러나 사실은 이런 형벌은 우리 자신이 자초한 것이다. 우리가 어떤 물건을 살 때 기도할 시간을 충분히 갖지 않았거나, 심지어 상식적인 판단을 해 보지도 않았기 때문에 이런 결과가 온 것이다.

만일 월급날이 열흘 남아 있고 당신의 계좌에 500달러가 있는데, 아직 더 사야 할 식료품이 있고 납부해야 할 보험료와 전기세가 있으며 자동차 기름도 넣어야 한다고 가정해 보자. 상식적인 지혜로 생각해 보아도 이런 상황에서는 바비큐 그릴을 사는 것은 미루어야 한다.

문제는 우리가 스스로 자초한 문제 때문에 하나님을 비난한다는 것이다.

연구자들에 따르면 이혼 사유 중 첫 번째가 의사 소통의 문제이며, 근소한 차이로 두 번째 사유가 돈 문제라고 한다. 이 문제를 좀 더 깊이 파고들어가 보면, 부부들의 의사 소통이 가장 잘 안 되는 부분이 돈 문제라는 것이다. 돈은 결혼 생활에서 주된 갈등의 원천이 되는 것이다.

만일 우리가 선한 청지기로서 삶의 원칙을 실행하기만 한다면, 위궤양이나 두통을 비롯하여 재정적 스트레스와 연관된 건강 문제에 시달릴 필요가 없을 것이다.

하나님은 축복하길 원하신다

하나님은 진정으로 우리를 축복하길 원하신다. 당신은 정말 마음 중심으로 이것을 믿는가? 이 질문을 다른 말로 바꾸어 다시 해 보겠다. 당신은 하나님이 우리를 저주하길 원하신다고 믿는가? 당신은 하나님이 우리를 해롭게 하기를 원하신다고 생각하는가? 물론 그렇게 믿지는 않을 것이다!

하나님은 공연히 우리를 괴롭히기로 작정하신 분이 아님을 믿는 것은 어려운 일이 아니다. 그런데 많은 그리스도인들은 하나님이 자신들을 축복하길 원하신다는 사실을 받아들이는 것을 훨씬 더 어려워한다.

필자가 이것을 쉽게 표현해 보겠다. 하나님은 우리에게 축복을 주길 원하시며, 축복받은 우리를 통해 다른 사람들을 축복하시기를 간절히 원하신다. 하나님이 창세기 12장에서 아브람에게 하신 말씀이 바로 그것이었다.

내가 너로 큰 민족을 이루고 네게 복을 주어 네 이름을 창대하게 하리니 너는 복이 될지라(2절).

달리 표현하면, 하나님은 아브람을 축복하심으로써 그를 복의 근원으로 삼길 원하셨다.

오늘날의 당신과 나도 마찬가지이다. 하나님은 우리에게 많은 재정을 주심으로써 우리를 하나님의 축복의 통로로 삼기를 원하신다. 신약에 나오는 다음의 말씀 바로 그것이 아닌가?

하나님이 능히 모든 은혜를 너희에게 넘치게 하시나니 이는 너희로 모든 일에 항상 모든 것이 넉넉하여 모든 착한 일을 넘치게 하게 하려 하심이라 (고후 9:8).

하나님은 우리에게 넉넉하게 주기를 원하신다. 그 이유는, 우리로 하여금 모든 선한 일을 할 준비와 능력을 갖추게 해 주시기 위해서이다. 그러나 우리가 본 바와 같이 우리가 하나님이 우리에게 주신 축복을 선한 청지기로서 잘 관리할 때에만 이런 풍성한 축복을 받는 것이 가능해진다.

상 주시는 이를 신뢰함

당신은 지금까지, 상을 받고자 하는 동기로 헌금을 해서는 안 된다고 강조하는 것을 들었다. 이것은 절대적인 사실이다.

동시에 우리는 하나님이 우리를 상 받기를 좋아하는 존재로 지으셨음을 무시해서는 안 된다. 이런 마음은 우리의 체질의 근간을 이루고 있다. 하나님은 우리를 상급에 반응하는 존재로 지으셨다. 이는 주님 자신이 상 주는 분이시기 때문이다. 사실, 주님은 상 주시기를 좋아하신다!

이 때문에 필자는 우리가 드리는 삶을 살 때 하나님이 우리에게 상 주신다는 것을 믿는 것이 나쁜 것이 아니라고 말해 온 것이다. 당연히 우리는 상을 기대해야 한다. 하나님이 그렇게 말씀하셨다. 하나님은 거짓말하실 수 없는 분이다!

우리가 드릴 때 하나님이 상 주실 것임을 믿는 것은 단순하고 어린아이 같은 믿음이다. 그러나 상 받는 것이 우리의 드리는 삶의 주된 동기가 되지는 않도록 해야 한다.

하나님이 우리 마음에서 역사하시도록 우리가 허락해 드릴 때, 드리는 것 자체에서 오는 기쁨과 남을 돕고 축복해 주는 데서 얻는 순수한 만족감이 우리의 드림의 주된 동기가 된다. 왜냐하면 이렇게 함으로써 우리는 우리가 사랑하고 공경하는 하나님 아버지를 닮아갈 수 있기 때문이다.

부디, 하나님이 당신에게 상 주실 것을 확신하기 바란다. 내가 어렸을 때 참여했던 여름 캠프에서의 경험과는 다르게, 하나님은 시상식을 열기 위해서 캠프가 끝날 때를 기다리시는 분이 아니다. 주님은 항상 상을 주시는 분이다. 이제 당신은 알고 있다. 하나님은 선한 청지기에게 상을 주신다는 사실을.

필요, 탐욕, 또는 씨앗
● Need, Greed or Seed ●

chapter 10

Need, Greed or Seed

●●●● 고린도후서 9장을 다루지 않고서는 헌금에 대한 성경적인 책을 집필하는 것이 불가능할 것이다. 이 성경 본문은 성령의 인도를 받아 물질을 드리는 삶에서 오는 능력과 축복을 잘 제시하고 있는 것들 중의 하나이다. 여기에는 놀라운 진리가 담겨 있다. 그 배경은 다음과 같다.

바울은 어려움을 겪고 있는 마게도냐 교회를 위해 고린도 교회가 드리기로 약정한 특별 헌금을 받기 위해 동역자들 몇 사람을 고린도 교회에 보내고자 했다.

본문의 첫 부분에서 바울은 이렇게 말하고 있다(필자의 의역임). "여러분! 여러분은 풍성한 특별 헌금을 드리겠다고 약정했었지요. 그래서 저는 다른 교회에 여러분에 대한 자랑을 많이 해 놓았습니다. 행여 여러분이 약속을 못 지켜서 부끄러움을 당하는 일은 없기를 바랍니다!"

기본적으로 바울은 그들이 자발적으로 헌금을 드리기를 원하고 있는 것에 대해 칭찬하고 있다. 그리고 이를 기회로 삼아 헌금에 대한 몇 가지 진리를 그들에게 가르치고 있다.

바울은 이렇게 쓰고 있다.

이것이 곧 적게 심는 자는 적게 거두고 많이 심는 자는 많이 거둔다 하는 말이로다 각각 그 마음에 정한 대로 할 것이요 인색함으로나 억지로 하지 말지니 하나님은 즐겨 내는 자를 사랑하시느니라 하나님이 능히 모든 은혜를 너희에게 넘치게 하시나니 이는 너희로 모든 일에 항상 모든 것이 넉넉하여 모든 착한 일을 넘치게 하게 하려 하심이라(고후 9:6-8).

이 본문이 희생적인 헌금을 드리려고 작정한 사람들에게 준 말씀임에 유념하라. 그들은 헌금을 잘 드리는 사람들이었다.
바울은 성령의 인도에 따라 이 서신을 쓰면서 헌금의 가장 기본적인 법칙을 먼저 언급한다. "적게 심는 자는 적게 거두고 많이 심는 자는 많이 거둔다"(6절).
예수님이 누가복음 6장 38절에서 주신 말씀에 이와 동일한 진리가 담겨 있다.

주라 그리하면 너희에게 줄 것이니 곧 후히 되어 누르고 흔들어 넘치도록 하여 너희에게 안겨 주리라 너희가 헤아리는 그 헤아림으로 너희도 헤아림을 도로 받을 것이니라.

당신은 이 약속이 헌금을 드리고자 하는 '동기'를 창조해내기 위한 것이 아니라 우리를 두려움에서 해방시키고 드림에 따른 '상급'을 보여주기 위해서 주어진 것임을 기억할 것이다.

바울의 그 다음 구절은 매우 중요하다. 이 구절에서 우리는 헌금에 대한 중요한 지침을 얻게 된다. 즉, 각 사람은 "그 마음에 정한 대로"(고후 9:7) 드려야 한다는 것이다.

당신은 자신에게 적정한 헌금의 수준이 어떤 것인지를 결정할 수 있는 유일한 사람이다. 그것은 당신과 성령님 사이에서 결정할 문제이다.

똑같은 구절을 NIV(New International Version) 영어 성경으로 보자.

Each man should give what he has decided in his heart to give, not reluctantly or under compulsion, for God loves a cheerful giver. (각각 그 마음에 정한 대로 할 것이요 **인색함으로나 억지로 하지 말지니 하나님은 즐겨 내는 자를 사랑하시느니라**).

하나님은 '인색함이나 억지로' 드려진 십일조나 헌물이나 헌금을 원하시지 않는다. 축복된 삶은 '즐겨' 드리는 삶에서 나온다.

어떻게 하면 즐겁게 드리는 자가 될 수 있을까? 오직 한 가지 방법밖에 없다. 하나님이 당신의 마음에서 역사하셔야 한다. 우리가 지금까지 탐구해 온 다른 진리들처럼, 그것은 마음 중심의 깊은 곳에서 이루어진다.

나는 우리 부부가 9대의 차량을 다

> 당신은 자신에게 적정한 헌금의 수준이 어떤 것인지를 결정할 수 있는 유일한 사람이다.

른 사람들에게 나누어 주었던 18개월 동안의 경험에서 귀한 교훈을 배웠다. 그 무렵의 어느 때에 우리가 차량 여러 대를 남들에게 나누어 주었다는 것을 알고 있는 어떤 사람이 우리에게 와서 이런 말을 했다. "우리에게 남는 차량이 한 대 있는데 그것을 어떤 가정에 익명으로 드리고 싶습니다."

우리는 이 차를 받아서 그 가정에 주기로 동의했다. 그래서 그들은 차량을 우리에게로 등기 이전해 주었다. 내가 이 차를 전달하기 위해 그 집으로 몰고 가던 중에 차량의 엔진이 꺼져 버렸다. 나는 이 차를 견인해서 정비 공장으로 옮긴 후 새로운 엔진을 장착하기 위해 돈을 지불해야 했다.

그때 나는 이 문제에 대해 주님께 불평을 좀 하며 투덜거렸던 것을 기억한다. 나는 이렇게 말했다. "주님, 이 차의 엔진이 원 소유주가 차를 가지고 있던 며칠 전의 어느 때에 고장날 수는 없었나요? 아니면 이 차를 운전할 그 사람에게 인도되어 며칠이 지난 후에 그렇게 될 수는 없었나요? 왜 하필이면 제가 관리하고 있던 이 사흘 동안에 엔진이 고장나 버렸나요?"

그때 주님이 이렇게 뚜렷이 말씀하셨던 것을 기억한다. "내가 그렇게 되도록 계획했다. 아들아, 이 차를 주는 사람에게는 새 엔진을 장착할 돈이 없단다. 이 차를 받는 가정에서도 그렇게 할 여유가 없단다. 그러나 내가 너에게는 물질적인 축복을 주지 않았니. 너는 돈이 있고, 그 돈이 모두 내 것임을 인정하고 있지 않니. 내가 이 모든 세부 사항들을 완벽하게 조율했단다."

그때 주님은 또 다른 것을 나에게 말씀하셨다. "아들아, 내가 너를 재정적으로 축복해서 네가 그 가정을 위해 차량의 새 엔진을 장착시켜 주는 특권을 가질 수 있는 것에 대해 감사해야 한다."

그런 다음에 주님은 나에게 부드러운 경고의 말씀을 주셨다. "만일 네가 다른 사람에게 축복이 되어 주는 일을 힘들어 한다면, 내가 이 자원들을 다른 사람에게 옮겨 줄 수도 있다."

물론, 나는 주님께 회개하고 이렇게 말했다. "아버지, 저를 용서해 주세요. 이 모든 것은 아버지의 돈입니다. 저를 축복해 주신 것을 감사합니다. 이 차에 새 엔진을 장착해 줄 수 있도록 기회와 능력을 주신 것을 감사드립니다." 나는 이 순간에 "불평하며 억지로" 드리는 사람의 자리에서 즐겁게 드리는 사람의 자리로 재빨리 옮겨 갔다.

물론, 인간의 마음의 '자연적 상태'는 불평하면서 헌금을 하는 쪽으로 기울어진다. 그러나 앞서 6장에서 말한 바와 같이, 우리에게 새 마음이 들어오면 우리는 감사하게 되고 이기심을 벗고 풍성히 드릴 수 있게 된다. 그렇게 될 때 비로소 우리는 즐겁게 드리는 자가 될 수 있다.

이제, 고린도후서에서 인용한 본문의 마지막 구절을 보자. 여기서 바울이 "하나님이 능히… 하시나니"(9:8)라고 말한 것에 주목하라. 모든 믿음의 발걸음은 여기서 시작되어야 한다. 당신은 하나님이 능히 '이루신다'는 것에 대한 믿음에서 시작해야 한다. 하나님은 무엇에 능하신가? "모든 은혜를… 넘치게"(8절) 하는 데 능하시다.

필자는 여기서 고대 헬라어 어휘의 뉘앙스와 의미에 대해 간단히 설명해 보겠다. 이 구절에서 "모든"으로 번역된 말은 말 그대로 "모든 것"을 의미한다. 놀랍지 않은가?

당신은 "하나님이 능히 모든 은혜를… 넘치게"(8절) 하심을 알아야 한다. 얼마나 자주 그렇게 하시는가? 항상 그렇게 하신다! 가끔이 아니다. 주식 시세가 오르는 날이나 금리가 내리는 날에만 그렇게 하시는 것이 아니다. 항상 그렇게 하신다!

하나님은 모든 은혜를 우리에게 항상 넘치게 하실 수 있으시다. 우리가 풍성하게 심으면 우리를 향한 하나님의 은혜도 풍성해진다. 차고 넘치게 된다.

이렇게 은혜가 차고 넘침으로 오는 결과는 무엇인가? 우리는 "모든 일에 항상 모든 것이 넉넉하여"(8절) 시작하게 된다. 어느 정도로 넉넉한가? 모든 일에 넉넉하다!(또 한 번 "모든"이라는 말이 나왔다). 얼마나 많은 일에서 넉넉한가? 모든 일에서 넉넉하다!(다시 이 말이 나왔다).

이것은 정말 놀라운 성경 말씀이다. 당신이 일단 즐거운 마음으로 드리기 시작하면 하나님은 당신에게 모든 은혜가 넘치게 하신다. 이는 당신에게 '항상 언제나 모든 일에 모든 풍성함'이 있게 해 주시기 위함이다. 왜 그렇게 하시는가? 당신이 "모든 착한 일을 넘치게"(8절) 하도록 해 주시기 위해 그렇게 하신다!

8절은 6절과 7절의 연관된 약속이다. 모든 은혜와 풍성함과 넉넉함은 즐거운 마음으로 풍성하게 씨앗을 뿌린 결과로 오는 것이다.

필요인가 소원인가?

필자는 "모든 것이 넉넉하여"(8절)라는 구절에 대해 몇 마디의 설명을 하고자 한다. 나는 '넉넉함'이라는 단어가 우리에게 필요한 것을 넉넉히 채우심을 의미한다고 본다. 그것은 '충분한' 분량을 가지게 됨을 가리킨다.

우리가 충분한 헌금을 드리고자 할 때마다 핍절해질 것에 대한 두려움의 공격을 받게 되는 것은 이상한 일이 아

> 당신이 일단 즐거운 마음으로 드리기 시작하면 하나님은 당신에게 모든 은혜가 넘치게 하신다. 이는 당신에게 '항상 언제나 모든 일에 모든 풍성함'이 있게 해 주시기 위함이다.

니다. '드린 후에도 내게 쓸 것이 충분히 있게 될까?' '직장을 잃어버리면 어떡하지?' '내 차가 고장나면 어떡하지?'

이런 생각들이 들 때마다 가장 먼저 기억해야 할 것은 돈이 우리의 넉넉한 삶의 첫 번째 요건이 아니라는 사실이다. 하나님 그분이 우리의 넉넉함이 되신다. 우리가 하나님이 아닌 다른 어떤 것을 신뢰하기 시작할 때 그것은 우상 숭배가 된다. 우리가 신뢰하는 그것이 우상이다.

하나님께서는 이 구절에서 우리가 풍성하게 드리며 주님을 바라볼 때 우리의 모든 필요한 것이 다 '충족될 것'이라는 귀한 말씀을 주신다. 우리는 "모든 일에… 모든 것이 넉넉하"(8절)게 됨을 체험할 것이다.

물론 필요와 소원 사이에는 큰 차이가 있다. 어떤 사람들의 가르침과는 달리, 하나님은 인간의 모든 변덕과 몽상을 다 충족시키겠다고 약속하신 적은 없다.

넉넉함의 수준을 넘어선 곳에 넘쳐남이라는 수준이 있다. 우리 모두가 시험을 받는 부분이 바로 이 수준에서이다.

진정한 마음의 시험은 우리에게 필요한 것이 다 채워지는 것을 넘어서 넘치는 부분이 조금이라도 생기기 시작할 때 온다. 필요한 것을 채우는 수준을 넘어서 탐욕이 생길 가능성이 있는 때가 바로 이 시점에서이다.

부채의 멍에에서 벗어나게 해 달라고 기도해 온 어떤 사람이 기대하지 않았던 큰 액수의 보너스를 받았을 때 이런 일이 나타난다. 즉 그가 뜻밖의 돈을 가지게 되었을 때 그 돈으로 빚을 갚고자 하는 생각은 떠오르지 않는 경우도 종종 있다. 약간의 여윳돈이 생길 때 바로 이런 생각을 하게 되는 수가 있다. '이제 나는 정말로 '필요한' 것을 살 수 있게 되었어. 새로운 골프채 세트 같은 것 말이야!'

우리가 필요한 것 때문에도 시험을 받지만 탐욕 때문에 시험을 받기도 한다는 것은 바로 이를 두고 한 말이다. 필요의 시험은 오직 하나님만이 우리의 넉넉함이 되어 주시리라는 믿음을 가져야 하는 순간에 온다. 탐욕의 시험은 우리가 넉넉함을 넘어서 넘치는 단계로 들어갈 때 오는 시험이다.

가장 높은 수준

돈을 사용함에 있어 필요와 탐욕을 넘어서는 더 높은 수준이 있다. 가장 높은 수준으로 사용되는 돈은 '씨앗'으로 사용되는 돈이다.

고린도후서 9장 6절에서 바울이 "적게 심는 자는 적게 거두고 많이 심는 자는 많이 거둔다"라고 말할 때 사용한 언어가 바로 씨앗의 언어이다.

당신은 자신이 사용하는 돈을 어떤 관점에서 바라보는가? 이 돈을 자신에게 필요한 것을 채워주는 용도로만 생각하는가? 이 돈이 당신의 탐욕을 충족시키기 위해 존재하는 것은 아닌가? 아니면 그것을 씨앗으로 인식하고 있는가?

다음의 말씀을 보면 필자가 전달하고자 하는 진리에 대해 더 잘 이해하게 될 것이다.

곧 헛된 것과 거짓말을 내게서 멀리 하옵시며 나를 가난하게도 마옵시고 부하게도 마옵시고 오직 필요한 양식으로 나를 먹이시옵소서 혹 내가 배불러서 하나님을 모른다 여호와가 누구냐 할까 하오며 혹 내가 가난하여 도둑질하고 내 하나님의 이름을 욕되게 할까 두려워함이니이다(잠 30:8-9).

여기서 잠언의 기록자가 "나를 가난하게도 마옵시고 부하게도 마옵시고"

라고 한 말에 주의하라. 이것은 기본적으로 필요(가난)와 탐욕(부)을 일컫는 것이다. 이처럼, 필요와 탐욕은 우리 모두가 시험받는 부분이다. 잠언을 기록한 지혜자는 이것을 이해했다. 그는 이렇게 말하고 있는 셈이다. "주님! 저는 당신이 공급을 베푸시는 은혜로운 자리에 있기 원합니다."

하나님이 돈을 사용하시지 않고서 당신의 필요한 것을 채우시는 것이 가능할까? 하나님은 그렇게 하실 수 있다는 것을 엘리야에게 보이셨다.

까마귀들이 아침에도 떡과 고기를, 저녁에도 떡과 고기를 가져왔고 그가 시냇물을 마셨으나(왕상 17:6).

하나님은 돈을 사용하지 않고도 엘리야에게 필요한 것을 공급하셨다. 하나님은 다만 새들을 동원하셨다. 여기에 놀라운 사실이 있다. 새들이 엘리야에게 갖다 준 것은 오래된 마른 빵이 아니었다. 그는 스테이크를 먹었다! 나중에 19장에서 우리는 이와 비슷하게 주목할 만한 기록을 보게 된다.

로뎀 나무 아래에 누워 자더니 천사가 그를 어루만지며 그에게 이르되 일어나서 먹으라 하는지라 본즉 머리맡에 숯불에 구운 떡과 한 병 물이 있더라 이에 먹고 마시고… 그 음식물의 힘을 의지하여 사십 주 사십 야를 가서 하나님의 산 호렙에 이르니라(왕상 19:5-6, 8).

떡! 천사는 이 사람에게 떡을 구워주었다! 이것은 아마도 역사상 최초로 나타난 천사의 떡일 것이다. 하나님은 떡과 고기만이 아니라 디저트도 주신 것이다! 우리 하나님 아버지는 그렇게 좋으신 분이다.

하나님이 우리의 필요한 것을 채워주기로 작정하신 분임은 의심의 여지가 없다. 그러나 우리는 과연 우리 돈을 씨앗으로 사용하기로 작정하고 있는가?

씨앗 한 자루를 가지고 있는 농부를 생각해 보자. 그에게는 몇 가지 선택의 여지가 있다. 첫째로, 그는 자루에 있는 것을 다 갈아서 밀가루를 만들어 빵을 구울 수 있다. 그리고 밭에 심을 씨앗은 다른 사람에게 얻을 수 있으려니 하고 기대한다. 둘째로, 그는 자루에 있는 것의 일정 부분을 가지고 빵을 굽고 나머지는 씨앗으로 사용하기 위해 남겨둘 수 있다. 만일 그가 이 씨앗을 심는다면 원래의 씨앗보다 훨씬 더 많은 양의 수확을 거두게 될 것이다.

우리는 앞서 바울이 고린도후서 9장 6절에서 돈을 씨앗으로 비유하여 표현한 것을 볼 수 있다. 몇 구절 후에 바울이 하는 말을 보라.

심는 자에게 씨와 먹을 양식을 주시는 이가 너희 심을 것을 주사 풍성하게 하시고 너희 의의 열매를 더하게 하시리니 너희가 모든 일에 넉넉하여 너그럽게 연보를 함은 그들이 우리로 말미암아 하나님께 감사하게 하는 것이라(고후 9:10-11).

이 본문에서 하나님이 "움켜쥐고 있는 자에게 씨를 주신다"고 말하고 있지 않음에 유의하라. 하나님은 심는 자, 즉 기꺼이 흩어 나누어 주는 자에게 씨를 주신다.

나는 사람들이 이렇게 말하는 것을 듣는다. "물론, 그 사람은 나누어 주기를 잘하는 사람이지요. 하지만 그 사람은 여유가 있으니까 그렇게 하는 거예요." 그들은 순서를 거꾸로 하여 말했다. 그 사람이 여유가 있는 것은 베풀기를 잘하는 사람이기 때문이다. 하나님은 심는 자에게 씨앗을 주신다.

이런 말을 하는 것이 안타깝지만, 하나님이 축복해 주기 원하는 어떤 귀한 사람들 중에는 마음의 중심이 바르지 못해서 금전적인 축복을 받지 못하는 이들이 있다. 하나님은 움켜쥐고 있는 사람에게는 씨앗을 주시지 않는다. 위에 인용한 성경 말씀에 따르면 하나님은 심는 자에게는 씨앗 이외에 더 많은 것을 주신다.

심는 자에게 씨와 먹을 양식을 주시는 이가(10절).

하나님은 우리에게 무엇이 필요한지를 잘 알고 계신다(그러므로 우리가 걱정할 필요는 없다). 주님은 우리에게 주신 씨앗의 얼마를 우리가 먹고 나머지는 씨앗으로 심기를 원하신다. 주님은 그 씨앗에 대한 약속의 말씀도 추가로 주신다.

〔하나님이〕 너희 심을 것을 주사 풍성하게 하시고 너희 의의 열매를 더하게 하시리니(10절).

하나님은 주실 뿐 아니라 풍성하게 하신다. 하나님은 우리에게 씨앗을 주실 수 있는 유일한 분이시다. 그분은 또한 그것을 풍성하게 늘리실 수 있는 분이다. 이렇게 할 때 주님은 또한 '의의 열매를 더하게' 하실 것이다.

장담하건대, 하나님이 당신의 마음의 이 영역에서 일을 시작하시면 당신은 그 동안 힘들게 싸워오던 몇몇 영역에서 승리를 얻기 시작할 것이다.

나는 주는 자가 받는 자보다 더 의로운 삶을 산다고 믿는다. 왜 그럴까? 하나님은 약속하신 대로 의의 열매를 더하게 하시기 때문이다. 당신은 더 이

상 이기심을 심지 않는다. 당신은 더 이상 탐욕을 심지 않는다. 그 대신 당신은 관대함과 친절과 사랑을 심는다. 예수님께서 우리에게 말씀하신 대로, 당신이 이것들을 베풀게 되면 그것들을 "후히 되어 누르고 흔들어 넘치도록 하여"(눅 6:38) 다시 받게 될 것이다.

여기서 우리가 알아야 할 씨앗에 관련된 세 가지 원리들을 도출할 수 있다. 그중 첫 번째 것은 이미 언급했다. 바로 이것이다. 심은 대로 거둔다.

같은 종류를 거둔다

이것이 너무나 당연한 말처럼 들릴 것이다. 그러나 사람들이 이 원칙과는 다르게 모든 일이 이루어질 것을 기대하는 것을 자주 본다. 그런 사례가 얼마나 많은지를 안다면 놀랄 것이다.

이 원칙을 확실히 알아야 한다. 당신이 옥수수를 심으면 옥수수를 거두게 될 것이다. 밀을 심으면 밀을 거두게 될 것이다. 사도 바울이 암시하는 바와 같이, 당신이 돈을 심으면 돈을 거두게 될 것이다. 이것은 창조 때 이미 확립된 법칙이다.

하나님이 이르시되 땅은 풀과 씨 맺는 채소와 각기 종류대로 씨 가진 열매 맺는 나무를 내라 하시니 그대로 되어 땅이 풀과 각기 종류대로 씨 맺는 채소와 각기 종류대로 씨 가진 열매 맺는 나무를 내니 하나님이 보시기에 좋았더라(창 1:11-12).

모든 것은 종류대로 번식한다. 특정한 종은 같은 종을 낳는다. 당신은 어떤 농부가 밀 씨앗을 뿌려놓고는 옥수수가 나지 않는다고 상심하는 모습을 상상할 수 있는가? 어리석기 짝이 없는 모습이다. 그런데 믿는 이들 중에 이런 식으로 행동하는 사람들이 있다. 그들은 심지 않은 것을 거두기를 기대한다.

다시 한 번 강조하건대, 이것은 거룩한 일확천금의 비결이 아니다. 우리는 더 많은 돈을 얻기 위해 씨앗을 뿌리지는 않는다. 그러나 재정적 성장은 풍성하게 심은 결과로 오는 것이다. 바로 이 원리이다. 무엇으로 심든지 그대로 거두리라.

바른 순서

씨앗에 대해 알아야 할 두 번째 원리는 이것이다. 심은 후에 거둔다.

다시 말하거니와, 이것은 너무도 쉬운 간단한 원리이다. 그러나 정말 이해가 되지 않는 것은 "언젠가 내가 돈이 많아지면 헌금을 많이 할 거야." 하는 식의 말을 하는 사람이 의외로 많다는 사실이다.

그런 일은 일어나지 않을 것이다. 당신은 심기 '전'에 거둘 수 없다. 다시 말하거니와, 이것은 하나님께서 자연의 질서 안에 심어두신 원리이다.

> 땅이 있을 동안에는 심음과 거둠과 추위와 더위와 여름과 겨울과 낮과 밤이 쉬지 아니하리라(창 8:22).

작은 것에 충성된 자가 큰 것을 맡게 되는 법이다.

태초부터 이 원리가 확립되었다. 추수를 하기 위해서는 반드시 그에 앞서 씨앗을 심어야 한다. 예수님도 이 원리를 확증하여 말씀하셨다.

또 이르시되 하나님의 나라는 사람이 씨를 땅에 뿌림과 같으니 그가 밤낮 자고 깨고 하는 중에 씨가 나서 자라되 어떻게 그리 되는지를 알지 못하느니라 땅이 스스로 열매를 맺되 처음에는 싹이요 다음에는 이삭이요 그 다음에는 이삭에 충실한 곡식이라 열매가 익으면 곧 낫을 대나니 이는 추수 때가 이르렀음이라 (막 4:26-29).

필자가 앞서 예로 든 어리석은 농부가 이제는 씨앗을 심지도 않고 곡식이 나기를 기다리며 들판에 서 있는 모습을 상상해 보라. "이 곡식이 나기만 하면 나는 이때부터 본격적인 농사를 지어야지." 하고 그는 자신있게 말하고 있다. "이 곡식을 거두면 씨앗을 많이 뿌려야지."

물론 이는 어리석은 말이다. 그러나 믿는 자들 중에 이런 어리석은 말을 하는 사람을 많이 본다. "이 큰 거래를 잘 마무리 할 수 있도록 하나님이 도와주시면 교회에 본격적으로 헌금을 할 수 있을 거야."

작은 것에 충성된 자가 큰 것을 맡게 되는 법이다. 당신은 현재의 상태에서 시작해야 한다.

증식

당신이 알아야 할 씨앗에 관한 세 번째 원리는 이것이다. 당신은 심은 것보다 더 많은 것을 거두게 된다. 이 메시지의 핵심은 다음의 구절에서 볼 수 있다.

눈물을 흘리며 씨를 뿌리는 자는 기쁨으로 거두리로다 울며 씨를 뿌리러 나가는 자는 반드시 기쁨으로 그 곡식 단을 가지고 돌아오리로다(시 126:5-6).

이 구절에서 암시하듯 추수량의 증가의 원리는 참으로 강력한 힘을 가지고 있다. 그래서 당신이 귀중한 씨앗 한 자루를 울면서 뿌리지만 추수를 하기 시작하면 그 눈물이 기쁨으로 바뀌게 된다.

이것은 기초적이지만 맞는 원리이다. 그렇지 않은가? 하나님이 지으신 자연 만물에서처럼, 하나님의 나라에서도 우리는 심은 것보다 '더' 많은 것을 거두게 된다.

옥수수 씨앗 두세 알을 심으면 여러 개의 옥수수 이삭이 붙은 옥수수 한 줄기가 나온다. 이삭 하나에는 수백 개의 옥수수 낱알이 있다(낱알의 수는 대략 400개에 달한다). 이 정도면 상당히 좋은 수확량이다. 그렇지 않은가? 당신이 하나님의 방법으로 심을 때 항상 더 많은 것을 거두게 된다.

하나님이 신뢰하시는 사람

필자에게는 몇 년 전에 3만7천5백 달러의 수입을 올린 친구가 있다. 그는 전체 수입의 10퍼센트를 일관성있게 헌금했다. 그런데 주님께서 그에게 이렇게 말씀하셨다. "나는 네가 수입의 15퍼센트를 헌금하기 원한다. 네가 15퍼센트를 주면 너의 수입이 두 배가 되게 해 주겠다. 그리고 네가 그 다음해에 20퍼센트를 주면 너의 수입을 다시 두 배로 늘려주겠다. 네가 그 다음해에 수입의 25퍼센트를 주면, 너의 수입이 또 다시 두 배로 늘어나게 해 주겠다." 그는 하나님께서 자기 마음에 이 말씀을 하시는 것을 강하게 느꼈다.

그는 하나님께 이런 식으로 말하지 않았다. '이건 어때요 주님? 주님이 저의 수입을 먼저 두 배로 늘려 주시면 제가 수입의 15퍼센트를 헌금하기 시작할게요.'

그는 하나님의 말씀을 그대로 믿고 받아들였다. 자신의 믿음의 분량을 늘리며 하나님을 기쁘게 할 수 있는 기회를 놓치지 않았다. 그는 즉시 수입의 15퍼센트를 주님의 일을 위해 드리기 시작했다. 그 해에 그의 수입은 3만7천5백 달러에서 7만5천 달러로 늘었다. 그는 다시 한 번 주님의 말씀에 순종하여 20퍼센트를 드리기 시작했다. 그 다음해에 그는 15만 달러를 벌었다. 내가 그 친구를 처음 만난 것은 바로 이때였다. 우리는 좋은 친구가 되었다. 그는 나에게 자기의 간증을 해 주었다.

그 다음해에 그는 수입의 25퍼센트를 헌금으로 드리기 시작했다. 그리고 그의 수입은 30만 달러로 늘었다. 이것이 믿기 힘든 이야기로 들릴 수 있을 것이다. 그러나 필자는 이것이 사실이라는 것을 안다. 이 사람은 필자의 친한 친구이다.

그 이듬해에 그가 헌금을 수입의 30퍼센트로 늘렸을 때, 그는 60만 달러의 수입을 올렸다. 1년 후 그는 다시 헌금액을 35퍼센트로 늘렸고 수입은 120만 달러가 되었다. 요즈음 그는 자신의 수입의 40퍼센트를 주님의 일을 위해 꾸준히 드리고 있다.

이 간증의 가장 중요한 부분은 그 친구가 얼마를 드리고 얼마를 벌었는가에 있지 않다. 필자가 강조하고자 하는 것은, 이 간증의 가장 중요한 요점은 하나님께서 이 친구의 마음에서 어떤 일을 행하셨는가이다.

그는 하나님의 사람이다. 그는 부자가 되고 싶은 욕심에서 헌금을 드리기 시작한 것이 아니었다. 그는 하나님을 기쁘게 하고 하나님께 쓰임받고자 하는 소원으로 순종을 했던 것이다.

하나님은 이 땅을 내려다보시며 말씀하셨다. "나의 나라에 자금을 나누어 주어야겠다. 여기 내가 믿을 만한 사람이 있구나." 하나님은 바로 이런 사람을 찾으신다. 하나님은 안심하고 재물을 맡길 수 있는 사람을 찾으신다.

우리는 궁핍의 시험을 통과해야 한다. 즉 하나님께서 우리에게 필요한 것을 아시고 돌보아 주실 것을 신뢰해야 한다. 우리는 탐욕의 시험을 통과해야 한다. 즉 하나님이 주신 풍성한 재물을 하나님의 지혜에 따라 하나님이 인도하시는 대로 순종하여 사용해야 한다. 이에 더하여 우리는 씨앗의 시험을 통과해야 한다. 즉 우리는 심고 거두는 세 가지의 원리에 따라 후하게 씨를 심을 수 있어야 한다.

하나님은 우리를 통해 그 열매를 거둘 수 있음을 아실 때 우리에게 그 재물을 허락하신다.

후하게 드리는 자에게 상 주시는 하나님

•God Rewards Generosity•

chapter 11

God Rewards Generosity

●●●● 조에게 문제가 생겼다. 그래서 그는 목사님을 찾아갔다. "목사님 요즘 십일조를 드리는 것이 참 힘듭니다." 하고 그는 고백했다. "무엇 때문에 십일조 드리는 것이 어려운 것 같습니까?" 하고 목사님이 물었다.

"제가 한 주에 50달러를 벌 때는 5달러를 십일조로 냈습니다. 이건 쉬웠어요. 제가 한 주에 500달러를 벌 때는 50달러를 십일조로 드렸지요. 이것도 할 만했습니다. 그런데 이제 저는 일주일에 5천 달러를 법니다. 그런데 고민이 생겼어요. 십일조로 내야 하는 500달러는 꽤 큰 돈이거든요! 목사님, 저를 위해 기도해 주세요."

"당연히 기도해 드리지요." 하고 목사님은 말했다. "기도합시다. 아버지. 조의 수입을 일주일에 500달러로 다시 줄여 주셔서 그가 십일조를 드림으로 주님을 공경할 수 있게 해 주십시오."

이것은 물론 우스갯소리이다. 그러나 이것은 많은 사람들이 하나님께 드리는 헌금에 대해서 생각할 때 빠지는 함정이 무엇인지를 잘 보여주고 있다.

하나님은 항상 우리에게 풍성히 주시는 분이다. 그러므로 우리가 주님께 풍성하게 드리는 것은 당연하다. 사실, 주님은 풍성한 정도를 넘어서 '엄청나게' 주시는 분이다.

필자는 주님을 '엄청나게' 사랑한 어떤 사람에 대한 기록을 보여주겠다.

유월절 엿새 전에 예수께서 베다니에 이르시니 이 곳은 예수께서 죽은 자 가운데서 살리신 나사로가 있는 곳이라 거기서 예수를 위하여 잔치할새 마르다는 일을 하고 나사로는 예수와 함께 앉은 자 중에 있더라 **마리아는 지극히 비싼 향유 곧 순전한 나드 한 근을 가져다가 예수의 발에 붓고 자기 머리털로 그의 발을 닦으니** 향유 냄새가 집에 가득하더라 제자 중 하나로서 예수를 잡아 줄 가룟 유다가 말하되 이 향유를 어찌하여 삼백 데나리온에 팔아 가난한 자들에게 주지 아니하였느냐 하니 이렇게 말함은 가난한 자들을 생각함이 아니요 그는 도둑이라 돈궤를 맡고 거기 넣는 것을 훔쳐 감이러라 예수께서 이르시되 그를 가만 두어 나의 장례할 날을 위하여 그것을 간직하게 하라 가난한 자들은 항상 너희와 함께 있거니와 나는 항상 있지 아니하리라 하시니라 (요 12:1-8).

참으로 놀라운 이야기가 아닌가! 두 사람의 마음이 생생하게 대조되고 있다. 한 쪽은 마리아의 마음이며, 다른 한 쪽은 유다의 마음이다. 사실은 이 한 가지 사건이 우리 안에 있는 후한 마음과 이기적인 마음을 동시에 보여주고 있다.

이 말씀을 읽으면서 필자는 몇 가지 질문을 하게 된다. 마리아는 왜 그렇게 했을까? 그녀가 그렇게 엄청난 것을 주님께 드린 이유는 무엇일까? 300데나

리온은 큰돈이었다. 1년 내내 벌어야 모아질 정도의 돈이었다. 물론 돈의 액수는 상대적인 것이다. 나에게 큰돈이 백만장자에게는 적은 액수일 수도 있다. 그렇지만 누구에게든지 1년치 수입이란 적지 않은 돈임에는 틀림이 없다.

그녀가 드린 것이 어느 정도인지를 이해하려면 당신의 1년 수입을 생각해 보고 그 액수를 향유를 사서 드리는 데 다 써 버렸다고 상상해 보면 된다. 더욱이 그 향유를 누군가의 발에 다 쏟아버렸다고 상상해 보라. 다시는 주워 담을 수도 없다. 다 쏟아져 버렸다. 완전히 없어져 버린 것이다! 이 얼마나 별난 행동인가. 이런 질문을 하지 않을 수 없다. 그녀가 왜 그랬을까?

이 본문을 읽을 때 또 다른 질문이 떠오른다. 왜 유다는 그렇게 과민한 반응을 했을까? 자기 돈도 아니었는데 말이다.

이것이 보여주는 바는 후하게 드리는 일이 있을 때마다 그것을 막으려고 하는 이기심도 나타난다는 것이다. 이 본문의 상황에서도 그러했고 우리 자신의 마음에서도 이런 싸움은 일어난다. 우리 모두는 진지하게 우리 내면을 들여다보며 이렇게 질문을 해야 한다. 나는 후한 사람인가, 이기적인 사람인가? 내 삶에서 어느 쪽이 우세한가?

우리의 마음에서도 유다가 마리아의 헌물에 대해 언급할 때 보여주었던 것과 같은 강한 이기심이 역사할 수 있다. 하나님의 말씀은 유다에 대해 어떻게 평가하는지 주목해 보자.

이렇게 말함은 가난한 자들을 생각함이 아니요 그는 도둑이라 돈궤를 맡고 거기 넣는 것을 훔쳐 감이러라(요 12:6).

그는 가난한 자들에게는 관심이 없었다. 그는 도적이었다! 유다는 다른 사람에 대해 배려를 하는 체했지만 사실은 자기밖에 모르는 사람이었다. 이것은 역사상 많은 사람들이 흉내냈던 전술이다. 이것은 이기심을 포장하는 수단 가운데서 가장 오랜 세월 동안 잘 알려져 왔던 방식이다. 유다의 말이 어디선가 많이 듣던 소리로 느껴지는 이유가 바로 여기에 있다.

    필자는 전에 어떤 사람과 함께 차를 타고 가면서 어느 크고 아름다운 집 옆을 지나갔던 때를 기억한다. 그 집은 어느 헌신된 그리스도인의 집이었다. 그 집 주인은 성경적인 원리에 따라 후하게 베푸는 삶을 살아감으로써 크게 축복을 받은 사람이었다.

    나는 나의 동행자에게 그 집을 가리키면서 그 집 주인의 믿음이 얼마나 좋은지를 언급했다. 그의 반응은 이러했다. "글쎄요, 그 사람은 집을 팔아서 가난한 사람들에게 나누어 주어야 할 것 같은데요." 이 말을 한 사람도 사실은 전 세계의 90퍼센트에 해당하는 사람들은 꿈도 꾸지 못할 좋은 집에 살고 있었다. 그런데 이 사람도 자기 집을 팔아서 라이프 아웃리치 인터내셔널에 헌금할 의향은 전혀 없었다.

    안타까운 사실이지만, 그는 가난한 사람들에게는 관심이 없었다. 다만 그는 누군가가 자기 집보다 더 좋은 집을 가지고 있다는 것을 기분 나빠 했다. 그의 말은 긍휼의 마음에서 나온 것이 아니라 경쟁심에서 나온 것이었다.

    이와 비슷한 말의 표현을 통해 거짓된 영성이 표현되는 사례들이 있다. 이 말들이 혹시 어디선가 들어본 말은 아닌지 확인해 보라. "선한 양심이 있는 사람이라면 과연 그렇게 비싼 차를 몰 수 있을까?" "그녀가 그렇게 비싼 코트를 살 돈이 있었으면 그것으로 다른 사람들을 많이 도울 수 있었을 텐데." 필자가 잘 인용하는 말도 있다. "저 사람들이 저렇게 비싼 물건(사치품 종류)을 살 돈을 나에게 주었다면 내가 그것으로 좋은 일을 많이 할 수 있었을 텐데." 이런 말은 종교적인 우월감으로 포장된 이기심과 시기심에서 나온 추한 말이다.

당시 유다가 했던 말이 바로 이런 유의 말이었다. 그는 1년 총수입에 해당하는 거액의 돈이 자신이 관리하는 돈궤에 들어갔다 나왔다면, 그중 상당액을 빼돌릴 수 있었을 텐데 그렇게 할 수 없게 되어서 유감이었다. 유다가 어느 여인의 감사하는 마음에서 나온 희생의 제사로 드려진 아름다운 헌신을 '돈 낭비'로 보았던 것은 바로 그 때문이었다.

필자가 자주 궁금해 하는 것이 있다. 그것은, 예수께서 지상의 왕국을 세우시고 유다에게도 한 몫을 주시고자 하는 의도를 가지고 계신 것이 아니었다는 것을 이 시점에서 유다가 과연 깨닫고 있었을까 하는 점이다.

만일 그가 그 사실을 알았다면, 또 그가 그걸 알면서도 예수를 죽이려했던 종교 지도자들과 은밀하게 만나고 있었다면, 예수님이 곧 죽임을 당하실 것을 그가 미리 알고 있었을 가능성이 있다. 이 경우 그는 돈궤에 있는 것이 결국은 '다' 자기 수중에 들어올 것이라고 생각했을 수도 있다.

필자는 돈궤가 오늘날의 용어로 무엇인지를 말해 주겠다. 그것은 바로 헌금통이다! 제자들이 들고 다니던 그 통에는 사람들이 예수님의 사역을 후원하기 위하여 드린 헌금이 들어 있었다. 예수님은 이 헌금을 다시 다른 사람을 축복하는 일을 위해 사용하시기도 했다. 그런데 유다는 이 돈궤에 들어 있는 돈을 빼돌리고 있었다!

물론 우리는 이것이 정말 어처구니없는 짓이라고 생각한다. 누군가 감히 예수님의 것을 도적질한다는 것은 우리로서는 상상도 하기 어려운 일이다. 그렇지만 이것을 생각해 보라. 앞서 3장에서 십일조의 문제를 다룰 때 우리는 하나님께서 "십일조와 봉헌물"을 "도둑질" 하는 사람들을 책망하시는 것을 보았다(말 3:8 참조).

　유다가 헌금통의 돈을 '빼돌림으로써' 주님의 것을 도둑질한 것처럼, 우리도 합법적으로 주님께 속한 재물을 헌금통에 넣지 않음으로써 주님의 것을 도둑질하고 있는 것이다.

　이것이 듣기 거북할 수도 있지만, 그리스도인들이 마리아보다는 유다처럼 행동하기 쉬운 것이 사실이다.

　필자는 유다가 사심을 품고 예수님을 따랐을 것이라고 생각한다. 그는 로마에 대항하여 조직된 열심당의 당원이었다. 그는 로마의 압제를 종식시키고 새롭게 세워질 나라에서 중요한 자리를 차지하려는 야망을 가지고 있었다. 물론, 제자들이 누가 더 높은지를 서로 따지면서 다투었던 적이 있는 것을 보면 다른 제자들에게도 이런 생각이 있었던 것을 알 수 있다.

　그러나 유다는 다른 어떤 제자들보다도 '내 몫 챙기기'(What's in it for me: W.I.I.F.M)에 강하게 집착하며 예수님을 따랐던 것 같다. 그래서 예수님을 따라다녀도 자기가 원하는 것을 얻을 수 없다는 것이 분명해지자 그는 예수님을 배반하고 말았던 것이다.

　물론, 이것은 오늘날의 많은 사람들이 하는 행동과 크게 다르지 않다. 오늘날의 사람들도 자기가 예수님을 위해 무엇을 할 수 있는지에 별로 관심이 없고 다만 예수님을 이용하여 무엇을 얻어낼 수 있는지(W.I.I.F.M)에 관심이 있다. 그래서 그들은 예수님이 자기들을 실망시켰다고 생각하면 – 즉 예수님을 통해서 자기가 원하는 것을 얻어내려고 하다가 잘 되지 않을 때는 – 화를 내며 교회 출석을 포기하게 된다.

　이기심이란 본질적으로 자기밖에 모르는 마음이다. 이기적인 사람은 자기가 원하는 것을 얻어내기 위해서는 친구도 팔아 버릴 수 있는 사람이다.

그리고 이기적인 사람은 후하게 베푸는 삶을 살지 않아도 되는 이유를 항상 찾아내는 사람이다.

유다가 바로 그러했다. "여보시오, 그 비싼 향유를 예수님께 쏟아 붓지 마시오. 그것을 현금으로 바꾸면 가난한 사람들을 많이 도울 수 있을 거요!"

유다가 그렇게 한 것처럼, 이기적인 사람은 자기의 이기심은 잘 보지 못하고 다른 사람들의 '낭비'에 참견하기를 잘한다. 이기심은 좋은 집에 쉽게 끌리며 다른 사람들이 받은 축복에 시비를 건다. 이기심은 다른 사람들의 것을 공연히 트집잡는 방식으로 결국 자기의 이익을 추구한다.

자신의 연약한 점을 직시하라

유다에게 돈궤 맡는 일을 맡긴 이가 누구일까? 물론 예수님이시다. 이제 스스로에게 질문해 보라. 예수님은 유다에게 이 일을 맡기실 때 그가 도적질할 사람임을 아셨을까? 물론 아셨다! 여기서 필자는 또 다른 중요한 교훈을 얻는다.

많은 그리스도인들에게는 이것이 경각심을 주는 깨달음이 될 것이다. 우리는 자신의 약한 부분에서 항상 시험을 받는다. 사실은, 돈과 특권에 유독 약했던 유다에게 돈궤를 맡는 책임이 주어진 것처럼, 하나님은 당신이 특히 약한 영역에 책임을 맡기시는 경우가 있다.

왜 그러실까? 당신은 이렇게 생각할 수도 있을 것이다. 하나님이 우리에게 실패를 경험하도록 인도하시는 것인가? 아니다! 하나님의 관심은 우리에게 성공을 주시는 데 있다. 우리가 진정으로 성공할 수 있으려면 우리의 약한 부분을 정직하게 인정하고 그것을 극복해야 한다.

하나님께서 당신이 약한 영역에서 작은 책임을 맡기실 때는, 당신의 성공을 위해 필요한 성장의 과정을 주시고자 하는 뜻이 있는 것이다. 이 말씀을 보라.

사람이 감당할 시험 밖에는 너희가 당한 것이 없나니 오직 하나님은 미쁘사 너희가 감당하지 못할 시험 당함을 허락하지 아니하시고 시험 당할 즈음에 또한 피할 길을 내사 너희로 능히 감당하게 하시느니라(고전 10:13).

성경에 따르면 우리에게는 우리가 감당할 수 없는 시험은 오지 않는다. 우리는 죄를 짓는 쪽을 의식적으로 선택하는 수가 있다. 그러나 하나님은 우리를 도우사 우리가 가장 큰 패배를 당할 가능성이 있는 영역을 가장 큰 승리의 영역으로 바꾸어 주기 원하신다.

그래서 예수님은 도둑이 될 수 있는 사람에게 돈을 관리할 책임을 맡기신 것이다. 이를 통해 그가 자기의 이기심과 탐욕을 극복할 수 있는 기회를 갖도록 하신 것이다. 그러나 유다는 그 기회를 선용하지 못했다. 그렇지 않은가?

돈 문제는 당신이 생각하는 것 이상으로 큰 문제다. 사실, 당신은 바로 지금 이 순간에도 돈 때문에 시험을 당할 수 있다. 당신이 이 진리를 바르게 이해하는 것이 매우 중요하다. 당신이 하나님 나라에서 담당할 책임의 분량은 당신이 돈을 어떻게 다루느냐의 문제와 직접적인 관련이 있다.

당신이 이 말을 납득할 수 없다면 누가복음 16장에서 예수님께서 하신 말씀을 다시 보기 바란다.

우리는 자신의 약한 부분에서 항상 시험을 받는다.

너희가 만일 불의한 재물에도 충성

하지 아니하면 누가 참된 것으로 너희에게 맡기겠느냐 너희가 만일 남의 것에 충성하지 아니하면 누가 너희의 것을 너희에게 주겠느냐(11-12절).

당신은 지금 바로 시험을 받고 있다. 이 시험을 성공적으로 통과하면 참된 재물을 상으로 받게 된다. 그렇다면, 참된 재물이란 무엇인가?

참된 재물은 사람들이다. 당신이 사랑하는 사람들이 구원을 받고 온전케 되며 하나님 안에서 자라는 것을 보게 되는 것이다. 참된 재물은 지식의 말씀이며 치유의 은사이며 성도들을 섬기는 데 필요한 믿음과 기적이다.

참된 재물은 평생을 눌림과 억압에 시달려 온 사람들이 최초로 자유를 경험하도록 도울 수 있는 능력이다. 참된 재물은 영혼들이다.

너무 심한 말이라고 생각할지 모르지만 필자는 할 말을 해야겠다. 하나님은 자기의 수표책도 제대로 관리하지 못하는 사람에게는 하나님 나라의 사명이나 하나님의 집에서 중요한 책임을 맡기지 않으실 것이다. 아니 맡기실 수가 없다!

목사로서 나는 의도적으로 하나님의 본을 따르고자 한다. 이것이 어떤 사람에게는 충격으로 받아들여질 수 있겠지만, 나는 돈 관리를 제대로 못하는 사람에게는 교회에서 책임 있는 지도자의 자리를 결코 주지 않을 것이다.

나는 하나님이 나에게 맡기신 양떼를 얼마나 잘 인도했는지를 하나님 앞에서 결산해야 할 사람이다. 성경은 작은 목자들이 자신들에게 맡겨진 양들을 어떻게 돌보고 보호했는지에 대해 목자장(예수님) 앞에서 결산해야 할 것을 말씀하고 있다. 그래서 나는 개인의 금전적 문제를 성경적 방식으로 다루는 일도 하지 못하는 사람에게 귀중한 양떼를 맡길 수가 없는 것이다.

많은 사람들이 감사와 사랑이 넘치는 마음으로 예수께 나아 왔다. 그 사랑은 자연스럽게 엄청난 값의 헌물을 바쳐 드리는 예배로 표현되었다.

마찬가지로, 우리는 매주 하나님 앞에서 우리 마음이 얼마나 감사와 사랑으로 가득 차 있는지를 보여 드리게 된다. 그러므로 당신은 자신에게 이런 질문을 통해 스스로를 조명해 보아야 한다. 당신의 헌금을 통해 평가해 보라. 하나님을 향한 당신의 감사와 사랑은 어느 정도의 수준인가? 당신의 소비 생활을 통해 조명해 보라. 이 땅에서 당신이 진정으로 중요하게 여기는 것은 무엇인가?

유다는 자신의 왕국을 세우기 위해 할 수 있는 한 모든 것을 소유하고 싶어했다. 마리아는 왕이신 주님을 높이기 위해 자기가 가진 것을 모두 드리는 것도 아까워하지 않았다.

하나님을 위한 낭비

앞서 말한 것처럼, 우리 각자의 내면에는 격렬한 싸움이 진행되고 있다. 그것은 이기심과 관대함 사이의 싸움이다. 이 싸움에서 관대함이 반드시 승리해야 한다.

관대함이 무엇인지에 대한 이해를 돕기 위해 이것을 설명해 보면, 이것은 낭비하는 것이다. 마리아가 향유를 쏟아 붓던 그날, 1년 치의 수입에 해당하는 거액이 바닥에 쏟아져 버려진 셈이다. 확실히 이것은 주님께 드려진 엄청난 헌물이었다. 그런데 오늘날 우리는 이같은 엄청난 헌물을 어떻게 평가하고 있는가?

당신이 이 질문에 대해 대답을 하기 전에 다시 상기해야 할 것이 있다. 하나님은 모든 것을 소유하고 계신다. 하늘과 땅의 모든 재물이 하나님의 것이다. 맞는 말인가? 그렇다면 하나님을 감동시키려면 어느 정도로 많은 헌금을 드려야 할까? 100만 달러 정도면 대단한 헌금이라 할 수 있겠는가? 1천억 달러 정도면 하나님이 보시기에도 굉장한 헌금이라 할 수 있겠는가? 우주 만물의 주님이신 하나님을 놀라게 할 정도의 헌금을 드리는 것이 과연 가능하기나 할까?

당신이 굉장한 헌금을 드릴 수 있는 길이 오직 한 가지 있다. 그것은 당신 자신을 드리는 것이다. 현재의 당신과 미래의 당신을 주님께 다 드리는 것이다. 그렇게 해야 많은 것을 드렸다고 말할 수 있을 것이다.

당시에 마리아가 바친 헌물이 바로 그런 것이었다. 향유는 그녀의 마음이 오직 주님께 드려졌음을 나타내는 상징일 뿐이었다. 이것이 바로 그날에 마리아가 드린 큰 헌금이었다.

유다처럼 이기적인 마음을 가진 사람은 이런 헌금을 드리겠다는 마음을 가질 수도 없고 이런 드림을 이해하지도 못할 것이다.

헌금 사다리

이 글을 쓰는 이 시점은 필자가 헌금에 대해 설교를 시작한 지 20년이 되는 때이다. 그런데 불과 몇 달 전에 헌금에 대해 이전에 깨닫지 못했던 새로운 것을 알게 되었다. 필자는 그리스도인들에게는 주님께 드리는 헌금의 세 단계가 있다는 것을 알게 되었다.

잠시 후 이것에 대해 자세히 설명을 하겠지만, 우선은 그 세 단계가 무엇인지를 제시하겠다. 주님께 드리는 헌금에는 다음의 세 단계가 있다.

1. 십일조

2. 헌물
3. 큰 헌물

필자는 이것이 획기적인 발견이라고 생각했다. 그래서 이것을 깨달은 직후에 친한 친구에게 전화를 해서 이에 대한 의견을 물었다. 이 사람도 헌금의 은사가 강하게 있는 사람이었다.

전화로 나는 이렇게 말했다. "주님은 나에게 이전에 전혀 보지 못했던 것을 보여 주셨네. 자네는 드림에도 세 단계가 있다는 것을 아는가?" 그는 당연하다는 듯이 이렇게 말했다. "물론이지. 그게 무엇인지 자네에게 말해 줄 수도 있네."

나는 이렇게 생각했던 것으로 기억한다. '이 사람아, 자네의 답은 아마 틀릴 걸. 나는 지금 막 하늘로부터 온 지혜로 이것을 깨달았는데, 이것을 전에 나는 설교로 들은 적도 없고 가르침을 받은 적도 없어. 내가 하려고 하는 말을 자네는 모를 거야.'

그래서 나는 시험하듯이 그에게 말했다. "좋아. 그게 뭔지 말해보겠나?" 그는 말했다. "십일조, 헌물, 그리고 희생적인 헌물."

그는 표현을 약간 달리하기는 했지만, 정답을 말했다! 그는 알고 있었다 (사실은, 헌금의 은사가 있는 성숙한 신자라면 이런 것을 이미 알고 있을 가능성이 높다!)

그런데 슬프게도 대부분의 신자들은 첫 단계에도 이르지 못하고 있다. 연구 결과에 따르면, 그리스도의 이름을 부르는 사람들 중 일부만이 꾸준히

> 십일조를 드려야겠다고 생각하는 사람이나 드리고 있다고 생각하는 사람들도, 실제로는 드리고 있지 못하는 경우가 많다!

십일조를 하는 것으로 나타나고 있다.

안타까운 일이지만, 대부분의 신자들은 십일조를 하는 것도 힘들어 한다. 당신은 매년 1월에 교회에서 연간 헌금 명세서를 받아들고 그 헌금 액수와 1년 총 수입을 비교해 보며 놀란 적이 있는가? 대부분의 사람들은 놀라워 한다. 십일조를 드려야겠다고 생각하는 사람이나 드리고 있다고 생각하는 사람들도, 실제로는 드리고 있지 못하는 경우가 많다!

이처럼 헌금 사다리에서 첫 칸에 올라가는 사람도 드물다. 그래서 그들은 가장 높은 단계에서 경험할 수 있는 기쁨과 즐거움과 축복에 대해서는 전혀 알지 못한다.

그런데 수년간의 경험에 비추어 볼 때, 첫 번째 단계에 도달하는 사람은 대체로 그 다음 단계로 나아가게 된다. 왜 그럴까? 왜냐하면 십일조를 드림으로써 저주가 제해지고 우리 위에 하늘의 문이 열리기 때문이다. 그래서 우리가 일단 십일조 드리기를 시작하면 주님의 인도하심에 따라 헌물을 드리는 것이 쉬워진다.

그럼에도 불구하고 그리스도인들 중에서 주님께 세 번째 단계의 헌금, 즉 큰 헌물을 드리는 데까지 이르는 사람은 매우 드물다. 이것은 비극이다. 그리스도인들 중에서 주님께 큰 헌물을 드리는 기쁨을 전혀 맛보지 못할 사람들을 생각하면 필자의 마음이 참으로 슬퍼진다. 그러나, 당신은 성경에 나오는 대부분의 주목할 만한 인물들처럼 이 기쁨을 맛볼 수 있다.

다윗 왕의 예를 들어보자. 그는 자기 아들 솔로몬이 성전을 지을 수 있도록 준비를 하면서 큰 헌물을 주님께 드렸다. 당신은 다윗이 성전 건축을 위해 자기 소유의 재물을 얼마나 많이 드렸는지 아는가? 오늘날의 화폐 단위로 환산해 보면 210억 달러에 달한다. 아무리 왕이라 하더라도 이 정도 되면 엄청난 헌금이다.

성경에서 주님께 큰 헌물을 드린 또 다른 예가 있다. 다윗의 아들 솔로몬은 대단히 지혜로운 사람으로 잘 알려져 있다. 당신은 솔로몬이 어떻게 해서 이 지혜를 갖게 되었는지 아는가?(왕상 3 참조)

솔로몬이 왕위에 오른 직후에 있었던 일이다. 전승에 따르면 그는 주님께 헌물을 드려야 했다. 그는 황소 한 마리를 제물로 드릴 작정이었다. 정해진 날에 솔로몬이 무엇을 했는지 아는가? 그는 1천 마리의 황소를 제물로 드렸다.

그때 보좌관들이 어떤 말을 했을지 상상할 수 있겠는가? "어… 제가 드리는 말씀은… 왕께서 이제 막 왕위에 오르셨기 때문에 잘 모르실 것으로 압니다만… 에… 원래는 왕께서 한 마리를 드릴 작정이 아니셨던가요? 에, 왕께서 은혜를 많이 받으셨기 때문에 많은 헌물을 드릴 마음을 갖게 되신 것 같은데요, 열 마리 정도로 드리심이 어떨까요? … 아니면 백 마리 정도까지는… 그런데 천 마리는 너무하지 않습니까? 생각을 좀 해 보세요, 솔로몬 왕이시여…그것들을 다 드리려면 밤을 꼬박 새도 안 될 것 같은데요!"

솔로몬은 그날 개인적으로 1,000마리의 소를 제물로 드렸다. 그리고 바로 그날 밤에 하나님께서 그에게 오셔서 말씀하셨다. "무엇이든지 구하라. 내가 너에게 주리라."

당신은 하나님께서 왜 "무엇이든지 내게 구하라"고 말씀하셨는지 아는가? 솔로몬이 이기적이지 않은 후한 마음을 가지고 있음이 입증되었기 때문이었다. 솔로몬은 드릴 줄 아는 자였다.

하나님께서 "무엇이든지 내게 구하라"고 하시는 말씀을 들을 수 있는 사람은 가장 높은 수준의 헌물을 드릴 줄 아는 사람이라고 확신한다. 그렇지 않은 사람에게 하나님이 그 말씀을 해 주실 수 없는 이유는 주님께서 아직 그 마음에서 역사하실 기회를 갖지 못하셨기 때문이다. 하나님은 준비되지 않은 사람에게는 솔로몬에게 주신 것과 같은 백지 수표를 주실 수가 없다.

성경에 나오는 또 다른 큰 헌물의 예를 들어 보겠다. 다윗과 솔로몬이 드린 큰 헌물을 합한 것만큼 드린 사람이 있다. 누가복음 21장에 그 예가 나온다.

〔예수께서〕또 어떤 가난한 과부가 두 렙돈 넣는 것을 보시고(2절).

바로 이것이다. 두 렙돈밖에 드리지 못한 과부도 엄청난 헌물을 드린 사람의 대열에 끼게 된다. 왜냐하면, 예수께서 말씀하신 것과 같이, 그것이 과부에게 있는 전부였기 때문이었다. 다윗이 210억 달러에 달하는 금을 드리는 데 믿음이 필요했던 것처럼, 이 과부가 두 렙돈을 드리는 데도 그 정도의 - 어쩌면 그보다 더 큰 - 믿음이 필요했다. 중요한 것은 액수가 아니라 마음이다. 가진 것이 두 푼밖에 없는 사람에게는 그 두 푼이 큰 헌물이 된다.

성경에 큰 헌물의 또 다른 예가 나온다. 훗날 예루살렘이라 불리게 될 어느 언덕에서 아브라함이라는 사람이 기적적으로 얻은 외아들을 바치고자 했다(22장 참조). 필자는 그것이 엄청난 큰 헌물이었다는 것을 인정한다.

그보다 더 큰 헌물의 예를 들어 보겠다. 지금으로부터 약 2,000년 전, 바로 그 언덕에서 하나님은 자기의 흠 없는 독생자 아들을 내어 주셨다. 우리에게 자유와 생명을 주시기 위함이었다. 이것이야말로 엄청난 헌물이다. 필자는 이런 것을 희생적 헌물이라고 부르고 싶다.

하나님은 가장 큰 것을 드리신 분이다. 하나님은 풍성히 주시는 분이며, 우리의 마음에 역사하사 하나님을 더욱 닮아가도록 인도하시는 분이다.

선물을 주신 목적

앞서 살펴본 바와 같이, 마리아가 큰 헌물을 드린 기록은 요한복음 12장에 나온다. 마리아가 어떻게 해서 그렇게 큰 것을 드릴 수 있는 사람이 되었는지 알고자 한다면 성경의 다른 장을 하나 더 보아야 한다.

당신은 요한복음 11장에서 어떤 일이 있었는지 기억하는가? 예수님은 마리아와 마르다의 오빠 나사로를 죽음에서 살리셨다. 바로 그 다음 장에서 마리아는 가장 귀한 것을 주님께 드린다.

요한복음 11장의 경험이 마리아에게 새로운 시각을 갖게 해 주었을 가능성이 있지 않을까? 마리아는 사랑하는 오빠가 죽고 그 시체가 나흘간이나 무덤 속에 들어가 있던 중, 예수님의 말씀 한마디에 오빠가 살아나는 경험을 했다. 이것이 마리아의 가치관과 우선순위를 바꾸어 놓은 것이 아닐까? 이런 경험을 한 후에 마리아는 물질적인 소유는 그리 중요하지 않다는 것을 알게 되었을 것이다.

우리가 사랑하는 사람들로부터 예수님께서 특별히 역사하시는 것을 보는 경험은 바로 이러한 변화를 가져다 준다.

우리의 관점도 바뀌어야 할 필요가 있을 것이다. 당신이 예수를 아는 사람이라면, 당신 자신도 예수와 함께 죽고 함께 살아난 사람이기 때문이다.

긍휼이 풍성하신 하나님이 우리를 사랑하신 그 큰 사랑을 인하여 허물로 죽은 우리를 그리스도와 함께 살리셨고 (너희는 은혜로 구원을 받은 것이라) 또 함께 일으키사 그리스도 예수 안에서 함께 하늘에 앉히시니 (엡 2:4-6).

우리도 마리아와 같은 관점을 가져야 하지 않겠는가? 이처럼 풍성히 드리는 마음은 감사하는 마음에서 나온다.

마태와 마가도 마리아가 큰 헌물을 드린 이야기를 기록했다. 사실은 마리아가 향유를 예수님의 발에만 부은 것이 아니라 머리에도 부었던 것으로 나온다. 마가도 요한이 기록하지 않은 말들을 일부 기록하고 있다. 유다가 이 귀한 향유를 '허비'한 것에 대해 불평을 했을 때, 예수께서는 이렇게 응답하신다.

그는 힘을 다하여 내 몸에 향유를 부어 내 장례를 미리 준비하였느니라 (막 14:8).

당신이 십자가 사건의 세부적인 내용을 생각해 낼 수 있다면, 해가 져서 안식일이 시작되기 직전에 예수님의 시체가 십자가에서 내려졌던 것을 기억할 것이다. 이것은 사람들이 예수님의 시체를 급하게 천에 싸서 무덤에 넣어 두어야 했음을 의미한다.

장사 지내는 사람들이 평소에 하는 것 같이 시체에 향유와 유향을 바르기에는 시간적 여유가 너무 없었다. 사실, 사흘 후에 여인들이 시체를 건사하기 위해서 왔던 이유가 바로 여기에 있었다. 이때 여인들이 만난 천사가 예수님이 살아나셨음을 전해준 것이다(눅 24:1-5 참조).

이것에 대해 생각해 보라. 예수님의 몸에 향유를 바르는 특권을 받은 사람은 이 세상에서 오직 마리아밖에 없었다. 그런데 그녀 자신도 예수님께서 다음의 말씀을 하실 때까지는 자기가 하는 일이 무엇인지 모르고 있었다. "그는 힘을 다하여 내 몸에 향유를 부어 내 장례를 미리 준비하였느니라"(막 14:8).

때로 우리가 성령의 강권하심에 순종하여 희생적인 큰 헌금을 드릴 때, 우리는 자신이 얼마나 중요한 일을 하고 있는지를 알지 못한다. 그러나 하나님은 아신다. 하나님은 모든 헌금에 대해 뜻을 두고 계신다.

이 진리에 대해 생각할 때, 필자의 뇌리에 떠오르는 친구들이 있다. 30년 전에 그들은 서로 깊이 사랑하여 결혼을 했다. 그러나 두 사람은 빈털터리였다. 가진 돈도 없고 저축해놓은 것도 전혀 없었다.

결혼 첫 해에 그 친구는 직장에서 예상치 않았던 보너스를 수표로 받았다. 이 부부는 이전에는 그렇게 큰 돈을 만져본 적이 없었다. 특히 그들이 가진 것이 아무것도 없었던 터라, 이것은 그들에게 엄청난 액수였다.

처음 수표를 받은 직후의 꿈 같은 황홀감이 가라앉으면서, 이 부부는 자신들도 이 큰 돈을 써야 할 곳이 많지만 이 돈이 자신들의 것이 아니라는 느낌을 갖게 되었다(이 부부도 풍성히 쓰고 나누어 주는 은사가 있었다).

그들은 교회의 목사님에게 가서 말했다. "저희는 이 돈을 누구에게 써야 할지, 또 무엇을 위해 써야 할지 잘 모르겠습니다." 목사님은 대답했다. "어제 우리 교회의 과부 한 분을 만났습니다. 그분이 집세를 내지 못해서 쫓겨날 처지에 놓여 있더군요. 이 수표의 액수가 바로 그 여자 분이 필요로 하는 액수와 정확하게 일치합니다."

하나님은 어떤 선물을 주시든 목적을 두고 주신다.

피할 수 없는 상급

나는 풍성하게 드리는 헌금에 반드시 따라오는 것이 있음을 알려주고 싶다. 풍성한 드림에는 상급이 있다.

마태복음 26장을 보면, 마리아가 드린 헌물 때문에 유다가 불만을 표했을 때 예수께서는 이에 대해 흥미로운 언급을 하신다.

예수께서 아시고 그들에게 이르시되 너희가 어찌하여 이 여자를 괴롭게 하느냐 그가 내게 좋은 일을 하였느니라 가난한 자들은 항상 너희와 함께 있거니와 나는 항상 함께 있지 아니하리라 이 여자가 내 몸에 이 향유를 부은 것은 내 장례를 위하여 함이니라 **내가 진실로 너희에게 이르노니 온 천하에 어디서든지 이 복음이 전파되는 곳에서는 이 여자가 행한 일도 말하여 그를 기억하리라 하시니라**(10-13절).

마리아가 향유를 붓기 위해 예수께 다가올 때 그녀는 마음속으로 이렇게 말하고 있지는 않았을 것이다. '이렇게 하면 내가 세계적으로 유명한 사람이 될 거야. 사람들이 오랜 세월 동안 이것을 화제로 삼겠지!' 하지만 그녀는 다만 향유를 드려 예수께 자기의 사랑을 표현하는 것에 대해서만 생각을 하고 있었다.

풍성하게 드리는 사람은 다시 받을 속셈으로 드리지는 않는다. 그렇지만 풍성한 드림에는 항상 하나님의 상이 따른다. 당신이 드리는 자가 되면 하나님이 축복하실 것이다. 이 땅의 어떤 세력도 그것을 막을 수 없다. 이 말이 당신을 불편하게 한다면 유감이다. 우리는 곧 이 부분을 다룰 것이다. 필자는 당신이 순전한 마음으로 드리는 자인 것을 안다. 당신이 받기 위한 목적으로 드리는 것이 아님을 안다. 그럼에도 불구하고, 축복은 드림의 부산물이다. 이것은 법칙이다. 반드시 그대로 이루어진다!

이 법칙대로 되지 않게 하려면, 하나님이 자연법칙을 깨셔야 할 것이다. 하나님은 상을 주시는 분이다. 우리는 그것을 히브리서 11장에서 본다. 선한 부모들이 다 그러한 것처럼, 하나님은 자신의 자녀들에게 상을 주시기 원한다.

필자가 말해 주기도 전에 헌금의 세 단계를 벌써 알고 있었던 내 친구를 기억하는가? 몇 년 전의 어느 날 저녁에 그는 자기에게 온 청구서와 재정의 현황을 검토하고 있었다. 많은 사람들처럼, 이 친구도 자기의 수입과 지출을 파악하기 위해 컴퓨터 프로그램을 사용한다. 그는 청구서를 다 갚고도 여전히 계좌에 꽤 많은 돈이 남아 있는 것을 알게 되었다. 그는 감사한 마음으로 기도했다. '주님, 정말 저를 축복하셨군요. 저의 계좌에 이렇게 많은 잔고가 있다니, 정말 놀랍네요. 감사합니다.' 그는 자기의 다른 은행 계좌에는 잔고가 얼마나 있는지 궁금해졌다.

그래서 그는 다른 계좌들을 확인해 보았더니 역시 많은 액수의 잔고가 있었다. 다시 한 번 그는 기도했다. '주님, 저에게 참으로 선하게 행해 주시니 감사합니다. 주님의 축복은 놀랍습니다. 감사합니다.'

이제 그는 자기에게 있는 전체 액수가 궁금해졌다. 그는 자기의 투자 계좌와 퇴직금 계좌를 확인해 보았다. 전체를 합산해 보니 상당한 액수가 나왔다.

그날 잠자리에 들기 전에 그는 자신에게 있는 현금의 액수를 잔돈까지 정확하게 확인할 수 있었다. 놀라운 액수였다. 그는 감사와 놀라움과 충만한 마음으로 잠이 들었다.

그 다음날 아침, 경건의 시간을 가지며 기도하는 중에 그는 주님이 그에게 물으시는 음성을 들었다. "네가 가진 돈이 모두 얼마냐?" 그는 즉시 이런 생각이 들었다. '어, 어, 이제 큰일났다. 내 계좌에 있는 잔고 전체를 합산해 본 것이 실수였어. 다윗 왕도 인구 계수를 했다가 벌을 받았는데!'

물론 그는 자기에게 있는 돈의 액수를 잔돈까지 정확히 알고 있었다. 그는 전날 밤에 자기에게 있는 돈을 세느라 애를 많이 썼던 터였다. 그는 뻔히 알면서도 이렇게 질문을 했다. "글쎄요, 주님… 에… 무슨 뜻으로 하신 말씀인가요? … 제 지갑에 돈이 얼마나 있느냐고요?" 다시 같은 질문이 왔다. "네가 가진 돈이 모두 얼마냐?" 그 친구는 이렇게 대답했다. "저의 당좌 계좌에 얼마나 있느냐고요? 그것을 알고 싶으신 거예요?" 다시 같은 질문이 왔다. "네가 가진 돈이 모두 얼마냐?"

마침내 그는 이렇게 말했다. "주님, 제가 어젯밤에 다 합산을 해 본 것을 주님은 아시지요. 제가 가진 것은 이만큼입니다." 하고 그는 액수를 말씀드렸다. 그때 주님이 말씀하셨다. "그것을 다 내게 줄 수 있느냐?"

그 순간 그 친구는 자기가 잘못 들은 것으로 생각했다. '그럴 수 없어. 있을 수 없는 일이야. 내가 지난 20년 동안 온갖 애를 써서 모은 것을 다 내 놓으라고 하나님이 말씀하실 리가 없어.' 그러나 바로 그 순간, 드림의 은사가 있는 사람들이 흔히 경험하는 것처럼, 그도 모든 것이 하나님의 것임을 다시 깨달으면서 형언할 수 없는 기쁨과 흥분이 자기 안에서 일어나는 것을 느꼈다. 그것은 말로 다 표현할 수 없는 기쁨이었다. "주님" 하고 그는 대답했다. "주님께 다 드리고 싶어요." 그리고 이 친구는 그대로 실천했다. 그는 주님이 인도하시는 대로 잔돈 한 푼까지 다 드렸다.

그 일이 있은 후 12개월 동안, 하나님은 그의 사업을 이전과는 비교할 수 없이 축복하셨다. 자기의 돈을 다 드리고 나서 1년이 지났을 때, 이 친구는 주님께 드렸던 돈보다 더 많은 액수를 갖게 되었다. 그 1년 동안, 그는 지난 20년 동안 열심히 일하고 저축하며 모았던 것보다 더 많은 돈을 모으게 되었다. 모든 계좌의 잔고가 더 채워지고 더 많아졌다. 20년 걸려 이룰 만한 일을 하나님은 단 1년에 이루셨다. 하나님께 후히 드리는 자는 반드시 상을 받는다.

큰 헌물을 드릴 때

하나님의 성령께서 당신에게 큰 희생적 헌금을 드리라고 말씀하실 때 거의 예외 없이 일어나는 일들에 대해 여러분에게 알려주는 것으로 이 장을 마무리하고자 한다.

주님께 큰 헌물을 드리는 첫 단계는 그의 음성을 '듣는 것'이다. 당신은 자신의 생각이나 계획으로 큰 헌물을 드리는 것이 아니다. 먼저 하나님의 음성을 들어야 한다.

하나님의 음성을 듣는 것은 어렵거나 복잡한 것이 아니다. 성령께서는 당신이 하나님의 뜻과 길을 알기 원하신다. 그분은 항상 말씀을 하고 계신다. 성령의 음성이 시끄럽거나 큰소리로 들리는 경우는 거의 없다. 보통은 세미한 느낌으로 들린다. 그리고 솔직히 말하면, 당신은 그 음성을 불순종해 버릴 수도 있다.

그 다음 단계는 '흥분'이다. 일단 당신이 의미 있는 헌금을 드리라는 음성을 하나님으로부터 듣게 되면 큰 흥분을 느끼게 되는 것은 당연하다. 그러나 이 흥분은 무한정 지속되는 것이 아니다.

그 다음에는 거의 틀림없이 세 번째 단계, 즉 '두려움'으로 넘어간다. 내 친구가 그랬던 것처럼, 당신도 소리를 질러 버리고 싶은 생각이 들 수도 있다. '이건 미친 짓이야! 이건 완전히 정신나간 짓이야!' 사실은 그리스도인의 삶에 있는 거의 모든 것이 일반인의 눈에는 미친 것으로 보일 수 있다.

두려움 후에는 큰 헌물을 드리는 것에 대해 '논리적'으로 따져 보는 네 번째 단계가 온다. 이 논리의 단계에서는 하나님이 하라고 하신 것을 할 수 없는 수많은 이유들을 생각해 내기 시작한다. 주님이 말씀하신 것을 대신할 수 있을 만한 계획들과 프로그램들을 생각하게 된다.

당신은 하나님이 아브라함에게 아들 이삭을 바치라고 말씀하셨을 때 논리적인 이유를 대면서 씨름을 했을 것이라고 생각하는가? 베드로가 물 위로 발걸음을 내딛기 전에 먼저 논리적으로 몇 가지를 따져 보고 나서 움직였을 것이라고 생각하는가?

논리 자체가 잘못이라고 말하는 것은 아니다. 필자가 말하고자 하는 것은, 논리가 제시하는 것과 하나님이 말씀하시는 것이 다를 때는 하나님의 음성을 따라야 한다는 것이다.

논리 다음에는 반드시 '의심'이 온다. 내가 하나님의 음성을 정말 바르게 들었는가? 나의 상상력이 너무 심하게 발휘된 것은 아닐까? 혹시 마귀의 음성이었으면 어떻게 하지?!!!

마귀의 힘은 항상 과대평가되기 쉽다. 스스로 질문해 보라. '마귀가 정말로 나를 속여서 복음 전파를 위해 헌금을 하도록 유도하여 결국 더 많은 사람이 구원을 받도록 하는 것이 가능할까? 나는 그렇게 생각하지 않는다.'

이 시점에서 당신은 큰 헌금의 마지막 단계에 들어간다. 그것은 '믿음'이다. 당신이 믿음으로 돌아가게 되면 흥분도 다시 돌아온다. 그때 당신은 순종하여 헌금을 할 수 있게 된다.

자신에게 이 질문을 해 보라. '나는 후하게 드리는 자인가, 아니면 내 마음 속은 여전히 이기심이 장악하고 있는가?'

하나님은 당신이라는 존재를 어느 정도까지 소유하고 계신가? 아니면 당신의 존재 전체를 소유하고 계신가? 당신의 꿈도 그분께 속했는가? 당신의 소원은 어떠한가? 당신의 소유는 어떠한가?

하나님은 우리의 마음속에서 역사하기 원하신다. 그분은 우리를 후하게 드리는 자로 만들기 원하신다.

재정적인 축복의 보장
• Guaranteed Financial Results •

chapter 12

Guaranteed Financial Results

●●●● 지금까지는 헌금과 청지기직과 진정한 축복된 삶의 의미에 대한 중요한 성경적 진리들을 제시했다. 이 원리들을 은혜롭게 실천한 사람들의 많은 간증(필자를 비롯한 여러 사람들의 간증)을 통해 이 진리를 확증하여 제시했다.

이 마지막 장에서 필자는 이 진리들을 신실하게 적용할 때 반드시 재정적인 축복이 따라온다는 것을 보여주기 원한다. 그래서 이번 장의 제목을 '재정적인 축복의 보장'으로 정했다. 심사숙고하며 이 단어들을 의도적으로 선택했다.

물론, 세상의 경제 시스템에서 보장된 결과란 없다. 투자의 기회에 대한 광고를 낼 때도 과거의 실적이 미래의 결과의 지표가 되지는 않을 것임을 적시해 두도록 법률에서 정하고 있다.

그럼에도 불구하고, 필자는 망설임 없이 이렇게 말할 수 있다. 이 책에서 필자가 제시한 원리들을 적용해 실천한다면 당신은 확연히 나타나는 재정적인 축복을 보장받을 수 있다!

내가 이 말을 하는 것은 하나님은 신실하시기 때문이다. 하나님이 과거에 행하신 일들을 보면 미래에 하실 일들을 알 수 있다. 우리가 반복해서 본 것처럼, 하나님의 백성이 순종하며 신실하게 행할 때 하나님은 축복을 주신다.

필자는 당신에게 이 책의 중심 진리를 상기시켜 주기 원한다. 드리는 삶이 중요한 것은 그것이 우리의 마음에 초자연적 역사를 이루어내기 때문이다. 하나님이 보시는 것은 바로 우리의 마음 중심이다. 하나님은 돈을 추구하시는 분이 아니다. 하나님은 돈이 필요 없으시다. 그러나 우리의 보화는 우리의 마음과 연계되어 있다. 그래서 하나님은 우리의 보화를 통해서 우리 마음을 변화시키신다. 필자가 '재정적인 축복의 보장'을 약속할 수 있는 것은 바로 이 때문이다. 하나님이 변화시켜 주신 마음으로 헌금을 드릴 때, 그 결과는 보장된 것이다. 하나님은 자신이 하신 말씀을 이루실 것이다.

하나님은 사람이 아니시기 때문에 거짓말을 하실 수 없다. 거짓말은 만물을 붙들고 계신 하나님의 본성에 위배되는 것이다.

하나님이 어떤 약속을 하셨다면, 우리가 조건을 충족시키기만 하면 하나님은 자기의 약속을 반드시 이루신다. 조건이 붙은 약속의 예를 들어 보겠다. "누구든지 주의 이름을 부르는 자는 구원을 받으리라"(행 2:21, 요엘 2:32 참조). 구원의 약속은 여기에 따르는 조건, 즉 주님의 이름을 부르는 조건을 충족시키는 사람들 모두에게 이루어지는 약속이다.

우리는 역대하 16장에서 또 다른 위대한 조건적 약속을 발견한다.

> 이것이 축복된 삶의 위대한 역설이다. 우리가 다시 받을 수 있을지 없을지를 생각하지 않고 베풀었을 때, 비로소 받게 된다.

여호와의 눈은 온 땅을 두루 감찰하사 전심으로 자기에게 향하는 자들을 위하여 능력을 베푸시나니(9절).

다른 말로 표현하면, 하나님은 후한 마음을 가진 자를 찾고 또 찾으신다. 즉 하나님이 많은 재물과 자원을 믿고 맡기실 수 있는 사람을 찾으신다. 하나님은 온 세상의 재물을 마음대로 동원하실 수 있는 분이다. 또한 하나님은 먹을 것이 없는 가난한 사람들, 훈련받고 파송받아야 할 선교사, 세워져야 할 교회를 다 보고 계신 분이다. 그래서 주님의 눈은 온 땅을 두루 감찰하사 수백만 달러의 돈을 주님 나라를 위해 흘려보내는 통로가 되기에 합당한 신실한 마음의 청지기를 찾으신다.

당신에게는 이러한 마음이 있는가? 만일 당신이 하나님께서 다른 사람에게 재물을 흘려보내시는 통로로 쓰임받고자 헌신한다면 당신과 당신의 가족은 하나님이 특별히 돌보아 주실 것임을 확언할 수 있다. 우리가 앞서 본 것처럼, 주님은 이러한 사람들을 강력하게 뒷받침해 주기 원하신다.

하나님은 우리의 마음을 원하신다. 하나님이 우리 마음을 소유하신 증거는 다음과 같이 나타난다. 다시 돌려받을 생각은 전혀 하지 않고 기쁨으로 드리는 삶을 산다. 다른 사람들을 축복하고 돕고 하나님 나라를 확장하기 위해 베푸는 삶을 산다. 바로 이것이 우리의 주된 동기가 된다. 상급을 받고자 하는 소원이 동기가 되는 것이 아니다.

물론 상급은 반드시 온다. 우리는 말씀을 통해, 그리고 이 책에서 나눈 간증들을 통해 이 진리를 확인했다. 우리의 마음이 변화를 받게 되면 하나님은 우리를 축복하셔서 우리가 더 많이 드리는 삶을 살 수 있게 하실 것이다. 선한 청지기는 더 많이 맡게 된다. 신실한 종은 참된 재물을 얻게 된다. 필자는 이것이 'catch 22'(미국의 작가 J. Heller의 작품에서 온 말이며, 원인과 결과가 순환적으로 서로 묶인 상황을 의미한다-역주) 같은 것임을 안다. 우리는 받을 것을 전혀 생각하지 않고 드릴 때 비로소 받게 된다(후히 되어 누르고 흔들어 넘치도록). 달리 표현하면, 우리의 드림의 동기가 바를 때 하나님은 이 드림에 대해 상을 주실 것이다.

이것은 많은 경우 헌금에 대한 가르침에서 빠져 있는 중요한 진리이다. 우리는 "드리라. 그러면 하나님이 당신을 축복하실 것이다"라는 말만 듣는다. 여기서 우리의 마음의 문제는 어떻게 다루어지는가? 이기심의 문제는? 탐욕은? 하나님은 이런 것들을 우리의 삶에서 제하기를 원하지 않으시는가? 물론 원하신다.

그러나 우리가 "주님, 제가 주님을 사랑하기 때문에 이것을 드립니다."라고 말할 수 있는 자리에까지 이르게 되면 하나님도 같은 말씀을 하시며 우리에게 응답하신다. "내가 너를 사랑하기에, 또 네가 나의 재물을 맡을 만한 사람임이 확인되었기 때문에 내가 이것을 너에게 주어 축복하노라."

이것은 마치 내가 어릴 때 했던 술래잡기 놀이와 비슷하다. 나는 술래 역할을 도맡아 하곤 했다. 내가 열심히 달려가서 어떤 아이를 잡아서 술래로 만들면, 그 아이는 금세 나를 따라와서 다시 나를 잡았다. 그러면 내가 또 술래가 되어 버리는 것이었다. 그래서 나는 술래를 했던 사람을 금방 다시 잡지 못하도록 하는 규칙을 만들고 싶었다.

축복과 드림의 문제에서는, 하나님은 술래를 다시 잡지 못하는 규칙을 실행하지 않으신다. 하나님은 헌금을 드린 사람들을 다시 붙잡아 축복을 돌려주신다. 주님은 항상 돌려주시고 피차 복을 받게 하신다. 내가 하나님을 잡으면, 하나님도 즉시 나를 붙잡으신다.

나는 예배에서도 이러한 체험을 하는 것을 좋아한다. 예배를 통해 내가 주님을 터치하면 주님도 나를 터치하신다. 이것이 헌금에도 적용된다. 내가 올바른 마음과 동기로 드리기만 하면 하나님은 나에게 다시 돌려주신다. 그러면 나는 더 많은 것을 드릴 수 있게 된다.

우리의 자녀들이 올바른 일을 올바른 동기로 해내면 우리가 그들을 축복하기를 원하는 마음이 생기는 것처럼, 하나님도 우리를 그렇게 축복하기 원하신다. 우리도 우리 자녀들의 마음에 친절과 사랑과 긍휼의 마음이 있는 것을 보기를 원하지 않는가?

원수 마귀가 우리를 빠뜨리려고 하는 함정은 축복을 주시는 주님을 경배하기보다 축복 그 자체를 숭배하게 만드는 것이다. 사탄은 우리가 하나님이 주신 축복에 초점을 두도록 유도한다. 우리가 하나님의 얼굴을 구하기보다 하나님의 손에서 오는 축복을 구하기 시작할 때 그의 간교한 덫에 걸려 들어가게 되는 것이다. 우리는 결단코 축복 자체에 우리의 마음을 빼앗겨서는 안 된다. 우리의 마음은 온전히 하나님으로 가득 차 있어야 한다.

그렇지만 우리가 순수한 동기와 마음으로 하나님께 드릴 때, 하나님은 즉시 우리에게 상 주시며 우리가 더 많은 것을 드릴 수 있도록 우리의 자원을 증가시켜 주실 것이다. 필자가 재정적인 축복의 보장이라는 표현을 자신 있게 쓰는 이유가 바로 여기에 있다. 이 축복은 온전한 믿음과 하나님의 말씀에 의해 뒷받침된다.

그렇다. 우리는 하늘에 보화를 쌓고 있는 사람들이다. 그러나 하나님은 우리가 순전한 마음으로 드릴 때 땅에서도 재정적인 결과를 보장해 주시는 분이다. 하나님은 이 깨달음을 우리에게 주실 수 있는 유일하신 분이다. 그리고 하나님은 이러한 역사를 우리 마음에서 이루실 수 있는 유일하신 분이다.

하나님은 우리의 마음을 받는 자에서 주는 자로 바꾸실 수 있다. 우리는 받는 것을 좋아하는 사람으로 태어난다. 그러나 우리는 주는 것을 좋아하는 사람으로 거듭나야 한다. 이제 이 마음을 바꾸고 새롭게 하는 것은 우리의 책임이다. 하나님은 우리가 후하게 베풀고 은혜로우며 친절하고 긍휼이 많은 마음을 갖기를 원하신다. 하나님이 우리 마음에서 그러한 일을 행하실 때 – 우리가 자발적으로 원하는 마음으로 드리기 시작할 때 – 우리는 실제로 상급을 받게 될 것이다. 그래서 우리가 하나님 나라를 위해 더 많은 것을 드릴 수 있게 될 것이다.

주님이 하시는 말씀이라면 무엇이든지

필자는 지난 수년간 많은 교회에서 이 메시지를 전했다. 근래에는 텍사스 주의 사우스레이크에 위치한 게이트웨이 교회의 담임목사로서 이 말씀을 우리 성도들에게 전했다.

우리 교회는 여러 가지 면에서 아직 어린 교회이다. 필자가 이 글을 쓰는 이 시점은 우리 교회가 첫 예배를 드린 지 4년이 되는 때이다. 이 기간 동안 주님은 우리 교인들의 숫자를 극적으로 증가시켜 주셨다. 현재 우리 교회는 헌신적인 교인들의 숫자가 6천 명에 달하는 다채로운 모습의 교회이다. 필자는 지금까지 우리 교인들이 이 깨달음을 자기 것으로 삼는 것을 보아왔다. 하나님이 그들의 마음을 변화시키실 때, 그들은 눈물로 강단 앞에 나오며, 주님께 드리고자 자원하는 마음을 표현한다. 그들은 축복을 받기 위해서가 아니라 드리기 위해서 나온다. 그

예수님께서 무슨 말씀을 하시든지 그대로 하라!

들은 순전한 마음으로 드릴 뿐이다. 그런데 결과적으로는 하나님이 풍성하게 부으시는 축복을 받게 된다.

이 책을 준비하고 집필하는 기간에, 우리 교회는 처음으로 건축을 시작했다. 우리는 가능하면 부채를 지지 않고 건축을 완료하고자 하는 강한 소원을 갖고 있었다. 그래서 우리는 어느 주일에 기적의 헌금을 드리기로 준비했다.

우리가 그것을 기적의 헌금이라고 부른 것은, 기적 같은 많은 액수의 헌금이 들어오기를 원했기 때문이 아니라, 하나님이 우리의 마음에 기적과 같은 변화를 일으키시기를 원했기 때문이었다. 우리 교회의 목회자들과 평신도 리더들은 하나님께서 우리를 새로운 수준의 헌신과 풍성히 드리는 삶으로 이끄시기를 기대했다. 우리는 받는 자에서 주는 자로 변화되기를 원했다. 주님께서는 이 헌금을 통해 우리가 그러한 주님의 기적을 체험하는 기회를 갖도록 인도하셨다.

그래서 나는 우리 교인들에게 각자가 드릴 수 있는 최대한의 액수를 드리라고 말했다. 앞 장에서 설명한 바와 같은 희생적인 헌금을 주께 드리기를 권했다.

동방박사들이 예수님께 왔을 때, 그들은 작은 선물을 가져온 것이 아니었다. 그들은 주님을 경배하기 원했기 때문에 희생적인 큰 헌물을 가지고 왔다.

목사인 나도 이 희생적인 헌금에서 예외가 아님을 스스로 알고 있었다. 사실 내가 본을 보이지 않으면서 다른 사람에게 이것을 강권할 수는 없는 일이었다. 그래서 아내와 나는 우리가 무엇을 드릴 것인가에 대해 기도하며 의논했다.

예정된 기적 헌금 주일이 되기 1주일 전에 아마릴로에 있는 트리니티 펠로우십 교회의 지미 에반스 목사가 우리 교회에서 주일 설교를 맡았다. 이 교회는 우리 교회가 개척될 때 중요한 도움을 주었던 교회였다. 그리고 지미 에반스 목사는 나의 멘토이자 우리 교단의 사도적 지도자로서 하나님께 크게 쓰임받는 분이었다.

그 주일 예배 때, 지미 목사는 '마리아는 기적에 대해 무엇을 알고 있었는가'라는 제목으로 놀라운 설교를 해 주었다. 이 설교는 요한복음 2장에서 예수님이 마리아 앞에서(물을 포도주로 만드는) 첫 기적을 행하신 일을 본문으로 삼고 있었다. 지미 목사는 마리아가 혼인 잔치에서 종들에게 지시했던 말을 중심으로 말씀을 전했다. "너희에게 무슨 말씀을 하시든지 그대로 하라"(요 2:5).

에반스 목사는 이 지시가 주님의 기적을 체험케 하는 기본적 관건이었다는 사실을 바르게 지적해 주었다. 예수께서 무슨 말씀을 하시든지 그대로 하라! 이것은 재정적인 기적에도 분명히 적용되는 것이다. 헌금을 드릴 때도, 주님이 무엇을 말씀하시든지 그대로 하라! '1천 달러를 드리라'고 하시면 그렇게 드리라. '10만 달러를 드리라'고 하신다면 그대로 순종하라.

예수님께서는 자연적인 것(물)을 가지고 초자연적인 것(기적의 포도주)을 만드셨다. 하나님은 우리의 재정에 대해서도 같은 일을 행하신다. 주님은 자연적인 것을 취하여 초자연적인 것을 만드신다.

주님이 무엇을 말씀하시든지 그대로 하라. 이것이 열쇠이다. 이 책의 앞부분에서 필자가 설명한 I.O(즉각 순종)의 원리가 기본적으로 이와 동일한 것이다. 하나님이 말씀하시면 즉각 순종하라!

그 다음주, 가나 혼인잔치에서 물이 포도주로 바뀐 기적의 원리를 우리 마음에 새기며 우리는 큰 물통을 예배당 앞 쪽에 놓아두었다. 이 빈 물통이 우리가 사용할 헌금함이었다.

그날 설교를 마친 후, 나는 성도들이 각자의 희생적인 헌금을 주님 앞으로 가지고 나와서 옹기 물통 안에 넣는 것을 지켜보았다. 나는 부부가 함께,

혹은 각자 개인들이 나와서 헌금통 앞에 서는 모습을 보았다. 그들의 얼굴에 눈물이 흘러내렸다. 그들은 기도하며 자기 자신을 주님께 드리고, 또 준비한 예물을 주께 드리고 있었다. 참으로 엄숙한 성회였다.

나는 성도들의 마음이 깨어지며 변화되는 것을 보았다. 하나님의 백성들이 영원한 것을 위해 마음껏 투자하면서 세상의 썩어질 것으로부터 스스로를 단절하는 모습을 보았다. 재물을 땅에 쌓아두기보다 하늘에 먼저 보내야 한다는 깨달음을 받은 영혼들에게 기쁨이 넘쳐나는 것을 목격했다.

아주 어려운 형편에 있는 어느 가족은 앞으로 나와서 이런 기도를 했다. "아버지, 당신이 우리의 주님이심을 인정합니다. 우리가 아무리 어려운 상황에 처해 있다고 해도 주님이 우리 가정에 기적을 베푸실 것을 믿고 주님을 신뢰합니다."

이 놀라운 주일이 지난 후, 몇 주와 몇 달에 걸쳐 많은 간증들이 계속 넘쳐났다. 여러 가정에서 주님은 즐겨내는 자, 감사함으로 후히 드리는 자에게 신실하신 분임을 보이셨다.

이러한 간증을 한 사람들 중의 하나가 필자이다.

내 마음에 이루신 새로운 역사

기적 헌금 주일이 있기 한 달 전쯤에, 나는 플로리다 주의 올란도에 있는 갈보리 어셈블리에서 집회를 인도하고 있었다. 이 교회는 나의 친한 친구 클락 위튼이 담임하고 있는 교회였다. 그날 밤 집회 시간에 위튼 목사는 회중 앞에 서서 이렇게 말했다. "오늘 드리는 이 헌금에는 축복이 있습니다."

나는 클락 위튼을 개인적으로 잘 안다. 그는 남의 마음을 움직이기 위해

가볍게 또는 의도적으로 그런 말을 할 사람이 아니었다. 그가 "이 헌금에는 축복이 있습니다."라고 말했다면, 그것은 하나님의 영으로 말미암은 예언적 말이라는 것을 알고 있었다.

이 말을 들었을 때 나는 이런 생각이 들었다. '축복이 있는 헌금이라면, 내가 가진 것을 다 드려야겠군. 나는 내가 드리는 헌금에 축복이 임해서 그것이 하나님 나라를 위해 잘 쓰이는 것을 원하니까.'

이 생각이 내 마음을 스쳐갈 때, 나는 주님의 음성을 들었다. "너의 교회에서 드릴 기적 헌금에도 축복이 있다." 그 순간 나는 아내와 내가 무엇을 하기를 주께서 원하는지 알 수 있었다. 주님은 우리가 가진 모든 계좌를 다 비워서 주님께 드리기를 원하셨다. 당좌 계좌, 저축 계좌, 주식 통장, 연금 통장까지 모두 다 비워서 드리라는 것이었다.

필자가 앞서 언급한 것처럼, 하나님이 우리가 가진 돈 전부를 다 드리도록 강권하신 일이 몇 차례 있었다. 그러나 그때는 우리의 결혼 생활 초기였다. 나는 우리가 그 당시에 했던 일의 의미를 축소시키고자 하는 것은 아니다. 그렇게 드릴 때마다 우리에게는 엄청난 믿음의 도약이 요구되었다. 그러나 나이가 들수록 위험 부담은 더 커지며 상황은 더 복잡해진다.

그래도 나는 이것이 우리를 향한 하나님의 지시임을 알았다. 왜냐하면 나의 즉각적인 반응은 두려움이나 망설임이 아니었기 때문이었다. 그와 반대로, 내 마음은 흥분되었다. 물론 우리가 가진 돈을 푼돈까지 다 드리라는 주님의 음성을 내가 듣는 것으로 끝나는 것은 아니었다. 나의 아내 데비도 동일한 감동을 받아야 했다. 그래서 나는 아내에게 가서 이렇게 말했다. "여보, 기적 헌금 때 무엇을 드리기를 주님이 원하시는지 나는 알 것 같아." "그게 뭔데요?" 하고 아내는 물었다. 그래서 나는 주님이 말씀해 주신 것을 알려주었다. 그때 그녀가 어떻게 반응했는지 궁금하지 않은가? "오랜만에 정말 너무 신나는 헌금을 해 보겠네요." 이것으로 나는 확증을 받았다. 그녀는 신이 났다. 나도 그랬다.

몇 주 후, 이 일을 실행해야 할 때가 왔다. 우리 교회에는 주일 아침 예배뿐 아니라 토요일 저녁 예배도 있다. 기적 헌금을 드리는 토요일 저녁 시간에 아내와 나는 우리가 가진 돈의 액수 전체가 기록된 수표를 들고 헌금함으로 쓰는 큰 물통 앞으로 나갔다. 우리는 모든 것을 다 털었다. 우리는 흥분된 마음으로 수표를 헌금함에 넣었다. 우리가 여러 해에 걸친 경험을 통해 반복적으로 알게 되는 것은, 하나님이 우리에게 특별한 것을 하라고 하실 때에는 하나님이 우리를 위해 특별한 일을 해 주실 계획이 있으신 때라는 사실이었다.

그 다음날의 오전 예배 때, 주님은 나에게 깊은 영향을 끼친 어떤 말씀을 해 주셨다. 나는 설교하기 위해 회중 앞에 설 때 농담조로 이렇게 종종 묻는다. "이 아침에, 감옥에 들어가 있는 것보다 교회에 있는 것이 더 좋다고 느끼시는 분은 손들어 보세요." 이 말은 예배를 시작하기 전에 던져 보는 가벼운 말이었다. 그런데 우리가 그 오전 예배 시간에 찬양을 할 때, 주님은 나에게 같은 질문을 하셨다. 그것은 농담이 아니라 진지한 질문이었다. 성령께서 말씀하셨다. "너는 감옥에 있는 것보다 여기에 있는 것이 더 좋으냐?" 그때 주님은 나에게 예수님을 만나기 전에 내가 돌아다니던 거리를 생각나게 하셨다. 나는 19세가 되어서야 주님을 영접했다. 주님을 영접하기 전날, 나는 어떤 나쁜 일에 가담했었다. 그 순간, 주님은 내가 어떤 삶을 살다가 구원을 받았었는지를 기억하게 하셨다. 주님은 그 후 나에게 어떤 은혜를 베푸셨는지를 부드럽게 다시 상기시켜 주셨다. 주님이 그렇게 하실 때, 나는 울기 시작했다. 나는 설교하기 위해 일어서야 할 시간이 될 때까지 내

내 울고 있었다. 교인들 앞에 섰을 때, 여전히 안정이 되지 않은 상태였다.

필자가 이 책에서 가능한 모든 방법을 동원해서 말한 것처럼, 우리가 헌금을 드릴 때 하나님은 우리의 마음을 변화시키는 일을 하신다. 다시 한 번 말하면, 그 주말에 우리가 드린 희생적인 헌금은 하나님이 우리 마음에서 깊이 있게 역사하셔서 감사가 터져나오게 하는 문을 열어 주셨다. 나는 세상에 있는 돈을 다 준다 해도 하나님의 이 역사와 바꾸지 않을 것이다.

그렇다. 하나님은 우리가 드릴 때 우리에게 상 주시고 축복하신다. 그러나 우리에게 임하는 축복 중 가장 귀하고 오래 지속되는 것은 남들이 볼 수 없는 축복인 경우가 많다.

그 후의 이야기

아내와 내가 한 푼도 남김없이 모든 것을 주님께 드린 지 6주가 되지 않아서 은혜로우신 하나님은 우리가 드린 것 전부에 조금 더 얹어서 다시 주셨다. 생각해 보라. 40일도 되지 않아서 주님은 우리가 한 번의 헌금을 통해 드린 것보다 더 많은 것을 돌려주셨다. 초자연적인 역사였다. 하나님은 재정적인 결과를 보장해 주신다. 주님만이 그런 일을 하실 수 있다.

주님이 인도하시는 대로 드리는 삶을 살라. 사람이 하나님의 사랑과 선하심을 알 수 있도록 도와주라. 재물보다도 하나님 자신에게 초점을 맞추라. 후하게 드림으로써 하나님이 우리의 마음에서 역사하시도록 하라. 이를 통해 지상에서의 우리의 삶은 기쁨이 있고 목적이 있는 모험이 된다.

이것이 바로 '축복된 삶'을 여는 열쇠들이다.

스터디 가이드

1장
뜻밖의 모험

중심 구절
신명기 28:1-14.

생각해 볼 요점들
- 축복을 받는다는 것은 초자연적 능력이 당신을 위해 역사함을 의미한다.
- 축복받는 사람의 삶은 하나님이 허락하신 우연과 하나님이 부여하신 의미로 가득 차 있다.

생각을 돕기 위해
1. 이 장에서, 필자가 순회 전도사 시절에 주유소 계산대에서 일하는 여자 분을 만난 이야기를 언급했다. 그녀는 나의 자동차 기름 값을 대신 내 주었다. "하나님의 영은 누군가에게 말씀을 하셔서 그가 헌금을 드리도록 인도하실 수 있다"는 생각(23쪽)은 내 사역과 신앙생활의 중심에 자리잡았다. 당신은 하나님의 음성을 들을 수 있는 능력이 어느 정도인가? 1점에서 10점까지 점수를 매겨 평가해 보라.
2. 필자는 자동차를 준 이야기, 특별한 선교 헌금을 드린 이야기, 기타 다른 헌금을 드린 이야기를 기록했다. 당신이 헌금을 드림으로써 기쁨을 느꼈던 사례들 중 가장 큰 기쁨을 경험한 때는 어느 때였는가?

3. 다음 경험들의 차이를 설명해 보라. 어느 경우가 당신이 헌금을 드려야 할 때인가?
  - 하나님께서 헌금을 드리라고 말씀을 하신다.
  - 당신 교회의 목사님이나 좋은 의도를 가진 어느 사람이, 교회를 위해 또는 다른 중요한 주님의 일을 위해 헌금을 드리라고 당신에게 말해 준다.
  - 개인적으로 긴급한 일을 당한 믿는 친구나 친척이 당신에게 도와 달라고 부탁한다.
  - 개인적으로 긴급한 일을 당한 불신자 친구나 친척이 당신에게 도와 달라고 부탁한다.

2장
하나님을 최우선으로 모셔야 한다

중심 구절
출애굽기 13:12-13.

생각해 볼 요점들
- 돈은 하나님이 주시는 시험이다.
- 십일조는 당신이 쓸 돈이 충분히 남는지의 여부와 관계없이 먼저 하나님께 드리는 것이다.
- 내가 하나님의 것을 도적질하고 있지는 않는가?

생각을 돕기 위해
1. 우리 문화권에서는 이런 말이 있다. 시간이 돈이다. 당신은 첫 열매를 드리는 일이 우리의 시간과 돈에 똑같이 적용된다는 생각에 동의하는가? 이런 원칙을 받아들일 때 우리의 시간과 돈을 사용하는 방식에 어떤 변화가 올 것인지 예를 들어 말해 보라.
2. 이 장에서는 첫 열매를 드리는 원리는 '쓸 돈이 충분히 남는지의 여부와 관계없이 먼저 하나님께 드리는 것'에 대해 설명하고 있다. 이런 방식으로 헌금을 드리는 것 (42쪽)에 당신은 편안한 마음으로 동의할 수 있는가?

3. 잠언 3장 9절에서는 "네 재물로 여호와를 공경하라."는 말씀이 있다. 필자는 우리의 재물로 주님을 공경하는 방법 중 가장 중요한 것은 십일조와 헌물을 드리는 것이라고 가르친다. 우리의 재물로 주님을 공경할 수 있는 또 다른 방법에는 어떤 것이 있는가?
4. 사탄은 우리가 재물을 다룸에 있어 신실함을 지키지 못하도록 두려움을 통해 역사한다. 십일조를 드리고자 할 때 사탄이 두려움을 주는 경우, 어떻게 해야 하는가? 당신은 어떤 성경 구절을 암송하며 마음을 다스리는가? 어떤 축복의 찬양을 부름으로써 이에 대처할 수 있는가? 이 문제로 당신을 위해 책임지고 중보해 줄 사람은 있는가?

3장
율법이 아니라 생명

중심 구절
마태복음 6장.

생각해 볼 요점들
- 우리는 소유주가 아니라 청지기라는 것을 인정해야 한다.
- 우리는 십일조를 드림으로써 주님을 축복한다. 한편 주님은 십일조를 드려서 축복과 풍성함의 선순환 구조를 만드는 사람을 축복하신다.
- 진정한 십일조는 마음으로부터 드리는 것이다. 율법적인 생각에서 드리는 것이 아니다.
- 십일조는 율법이 아니다. 그것은 생명이다.
- 주님이 메뚜기를 막아 주신다!
- 은혜의 의는 항상 율법의 의를 능가한다.

생각을 돕기 위해
1. 산상수훈을 보면 예수님께서 구약을 인용하여 구약보다 더 높은 기준을 제시하시는 것을 볼 수 있다. 구약에는 "살인하지 말라"(마 5:21)는 계명이 있지만, 예수께서는

형제에게 노하는 자도 심판을 받는다고 말씀하신다(22절 참조). 이 원리가 십일조에는 어떻게 적용될 수 있는가?

2. 창세기 28장을 보면, 하나님은 야곱을 축복하기 위한 자신의 계획을 야곱의 꿈을 통해 자세히 말씀해 주신다. 이 말씀을 들은 야곱의 반응은 하나님을 경배하며 모든 것의 십분의 일을 드리겠다는 서원을 하는 것으로 표현된다. 하나님께서 당신을 어떤 방법으로 축복하셨는지 목록을 만들어 열거해 보라. 그리고 하나님이 지금까지 이루어 주신 일들과 앞으로 이루어 주실 일들에 대해 감사하며 주님을 예배하라. 하나님께 드리는 삶을 살고자 하는 마음을 준비할 때, 감사와 예배를 드리는 것이 어떤 도움이 되는가?

3. 고린도전서 13장 3절에서, 바울은 우리가 모든 소유를 가난한 자에게 줄지라도 사랑이 없으면 우리에게 아무 유익이 없다고 말하고 있다. 이 말씀이 십일조를 드림에 있어서 마음이 중요하다는 것을 강조하는 필자의 논지와 어떻게 연관되는가?

4. 당신은 모금 활동에 참여해서 목표액을 초과 달성해 본 적이 있는가? 그러한 성공과 풍성함이 교회의 사역자들의 마음에 어떤 영향을 주었는가? 이번 주에 교회에서 필요한 경비보다 더 많은 액수의 주일 헌금이 나왔을 때, 목사님의 마음이 어떨 것인지 상상해 보라. 그 일이 목회자로서 그 다음 주를 맞이하는 데 어떤 영향을 주리라고 생각되는가?

4장
배가의 법칙

중심 구절
누가복음 9:12-17.

생각해 볼 요점들
- 배가하기 위해서는 먼저 축복을 받아야 한다.
- 드린 것만이 배가될 수 있다.

생각을 돕기 위해

1. 하나님이 우리에게 어떻게 공급하실 것인지에 대해 미리 생각을 해 보느라 애쓰는 것이 바로 염려하는 것이라는 말에 동의하는가? 당신이 이런 염려의 방정식을 풀고자 애쓸 때 하나님을 항상 빠뜨리고 있지는 않은가?

2. 누가복음 9장 12절부터 17절을 보면, 원래 무리를 먹일 수 있을 정도의 충분한 음식이 없었지만, 다 먹고 나니 남은 것이 많았다. 다음의 말씀이 풍성함의 사고 방식에 어떻게 적용되는지를 생각해 보라. 당신이 하루 내내 풍성함의 사고방식을 유지하기 위해서는 어떤 도움이 필요한가?

   에베소서 3:14-21.

3. 과부의 두 렙돈에 대한 이야기(눅 21:1-4)에서, 예수님은 과부가 두 렙돈밖에 넣지 않았지만 과부보다 먼저 헌금을 한 모든 부자들보다 더 많이 넣었다고 말씀하셨다. 이 말씀이 배가의 법칙에 대한 당신의 이해를 어떻게 넓혀 주는가? 적은 수입에서 많은 비율로 헌금을 하는 사람들의 헌금이, 비율상으로는 적지만 큰 액수를 드리는 부유한 사람들의 큰 헌금보다 당사자나 교회에 더 큰 유익이 되는 것이 가능할까?

5장
맘몬의 영을 파하기

중심 구절

신명기 8:18; 마태복음 6:24.

생각해 볼 요점들

- 맘몬의 영은 말한다. "너는 하나님이 필요 없어. 믿을 것은 돈밖에 없어."
- 탐욕, 탐심, 이기심은 모두 맘몬의 영이 역사하는 모습들이다.

- 성령이 인도하시는 대로 헌금을 드릴 때 사탄의 나라는 축소되고 우리는 하나님 아버지를 더 많이 닮아갈 수 있게 된다.
- 헌금은 일확천금을 위한 계책이 아니다. 헌금은 자신의 삶을 내려놓는 도전이다.
- 교만의 영은 말한다. "재물은 열심히 일해서 얻는 것이다." 가난의 영은 말한다. "재물은 마귀가 주는 것이다."

생각을 돕기 위해

1. 맘몬은 돈이 모든 문제에 대한 해답이라고 말한다. 우리는 "돈을 써서 해결한다."는 말을 자주 한다. 이는 돈이 문제의 해결을 쉽게 한다는 것을 암시한다. 그러나 돈이 항상 최선의 해결책은 아니다. 돈을 더 썼는데 더 실망스러운 결과가 나온 예가 있는지 생각해 볼 수 있는가?

2. 돈의 어떤 면이 당신에게 두려움을 주는가? 은퇴 후를 생각하면 걱정이 되는가? 수표 거래 내역을 확인하기가 두려운가? 당신이 돈에 관한 두려움을 가지고 있음을 보여 주는 행동에는 어떤 것이 있는가?

3. 필자는 드리는 자가 되면 축복이 온다고 말한다. 당신은 우리의 상이 오직 예수 그리스도로 말미암은 구원뿐이라고 해도 계속 십일조와 헌금을 드리겠는가? 히브리서 11장 13절을 읽고 그 말씀이 어떻게 적용되는지를 생각해 보라.

4. 이 장에서 필자는 우리가 하나님이 공급하실 것을 전적으로 의뢰하지 않고 사람을 의지하고 있음을 보여주는 몇 가지 경고성 징후를 제시한다. 다음의 상황에서 당신은 어떻게 반응할 것인지를 나누어보라.

    가) 이번 달은 재정적으로 유난히 힘들었다. 엎친 데 덮친 격으로 예산에 없었던 자동차 수리비를 지출해야 한다.

    나) 사장님으로부터 보너스를 받을 것을 기대하면서 지난 6개월 동안 열심히 일했다. 그런데 불경기로 인하여 보너스 지급이 불가능해졌다고 한다.

    다) 지금까지 교회에 헌금을 많이 했고 은퇴 후를 생각해서 회사의 주식도 사놓았다. 그런데 회사가 퇴직금 관리를 잘못해서 주식 값이 절반으로 폭락하고 말았다는 신문 보도가 나왔다.

당신이 이러한 재정적인 어려움을 겪을 때, 우리는 어떻게 하면 사람을 의지하지 않고 하나님의 공급하심만을 신뢰할 수 있을까?

6장
마음의 변화가 필요하다

중심 구절
신명기 5:29; 신명기 15:15; 잠언 16:2; 누가복음 6:38; 야고보서 4:3.

생각해 볼 요점들
- 당신은 드리는 것보다 더 많은 것을 항상 다시 받게 된다.
- 하나님은 우리가 받을 것을 바라보기를 원하지 않으신다. 그분은 우리가 베푸는 삶을 비전으로 삼기를 원하신다.
- 사실상 대부분의 사람들은 받기를 즐겨 한다. 하나님은 우리가 즐겨 드리는 자가 되기를 원하신다.
- 올바른 초점을 가진 마음은 받는 것보다 주는 것을 더 좋아한다.
- 이기심은 우리가 헌금을 하기 전에 우리를 공격한다. 그러나 아까워하는 마음은 우리가 헌금을 한 후에 공격한다.
- 감사하는 마음이 있으면 후하게 헌금을 드릴 수 있다.
- 소유에 대한 우리의 태도는 우리 마음의 본심을 잘 드러내 준다.

생각을 돕기 위해
1. 필자는 올바른 동기를 갖는 관건은 우리의 마음을 새롭게 하는 데 있으며, 또한 이기적인 생각은 불친절을 넘어서 악한 것임을 이해하는 데 있다고 생각한다(신 15:9 참조). 이기적이지 않은 태도는 의지적인 행동인가, 실천의 문제인가, 영적 훈련의 문제인가, 아니면 삶 속에서의 은혜의 역사인가?

2. 아까워하는 마음이 생기는 것을 막기 위해, 헌금을 드리기에 앞서 실천할 수 있는 세 가지 전략을 세워 보라.

3. 돈을 잃어버렸던 때를 생각해 보라. 주식 값이 내려서, 혹은 지갑을 제자리에 두지 않아서, 혹은 물건을 잘못 구매해서 그렇게 될 수 있을 것이다. 그 경험을 통해 당신의 삶에서의 돈의 중요성에 대해 무엇을 배웠는가?

4. 디모데전서 6장 5절 말씀(경건을 이익의 재료로 생각하는 사람들을 바울이 정죄하는 내용)을, 동기와 드림에 대한 우리의 학습에 어떻게 적용할 수 있겠는가?

7장
올바른 일을 하라

중심 구절
마태복음 6:21.

생각해 볼 요점들
- 부채를 청산하라.
- 다른 사람들을 조종하지 말라.
- 하나님은 항상 올바른 일을 귀하게 여기신다.
- 당신이 베푸는 자로 살기를 원한다면, 베푸는 삶을 사는 것이 가능해지도록 삶의 방식을 교정하는 일을 해야 할 것이다.
- I.O.는 즉각 순종을 의미한다.

생각을 돕기 위해
1. 신명기 15장 6절과 28장 12절을 읽으라. 두 본문에서는 이스라엘이 꾸는 자가 아니라 꾸어 주는 자가 되는 것이 하나님의 뜻임을 나타내고 있다. 어떤 사람들은 돈을 빌리는 것은 항상 나쁜 것이라고 믿는다. 그들은 심지어 주택 금융도 이에 포함된다

고 생각한다. 무엇이 균형 있는 성경적 견해라고 보는가?
2. 결혼 상담에서, 커플들은 서로 사랑하는 것처럼 행동하라고 권유받기도 한다. 행동이 있으면 감정도 따라올 것을 기대하며 그렇게 하라는 것이다. 당신이 경건한 활동(교회 사역을 포함하여)에 자신의 보화를 투자하면 마음도 따라올 것이라고 믿는가? 재정적인 면에서 순종하는 삶을 살기 위하여 당신은 이번 주에 무엇을 할 것인가?
3. 하나님께서 당신의 순종을 시험하신 때의 한 예를 들 수 있는가? 그 결과는 무엇이었는가?

8장
구제의 은사

중심 구절
로마서 12:6-8.

생각해 볼 요점들
- 교회 안에는 사역의 비전이 크고 가치가 있기만 하다면 큰 액수를 기꺼이 드릴 수 있는 사람들이 있다. 이 사람들에게 하나님이 주신 은사는 구제(또는 드림)의 은사이다.
- 구제의 은사를 받은 사람들은 남들이 헌금을 유도하기 위해 자기를 조종하려고 하는 것을 잘 알아차린다.
- 구제의 은사가 있는 사람들은 성령의 음성에 따라 헌금을 한다.
- 재물은 하나님의 축복이며, 근면함과 후하게 베푸는 삶의 열매일 수도 있다.
- 구제의 은사가 있는 사람들은 매우 검소하면서도 아주 후한 사람들이다.
- 구제의 은사가 있는 사람과 함께 있을 때는 돈에 대한 이야기는 하지 말라.
- 구제의 은사가 있는 사람은 일시적 땜질 역할을 원치 않고 치유책이 되기를 원한다.

생각을 돕기 위해

1. 구제의 은사를 받은 사람들이 조심해야 할 부류의 사람은, 감사할 줄 모르고 세심하지 않으며 남을 조종하려 하는 사람이라고 필자는 가르친다. 이 말을 들을 때 떠오르는 사람들이 있는가? 다른 사람이 우리를 이용하려고 할 때 우리는 어떻게 반응해야 하는가?
2. 로마서에 나온 구제의 은사가 재정적으로 기여하는 것에만 국한된다고 생각하는가, 아니면 그보다 더 넓은 개념이라고 보는가?
3. 구제의 은사를 달라고 하나님께 구한 적이 있는가? 당신의 자녀가 이 은사를 갖기를 원하는가?
4. 필자는 부유한 사람들이 때로는 교회에서 환영받지 못한다고 생각한다. 부자라는 이유 때문에(혹은 가난하다는 이유 때문에) 다른 사람과 관계를 맺는 데 어려움을 겪는 경우의 예를 들 수 있는가?

9장
선한 청지기에게 상 주시는 하나님

중심 구절
고린도전서 3:8; 히브리서 11:6.

생각해 볼 요점들
- 하나님은 상을 주시는 분이다.
  - 우리의 믿음은 우리가 어디서 영원한 날을 보내게 될 것인지를 결정한다. 그리고 우리의 행위는 우리가 어떻게 영원한 날을 보내게 될 것인지를 결정한다.
  - 우리는 나쁜 청지기에게 하나님의 기적적인 능력이 임하는 것을 결코 보지 못할 것이다.
  - "내가 돌아올 때까지 [하나님의 나라를] 장사하라"(눅 19:13).

- 나쁜 청지기는 받은 것도 잃어버린다. 선한 청지기는 더 많이 받게 된다.
- 하나님은 우리가 무엇을 사고 돈을 어디에 쓰는지를 매일 보고 계신다.
- 하나님이 우리에게 주신 것을 소홀히 관리하면 다른 사람들을 도와줄 수 없게 된다.

생각을 돕기 위해

1. 달란트의 비유에 따르면, 하나님은 우리에게 자기의 '소유'를 맡기셨다.(193쪽) 하나님은 우리에게 하나님 나라를 위해 쓰도록 자연적 능력과 영적 은사를 주셨다. 하나님이 당신에게 맡기신 자연적 능력과 영적 은사들의 목록을 작성해 보라. 당신은 이것들을 하나님 나라를 위해 쓰고 있는가? 그렇게 하지 못하고 있다면, 그것을 막는 장애물이 무엇인가?

2. 우리가 청지기 직분을 잘 수행하지 못하면 하나님 나라의 일에 잘 쓰임 받을 수 없다는 것에 동의하는가? 우리는 하나님께서 그 뜻을 이루실 때 불완전한 사람을 쓰신다는 것을 안다. 그러나 당신은 구약과 신약에서 하나님이 재정적으로 신뢰할 수 없는 사람을 높이고 쓰신 예를 찾을 수 있는가?

3. 잘못된 청지기직의 결과에 대해 말하면서, 필자는 갚아야 할 공과금 청구서가 많이 남아 있는 상황에서 새로운 300달러짜리 바비큐 그릴을 구입하기로 결정한 부부의 경우를 예로 들었다. 만일 바비큐 그릴을 사는 대신에 그들이 교회에 300 달러를 헌금해야 한다는 감동을 받고 그 문제로 상담을 하러 왔다면 당신은 그들에게 무슨 말을 해 주겠는가? 무책임한 헌금이라고 하겠는가?

10장
필요, 탐욕, 또는 씨앗

중심 구절

고린도후서 9:6-11.

생각해 볼 요점들

- 모든 것은 결국 마음의 문제이다.
- 하나님은 능히 하실 수 있다.
- 모든 은혜가 넉넉하게 넘쳐나는 것은 즐거운 마음으로 풍성하게 씨앗을 심은 것의 직접적인 결과이다.
- 우리 모두가 시험을 받는 것은 넉넉함과 넘쳐남의 수준에서이다.
- 재정적 성장은 풍성하게 심은 결과로 오는 것이다.
- 심은 다음에 거둔다.
- 당신은 지금 있는 곳에서 시작해야 한다.

생각을 돕기 위해

1. 무엇을 드릴 것인지를 마음에 정하면, 이와 관련하여 어떤 구체적인 행동이 따르게 되는가?
2. 필자는 하나님이 우리의 마음을 변화시켜 주실 때 비로소 즐거이 드릴 수 있게 된다고 믿는다. 하나님이 당신의 마음에서 그렇게 역사하시는 것이 가능해지기 위해 할 수 있는 일은 무엇인가?
3. 고린도후서 9장 10절과 11절은 씨를 뿌리는 것과 의의 열매를 맺는 것의 연관성을 보여준다. 당신은 성령의 열매를 나타내는 능력이 우리의 청지기직과 연관되어 있다고 믿는가? 당신이 생각하는 바를 설명해 보라.
4. 필요의 시험이란 무엇인가? 탐욕의 시험이란 무엇인가? 씨앗의 시험이란 무엇인가?

11장
후하게 드리는 자에게 상 주시는 하나님

중심 구절

요한복음 12:1-8.

생각해 볼 요점들

- 후하게 드리는 곳에서 이기심도 이에 저항하여 역사한다.
- 이기적인 사람은 후하게 베풀지 않아도 되는 좋은 이유를 항상 찾아낸다.
- 이기심은 항상 다른 사람들을 꼬투리 잡으면서 결국은 자신의 이익을 추구한다.
- 우리는 가장 약한 분야에서 시험을 당하는 경우가 많다.
- 하나님은 우리가 가장 큰 패배를 경험할 가능성이 있는 영역에서 가장 큰 승리를 거둘 수 있도록 도와주기를 원하신다.
- 참된 재물은 영혼이다.
- 후하게 드리는 것은 넘치도록 드리는 것이다.
- 중요한 것은 액수가 아니라 마음이다.
- 하나님이 은사를 주실 때에는 반드시 목적이 있다.

생각을 돕기 위해

1. 이 장에서 필자가 제기한 기본적인 질문을 스스로에게 해 보라. 당신은 이기적인가, 아니면 후하게 베푸는 성향인가? 당신의 삶에서 어느 쪽이 주도권을 잡고 있는가?
2. 예수님은 유다에게 돈궤를 맡기셨다. 이것은 유다의 가장 약한 부분이었다. 당신의 삶에서도 이와 비슷한 예를 경험한 적이 있는가? 당신이 책임을 맡은 영역들에 대해 생각해 보라. 그것들 중 당신이 약한 영역이 있는가?
3. 헌금의 세 단계를 정의해 보라.

   - 십일조
   - 헌물
   - 큰 헌물

4. 당신의 삶에서나 당신이 아는 다른 사람의 삶에서, 교회에 드려진 헌금이 헌금한 사람이 미처 알지 못했던 귀한 일에 쓰여진 예가 있는가?

12장
재정적인 축복의 보장

중심 구절
요한복음 2:5.

생각해 볼 요점들
- 내가 하나님을 터치할 때, 하나님도 즉각 우리를 터치해 주신다.
- 원수는 축복을 주신 분을 경배하기보다 축복 자체를 경배하는 덫에 걸려들도록 우리를 유인하려 한다.
- 우리 모두는 받기를 좋아하는 자로 태어났다. 그러나 우리는 주기를 좋아하는 자로 거듭나야 한다.
- 하나님의 음성을 들으면 즉각 순종하라.
- 우리가 사심 없이 드리는 삶을 살면, 보장된 결과가 있다.

생각을 돕기 위해
1. 하나님이 온전히 주께 드려진 마음을 찾으시는 이유는 무엇인가?
2. 하나님의 얼굴을 구하기보다 하나님의 손으로 말미암은 축복을 추구하는 유혹에서 벗어나기 위해서는 어떻게 해야 하는가?
3. 필자가 재정적인 결과를 보장하는 열쇠로 제시한 것은 무엇인가?

2장

1. Mike Hayes (시온 컨퍼런스에서의 강의 내용. 2000년 1월, 텍사스 아마릴로의 트리니티 펠로우십 교회에서).

3장

1. The New Unger's Bible Dictionary (Chicago, IL: Moody Press, 1988), s.v. "tenth" 항목.
2. International Standard Bible Encyclopedia (Biblesoft, 1996), CD-ROM.
3. The New Unger's Bible Dictionary (Chicago, IL: Moody Press, 1988), s.v. "holy" 항목.

5장

1. International Standard Bible Encyclopedia (Biblesoft, 1996), CD-ROM.
2. Jimmy Evans, 저자와 전화 통화를 하면서 한 말.
3. International Standard Bible Encyclopedia (Biblesoft, 1996), CD-ROM.
4. 같은 책.

8장

1. 출처 미상.

12장
재정적인 축복의 보장

중심 구절
요한복음 2:5.

생각해 볼 요점들
- 내가 하나님을 터치할 때, 하나님도 즉각 우리를 터치해 주신다.
- 원수는 축복을 주신 분을 경배하기보다 축복 자체를 경배하는 덫에 걸려들도록 우리를 유인하려 한다.
- 우리 모두는 받기를 좋아하는 자로 태어났다. 그러나 우리는 주기를 좋아하는 자로 거듭나야 한다.
- 하나님의 음성을 들으면 즉각 순종하라.
- 우리가 사심 없이 드리는 삶을 살면, 보장된 결과가 있다.

생각을 돕기 위해
1. 하나님이 온전히 주께 드려진 마음을 찾으시는 이유는 무엇인가?
2. 하나님의 얼굴을 구하기보다 하나님의 손으로 말미암은 축복을 추구하는 유혹에서 벗어나기 위해서는 어떻게 해야 하는가?
3. 필자가 재정적인 결과를 보장하는 열쇠로 제시한 것은 무엇인가?

미주

2장

1. Mike Hayes (시온 컨퍼런스에서의 강의 내용. 2000년 1월, 텍사스 아마릴로의 트리니티 펠로우십 교회에서).

3장

1. The New Unger's Bible Dictionary (Chicago, IL: Moody Press, 1988), s.v. "tenth" 항목.
2. International Standard Bible Encyclopedia (Biblesoft, 1996), CD-ROM.
3. The New Unger's Bible Dictionary (Chicago, IL: Moody Press, 1988), s.v. "holy" 항목.

5장

1. International Standard Bible Encyclopedia (Biblesoft, 1996), CD-ROM.
2. Jimmy Evans, 저자와 전화 통화를 하면서 한 말.
3. International Standard Bible Encyclopedia (Biblesoft, 1996), CD-ROM.
4. 같은 책.

8장

1. 출처 미상.